한성신보가 기획한
근대 한국의 표상

# 한성신보가 기획한
# 근대 한국의 표상

**초판 1쇄 인쇄**　2023년 2월 20일
**초판 1쇄 발행**　2023년 2월 28일

**지은이**　장영숙
**펴낸이**　주혜숙
**펴낸곳**　역사공간
**등록**　2003년 7월 22일 제6-510호
**주소**　04000 서울특별시 마포구 동교로 19길 52-7 PS빌딩 4층
**전화**　02-725-8806
**팩스**　02-725-8801
**이메일**　jhs8807@hanmail.net

**ISBN**　979-11-5707-601-7　03910

• 본 연구는 2021학년도 상명대학교 교내연구비를 지원받아 수행하였음.

漢城新報

역사공간

일제관변신문은 한국근대사를
어떻게 왜곡·은폐·조작했는가

한성신보가 기획한
근대 한국의 표상

장영숙 지음

## 일러두기

1. 한성신보 기사는 전후 맥락을 고려하여 가급적 현대어로 바꾸어 서술했고 한성신보는 경우에 따라 '신보'로도 표기했다.
2. 명성황후의 호칭은 1897년 11월 6일에 추존된 시호에 따라 명성황후로 표기하되, 원문 서술과 관련해서는 왕후, 왕비로도 표기했다.
3. 우리나라를 '한국'으로 표기하면서도 사료를 옮기는 과정에서 '조선'과 '대한제국' 국호도 함께 사용했다.
4. 미주에서의 관찬 사서는 기본적으로 음력이나(1896년 1월 1일부터 양력 채택), 필요에 따라 양력을 함께 표기했다.

# 책을 내면서

한국 근대 신문 자료를 강독한 지는 오래되었다. 관찬 사료나 개인이 남긴 문집류에서는 쉽게 접할 수 없는 당대 세세한 정치사회적 실상과 민심을 엿볼 수 있었다. 처음엔 연구에 필요한 주제와 문제의식 중심으로 혼자 조금씩 읽어내려 갔다. 한성순보와 한성주보를 비롯해서 독립신문, 황성신문, 제국신문, 대한매일신보 등 근대 시기를 공부하는 연구자들이 읽어야 할 신문의 종류는 많았다. 이 외에도 일본이 한국과 일본 현지에서 발행한 신문까지 더하면 신문의 종류는 더욱 많아진다. 개인적 차원에서 감당할 수준이 못 되었다. 그런 점에서 한국역사연구회 '근대신문강독반'은 많은 도움이 되었다. 혼자서는 속도를 내기 어려운 강독의 어려움을 해결하기에 더없이 좋았다. 여럿이 머리를 맞대니 읽기 힘든 글자들도 속 시원하게 풀렸다. 처음에는 1898년에 창간된 제국신문을 함께 읽고, 이어서 한성신보(漢城新報)를 읽기 시작했다. 비슷한 시기에 간행된 독립신문과 황성신문은 이미 다른 연구팀에서 강독을 완료하고 색인집이 나온 후였기 때문이다.

　일본인 국권론자들이 중심이 되어 서울에서 창간한 한성신보는 한말의 지식인과 유생층을 대상으로 한 황성신문이나 일반 인민을 대상으로 계몽적 언론 활동을 전개한 독립신문, 하층민과 부녀층을 독자층으로 상정한 제국신문 등의 민족지와는 결이 많이 달랐다. 전체 지면 4면에 사설과 잡보 기사, 외국 소식, 광고란, 물가표 등의 주요 항목으로 구성되어 다른 신문과 전체적 형태는 대동소이했다. 다만 신문을 이끌어간 주체와 보도 태도, 기사 내용, 지향점 등이 우리의 민족 언론과는 뚜렷하게 구별되었다. 그 구체적 실상이 어떠한지 연구를 통해 하나씩 밝히면서 실체에 다가가고 싶었다.

한성신보는 아시아에서 일본의 국위 신장과 국권 확장에 목표를 두고 일본 정부보다 더 열성적으로 움직인 국권당 인사들이 주체가 되어 창간한 관변 신문이다. 이들은 조선 내 여론을 선도하고 친일적 정치 세력을 양성하여 침략의 경로를 쉽게 하고, 일본의 대조선 침략 정책을 보조하기 위한 목적으로 신문을 창간했다. 아다치 겐조(安達謙藏), 기쿠치 겐조(菊池謙讓), 구니토모 시게아키(國友重章) 등이 중심인물이었다. 이들은 구마모토현(熊本縣) 출신의 낭인들로 한성신보의 사장과 주필로도 활동했다. 공교롭게도 이 세 사람은 명성황후 시해 사건에 직접 개입한 인물들이었다. 일본의 조선 침략 정책을 앞서서 수행하며 보조한 인물들이다. 이런 성향의 인물들이 한성신보를 이끌어나가면서 언론 활동을 전개하고 있었다.

한성신보는 일본 정부가 조선에 대한 외교와 군사 관련 주요 정책들을 추진하는 데 필요한 홍보 활동과 한국 내 우호적인 여론을 형성하기 위한 사전 정지 작업을 전개했다. 그에 따라 명성황후 시해 사건과 김홍집 등 갑오개혁과 관련한 대신들의 살해 과정에 대한 보도가 한성신보에서 활용되었다. 황후 시해에 대해서는 해산 명령을 접한 훈련대가 분격하여 시위대와 싸우는 과정에서 일어난 사건으로 위장되었다. 시해 당일 흥선대원군(이하 대원군)의 경복궁 입궐은 고종의 무능하고 타락한 국정 운영을 쇄신하기 위한 것으로 포장되었다. 황후는 여흥 민씨 일족의 부정부패한 영수로서 척결해야 할 대상으로 선전되었다. 신보는 사건의 진상과 일본 정부의 개입설을 은폐하며 일본 정부와의 무관함을 강조하는 왜곡 보도로 점철되어 있었다.

한성신보에서 고종은 존재는 했으나 통치력은 전혀 발휘하지 못한 무능하고 무기력한 군주로 표상되었다. 황후는 미신에 빠져 국고를 탕진하며 부정부패한 일을 일삼는 부도덕한 여성으로 이미지화되었다. 그녀는 무당 진령군과 동일시되기도 했다. 대원군은 공명정대하고 과단성 있는 위대한 개혁가의 이미지로 표상되었다. 조선을 반석 위에 올려놓을 개혁가로서의 대원군 이미지와 부정과 부패, 간신들에게 둘러싸인 무능력한 정치 지도자라는 고종의 이미지가 철저하게 대비되었다. 일본은 갑오개혁에 동참하는 대원군의 이미지를 위대한 개혁가로 탈바꿈시킬 필요가 있었다. 한때 그는 시대에 역행하고 정체된 이미지의 보수적인 쇄국주의자였으나 일본 정부의 필요에 따라 한성신보 안에서의 표상은 자주 변주되었다. 그렇게 세 사람은 실정과 탐학과 혁신의 아이콘으로 전해오게 되었다.

김홍집 살해 사건은 일본이 하등 국가로 보아온 한국을 더욱 미개하고 야만적인 국가로 무시하며 세계만방에 알리는 좋은 호재가 되었다. 한성신보에서는 이 사건의 과정을 다른 어떤 기록에서보다 세밀하게, 과도한 이야기를 덧입혀서 소설적 기사로 구성했다. 내각총리대신 김홍집과 농상대신 정병하는 고종의 밀명으로 살해당한 이후 종로 거리에서 2차적인 수모와 참상에 노정되었다. 체포도 살해도 황급하게 처리되었고 군중이 시체에 과격한 반응을 보인 것까지 어느 정도는 사실에 근거했다. 그러나 "음낭을 베어 가져가며 인육을 베어 먹는" 야만인들은 사건 현장에 존재하지 않았다.

한성신보에는 잔인하고 난폭하며 인류이라고는 찾아보기 어려운 짐승만도 못한 조선인들에 대한 묘사가 넘쳐나고 있었다. 일본으로서는 친일 개화파의 죽음과 갑오개혁의 좌초가 아쉬웠을 터였다. 한국 사회는 문명국인 일본이 보호하고 인도해야 할 처지에 놓여 있다는 사실이 강조될 필요가 있었다. 그런 점에서 한국인은 정도 이상으로 저급하고 우매하며 한국은 야만국이라는 것이 묘사되어야 했고, 한성신보는 일본 정부의 요구와 필요를 충실히 담아내고 있었다.

한성신보는 명성황후 시해 사건이나 김홍집 살해 사건, 의병의 움직임, 아관파천, 대한제국의 개혁 정책 등 조선에서 일어나는 여러 정치 사회적인 변화와 사건들에 민감하게 반응했다. 일본의 조선 침탈 과정에서 본국 정부와 연루된 일들이었기 때문에 유불리에 따라 사안을 축소하거나 왜곡하는 보도를 일삼았다. 한국 정부와 관료, 인민들을 무시하고 헐뜯는 데도 지면을 할애했다. 국문과 일문으로 기사 구성을 이원화하여 한국에는 사건의 간략한 개요만을, 일본에는 사건의 이면을 인식시키고 그로 인한 사회적 파장까지도 대비하게 하는 이중적 언론 활동을 전개했다. 반면, 경제활동에 필요한 다양한 지식과 정보를 실어 보도했다는 점에서 독자층에게 실질적인 도움을 주는 면도 있었다. 우리보다 앞선 문명국으로서의 지식과 경험을 나누며 사회의 여러 분야에 대해 새로운 인식을 제공하기도 했고 독립신문을 비롯한 다양한 민족 언론지가 출범하는 계기와 자극이 된 것도 사실이다. 또한 한성신보의 활동을 통해 조선의 지식인들이 언론의 공정성과 객관성, 신뢰성에 대한 책무를 인식하는 계기를 마련하기도 했다.

그럼에도 한성신보는 일본 정부의 외교적 입장과 군사 정책을 성실히 추종하고, 선전하고, 조선에 관철시키는 토대를 마련하는 데 전위적인 역할을 했다는 점에서 조선 침략의 도구이자 수단이었다는 평가를 피해 가기는 어렵다. 언론이 지녀야 할 객관적이고 중립적인 자세에서 한성신보는 한참 멀리 있었다. 한성신보에 관계된 사람들의 성향과 일본 정부의 관변 신문이라는 특성을 감안하더라도 문제적 소지는 많았다. 주요한 역사적 사건들과 인물들에 대한 사실 왜곡이 신보 안에서 자행되었고, 조선 인민과 문화를 무시하고 경멸하는 태도를 드러냈다. 반면, 일본은 하등국인 조선을 보호하고 동양평화를 위해 솔선수범하는 모범국가이자 문명국으로 거듭나고 있었다. 한성신보가 만든 조선 왕실의 표상은 지금까지도 일정 부분 고착되어 있고, 그로 인한 정신적 폐해 또한 깊이 남아 있다.

한성신보를 소재로 하여 쓴 논문들을 모아 재구성하면서 신보의 긍정적 영향과 기여한 요소를 찾기보다 어두운 그림자를 조명하는 데 지면을 더 많이 할애했다. 신보가 한국 사회를 어떻게 담아내고 있었는지를 추적하며 관찰하는 과정에서 전체는 물론, 이면까지 심도있게 아우르지는 못했다. 기왕에 발표한 논문들을 엮으면서 중첩되는 내용을 미처 걸러내지 못한 부분도 있다. 이 모든 한계와 부족함은 저자의 몫으로 남긴다. 오랜 시간 함께 공부하며 동력이 되어준 강독팀 선생님들께 머리 숙여 감사의 인사를 드린다.

2023년 2월

장영숙

# 차례

1장　한성신보와 주요 인물들

# 1. 한성신보는 어떤 신문인가

## 한성신보의 창간

한성신보는 1895년 2월 17일 일본 구마모토(熊本) 국권당의 중심인물인 아다치 겐조(安達謙藏)가 서울에서 창간한 신문이다. 1896년 4월 7일 한국 최초의 순한글 신문으로 탄생된 독립신문보다 1년 2개월여 앞서서 창간되어 조선의 여론 형성에 영향을 미치고 있던 언론이다. 국권당은 1889년 1월 구마모토현에서 자명회(紫溟會)를 모태로 성립된 정당이다. 국권당에서는 청일전쟁을 계기로 아시아에서 일본의 국위 신장과 국권 확장 노력이 시동했다고 보고, 조선에서 신문을 발간하는 사업에 심혈을 기울였다.

이들이 신문 발간에 시선을 돌린 이유는 일본 정부가 조선에서의 유리한 고지를 확보하기 위해 러시아와 경쟁하는 상황에서 조선의 개혁을 선제적으로 지원하기 위한 것이었다.[1] 러시아로부터 조선의 독립을 지원하고, 일본을 방어하기 위해 조선을 활용한다는 의도였다. 일본이 청일전쟁의 승기를 잡은 상황에서 조선에 영향력을 행사할 경쟁국으로 러시아를 지목하고 있었음을 알 수 있다. 결국 조선 내 여론을 선도하고 친일적 정치 세력을 양성하여 침략의 경로를 쉽게 하기 위한 목적이었다. 그 결과 창간된 신문이 바로 조선시보(朝鮮時報)와 한성신보, 평양신보이다.

조선시보는 1881년 12월 개항장인 부산에서 발간된 조선신보(朝鮮新報)가 1894년에 이르러 이름을 바꾼 것이다. 조선신보는 책자 형

남아 있는 한성신보 가운데 가장 이른 날짜의 신문이다. 1면 사설에 개화설이 실려 있다.

태의 작은 신문으로 한반도에서 일본어 신문의 효시에 해당한다.

규슈(九州)와 시모노세키(下關)를 비롯한 일본의 각 지방에서는 여러 신문사가 난립하여 각각의 정치 성향에 따라 다양한 논진(論陣)을 펼쳤다. 신문사마다 경성과 부산에 지국을 설치하고 특파원과 통신원을 두는 일들이 많았다.[2] 조선시보와 한성신보, 평양신보 등은 이러한 분위기에서 창간된 신문들이다.

당시 일본은 청일전쟁에서 확실하게 승기를 잡은 상태였지만, 조선 문제를 두고 내부적으로 고심하고 있었다. 겉으로는 조선을 독립국으로 인정하며 자주와 자치를 할 수 있도록 돕는 척했지만, 조선의 내적 기강이 흔들리고 독립에 대한 의지가 빈약한 것으로 파악하고 있었다. 청국이 조선의 이러한 정황을 엿보아 민씨 일파를 동원하여 다시 조선 국정에 간섭할 수 있는 소지도 있는 것으로 보고 있었다. 일본 내적으로는 조선 문제에 대해 어떠한 열강의 간섭도 막아야 한다는 고민을 안고 있었던 것이다.[3] 더욱이 이미 1891년부터 시베리아 철도가 착공되었으므로 러시아의 남하에 따른 동태를 의식하지 않을 수 없었다.

국권당 일파가 러시아를 의식한 것도 같은 맥락이었을 것으로 보인다. 때문에 일본은 조선 내에서의 확실한 영향력 행사와 입지 강화를 위해 조선에 대한 적극적인 보호국화 정책을 추진하려 했다.

아다치 겐조, 일본 구마모토 국권당의 중심인물이었다.

일본은 조선 정부에 내정 개혁을 권고하며 군국기무처를 발족시켰다.[4] 갑오개혁이 추진될 당시 통리교섭통상사무아문 독판으로 있던 김윤식은 일본 고문관과 군사교관을 새로이 설치될 군대에 고빙해달라는 의안을 내기도 했다.[5] 통상아문을 외무아문으로 개칭하는 건에 대해서도 오토리 게이스케(大鳥圭介) 공사에게 의안을 낼 정도로[6] 거의 모든 제도 개편이 일본의 지도하에 이루어지고 있었다. 경부·경인철도의 부설권과 경부·경인 간 군용 전신선의 관할권 등을 보증하는 조일잠정합동조관도 체결했다.[7] 이 또한 외무대신 김윤식과 특명전권공사 오토리 간에 진행되었다. 그런데 오토리는 일본이 획득한 권리를 구체화하기 위한 조처를 즉각 취하지 않았다. 조선의 내정 개혁과 관련한 강압적 간섭을 자제하면서 전쟁의 추이를 관망하고 있을 뿐이었다.[8] 청일전쟁이 한창 진행 중이었고, 조선의 정부 관료들이 일본에 반발할까 우려하며 신중한 자세로 일관한 듯이 보인다.

당시 일본의 외무대신을 맡고 있던 무쓰 무네미쓰(陸奥宗光)는 오토리 공사를 탐탁해하지 않았다. 청일전쟁이 아직 종료되지 않은 시점에서 서구 제국이 간섭을 해오려 했기 때문에 그는 대외적으로 덕망과 자질을 인정받는 사람을 선발하여 조선 문제를 전격적으로 단행시켜야 한다고 보고 있었다.[9] 조선을 일본의 보호국으로 만들고자 철도 축조와 전신 가실의 특혜를 받아내는 조일합동조약을 체결하기도 했지만 사업비를 둘러싸고 곤경에 빠지게 된 것도 문제였다. 일본 정부의 국고로 남의 나라 철도를 축조할 수도, 사업자를 물색하기도 어려운 여건이었다. 때마침 일본 정부 내에서도 오토리 공사의 유임이 어떤 이득을 가져올지 확신하지 못하는 분위기였다. 그에 따라 조선의 내정 개혁과 관련한 문제는 후임 이노우에 가오루(井上馨) 공사가 맡는 것으로 결정되었다.[10]

공사를 바꿔가며 조선의 내정 개혁에 재시동을 걸고 보호국화 정책을 추진하려 한 일본의 계획은 삼국간섭으로 일시 좌절되었다. 일본 정부는 요동반도를 청에 환부하라는 러·프·독 삼국의 간섭이 혹시라도 청을 유도하여 전쟁을 결산하는 시모노세키(下關) 조약의 비준 거부로 이어질까 두려워했다.[11] 비준 거부는 또다시 청일 간 전쟁의 포화로 이어질지도 모를 일이었다. 한성신보의 창간은 이처럼 삼국간섭이 일어나기 직전, 청일전쟁을 결산하는 시기에 이루어졌다. 일본이 조선 내에서 영향력을 확대하고 바야흐로 조선 침략을 본격화하려는 때였다. 이 신문의 창간 의도가 다분히 조선 내 친일적 여론을 형성하고 침탈의 토대를 확보하는 데 있었음을 엿볼 수 있는 것이다.

한성신보의 창간은 이노우에 공사와 공사관 서기관 스기무라 후카시(杉村濬) 등이 신문 창간 계획을 일본 외무성에 건의하여 실질적으로 이루어지게 되었다. 외무성에서는 창간 자금 1,200원을 지원했고, 매월 보조금까지 주었다. 인쇄 기계와 활자, 나아가 한국어 활자까지 오사카와 도쿄에서 구해 와 보도 활동을 시작할 수 있었다.[12] 신보는 특히 1909년 이전 일본인이 한국에서 발행한 30여 개의 신문 가운데 일본 정부의 지원을 가장 적극적으로 받은 대표적인 신문에 해당한다. 이러한 점은 한성신보가 일본 정부의 관변 신문적 성향을 띤다는 사실을 입증하는 주요 요소로 인식되어왔다.[13]

최근에는 한성신보를 관변 언론으로 보기 어렵다는 주장도 나오고 있다.[14] 주장에 따르면 일본이 아시아의 중심이 되어야 한다는 대의 아래 구마모토 국권당이 조선 진출을 목적으로, 조선 내에서의 국권당의 입지를 다지기 위한 필요에 의해 자발적으로 언론 활동을 전개했다는 것이다. 곧 한성신보는 일본 정부와는 별개로 국권당이 내부적으로 당력을 강화하기 위한 필요에 의해 창간되었으므로 관변 언론적 매체로 분류하기는 애매하다는 것이다.

그러나 한성신보가 일본 정부의 입장과 정책을 그대로 반영한 언론 활동을 전개했고, 일본 외무성의 지도와 지원 속에서 '관민이 협찬하여' 발간하였고, 신문 발전에 대해 지속적으로 외무성과 논의해왔다는 점,[15] 조선 진출을 꿈꾼 국권당의 목적과 필요성은 일본 정부의 그것과 분리해서 보기 어렵다는 점 등을 생각해볼 필요가 있다. 이런 점들은 모두 구마모토 국권당의 자발적 필요성에만 무게를 두고 해석하기 어려운 요소들이다.

한성신보의 창간 시기와 배경을 살펴볼 때 이 신문은 다른 어떤 열강보다 일본의 조선 내 영향력을 확대하고 조선을 보호국으로 삼고

자 하는 일본 정부의 주도면밀한 계획에 발맞추어 탄생한 언론이다. 신보와 관련된 주요 인물들의 성향과 활동 양상, 보도 태도 등을 전체적으로 고려해보면 일본의 침략 정책을 추진하는 보조적인 수단으로 활용된 관변 신문이라는 성격이 더욱 두드러진다. 국권당의 목적과 일본 정부의 이해관계가 맞아떨어지면서 상보적인 관계를 유지해나간 것으로 해석할 수 있는 것이다. 따라서 신보의 성격을 재규정해나가기보다 한성신보가 어떻게 조선 사회를 읽어내며 한일 양국에 영향을 미치려 했는지 구체적인 실상을 밝히는 것이 더 필요하리라 본다.

## 한성신보의 구성과 체제

현재 한성신보는 총 4권으로 영인 출간되어 있다. 연세대 근대한국학연구소가 주체가 되어 2014년 소명출판에서 출간했다. 전체 4권은 권1이 1895년 9월 9일(102호)부터 1896년 5월 31일(230호)까지, 권2는 1896년 6월 2일(231호)부터 1897년 2월 15일(354호)까지, 권3은 1898년 6월 5일(572호)부터 1903년 12월 24일(1296호)까지, 권4는 1904년 1월 7일(1300호)부터 1905년 9월 17일(1746호)까지로 구성되어 있다.

한성신보 전체가 모두 수집 정리된 것은 아니다. 창간호는 일실된 상태이고 1898년분은 네 호, 1899년분은 세 호가 남아 있는 정도이다. 1899년 1월 10일부터 1902년 7월 9일까지도 결호이며, 1905년분은 열한 호만 남아 있다. 그럼에도 불구하고 1895년부터 1904년에 걸쳐 보존된 신문 분량이 많은 편이기 때문에 한국 사회에서 일어난 주요 사건들을 짚어보는 데 유용한 자료로 활용될 수 있다.

한성신보는 1906년 7월 31일 폐간할 때까지 서울 주재 일본 거류민과 조선 정부의 주요 관리 및 인민들에게 각종 정보를 제공하며 여론 형성을 주도했다. 폐간된 후 1906년 8월에는 통감부에서 한성신보와 대동신보(大東新報)를 인수 통합하여 통감부의 기관지 역할을 한 경성일보(京城日報)로 바뀌었다. 한성신보 창간일이 1895년 2월 17일이므로 11년 넘게 존속되었음을 알 수 있다.

한성신보가 창간될 당시 조선에는 근대적 신문이 없었다. 1883년 10월 1일에 창간된 한성순보(漢城旬報)와 1886년 1월 25일에 한성순보의 뒤를 이어 간행되기 시작한 한성주보(漢城周報)가 근대적 신문으로서 짧은 기간 언론의 역할을 한 정도이다. 그마저도 한성주보가 1888년 7월 7일 폐간된 이후에는 신문이 부재한 상태였다. 그 이후 7년여 만에 한성신보가 간행되어 조선 사회에서 언론 활동을 전개한 만큼 인민들이 모호한 경계심을 품는 속에서도 일말의 기대와 관심을 갖는 상황이었다. 국문으로 된 기사는 물론, 경제활동에 꼭 필요한 각종 물가 정보도 풍부하게 실어서 이목이 집중되었다. 조선 인민들에게나 조선에 들어와서 활동하던 일상(日商)과 청상(淸商) 모두에게 유용한 정보였기 때문이다.

격일로 발행된 한성신보는 총 4면으로 구성되었다. 1·2면은 국문을 주로 쓰면서 경우에 따라 국한문을 사용했고, 3·4면은 일문을 사용했다. 1·2면 지면의 내용은 사설(社說)과 잡보(雜報)로 구성되었다. 각종 잡보 기사와 더불어 관보 초록, 소설(小說), 시사소언(時事小言), 각지에서 보내온 통신(各地通信) 등도 함께 게재되었다. 사설을 대신해서 기서(寄書)가 종종 실리기도 했고 사고(社告)도 한 부분을 차지했다.

3면에는 1·2면에 게재된 사설과 잡보를 일문으로 옮겨 실었다. 기사는 국문 내용과 동일한 경우도 있지만 대체로 더 깊이 있게 보도하는 경우가 많았다. 마지막 4면에는 곡물가와 광물가 등의 동향을 상세히 보여주는 물가표(物價表)와 함께 각종 광고를 실었다.

한성신보는 조선에 들어와 있는 일본인들을 대상으로 일본의 정책과 조선 내부의 정치 사회적 상황을 알려주기 위해 언론 활동을 전개한 측면도 컸다. 1·2면을 국문으로 구성한 것은 다분히 조선 독자들을 의식한 것이다. 국한문으로 된 1·2면에서는 조선 국내 정세를 간략하게 보도했다. 반면, 3·4면은 조선에서 활동하고 있는 일본인을 위한 구성이었다. 3면에서는 보다 깊이 있는 조선의 국내 정세와 일본 내 동향을, 4면 광고란은 일문 위주이지만 국한문을 혼용하여 게재한 것도 있다. 기사의 전체적인 서술 내용과 흐름을 보면, 조선 국내 사정의 변화나 주요 사건과 관련한 보다 상세한 기사는 대체로 3면의 일문에 실려 있는 편이다. 3면의 일문 기사와 4면의 물가표와 같은 정보나 다양한 광고는 일본 거류민들을 위한 편제라 볼 수 있는 것이다.

신보는 일본 정부의 외교와 군사 정책을 소개하면서 조선 침략 정책을 호도하는 편에 섰다. 조선 내부에서 일어나는 각종 정치적 사건들, 이를테면 명성황후 시해 사건이나 김홍집 살해 사건, 아관파천, 대한제국의 개혁 정책 등을 왜곡 보도하거나 비판하는 데도 지면을 할애했다. 언론이 지녀야 할 객관적이고 중립적 자세에서 벗어나 있었지만, 경제활동에 필요한 다양한 지식과 정보를 실어 보도했다는 점에서 독자층에게 실질적인 도움을 주었다고 볼 수 있다.

지금까지 한성신보에 대한 연구로는 신문의 창간과 운영 실태를 분석한 논문이 나온 이후 연구 주제가 다양하게 확대되었다. 한성신보의 한국 정치와 사회에 대한 인식을 분석하는 속에서 정치적 주요 사건들을 다루는 방식과 신보의 활동,[16] 근대 공간에서 활동한 한국의 주요 정치인들에 대한 인식과 평가,[17] 단발령과 의병,[18] 일본 정부의 정책에 호응하며 여론 형성에 영향을 미친 언론 활동,[19] 일본 거류민들의 상권 확보와 상업 활성화를 위해 영향을 미친 측면[20] 등 여러 방면에서 문제의식을 가진 논문들이 생산되었다.

선행 연구를 통해 한성신보가 일본인들의 선입견과 일본의 외교 정책 틀에서 벗어나지 않으려는 정치적 편향성도 드러내고 있었지만 문명국 일본의 경험을 바탕으로 정당성을 확보하고 개화 지식인들에게 일정한 영향을 끼치려 했던 점이 밝혀졌다. 일본이 조선에 문명개화의 시혜를 베풀어준 이면에는 저들의 침략성의 은폐는 물론, 조선에 대한 무시와 경멸의 시선이 내포된 사실도 드러났다.

한성신보를 매개로 각종 정보를 제공함으로써 조선 내 일본 거류민들의 상업적 이익을 보호하고 청상(淸商)과의 경쟁에서 유리한 상권을 확보하는 데 일익을 담당한 측면도 분석되었다. 최근에는 역사학계뿐 아니라 국문학계까지 한성신보에 게재된 소설을 중심으로 한 연구가 활발하게 이루어지고 있다. 한성신보가 영인 출간됨으로써 연구 다각화에 많은 영향을 미친 것이다. 이러한 성과를 바탕으로 향후 지금까지 연구되지 못했던 시기와 분야로 연구 영역과 주제가 더욱 폭넓어질 수 있을 것이다.

## 2. 한성신보 사람들

한성신보사는 경성 낙동(駱洞)에 있었다. 낙동은 오늘날 서울 중앙우체국 빌딩 뒤편의 명동 일대로 현재 중국 대사관 부근이다. 창간되던 해인 1895년 10월 8일에 명성황후 시해 사건이 일어날 때 이곳은 한성신보 관련 인물들의 비밀 본거지가 되었다.[21] 구마모토현 출신의 아다치 겐조(1864~1948)가 사장이었고, 구니토모 시게아키(1861~1909)가 주필로 활동했다. 두 사람은 신문이 창간되기 1년 전부터 조선에 들어와서 신문 발간을 위한 탐색과 정지 작업을 한 대륙 낭인으로 일본 우익 세력의 대표적 인물들이다.

아다치는 1894년 조선으로 건너와 부산에서 일본어 신문 조선시보를 창간했으나 경영 곤란으로 휴간했다. 조선시보 창간 후 곧이어 서울에서 한성신보를 발행하여 사장 겸 주필로 활동했다. 1895년에는 재한(在韓) 구마모토현 출신자를 인솔하여 명성황후 시해 사건에 개입했다. 사건 후 체포되어 히로시마(廣島) 감옥에 투옥되었으나 증거 불충분으로 석방되었다. 구마모토로 돌아간 아다치는 구마모토 국권당을 만들어 1902년 중의원에 당선되면서 정계에 입문했다. 이후 체신대신과 내무대신을 역임하는 등 시해 사건에 연루되었음에도 일본 정계에서 승승장구한 대표적 인물이다. 그는 호를 '漢城'이라 쓸 정도로[22] 조선에서의 생활과 활동에 자부심과 긍지를 가지고 있었던 듯 보인다.

신문의 주필이었던 구니토모 역시 구마모토현 출신이자 아다치와 함께 국권당의 창당 멤버였다. 국수주의적 성향의 기자였던 그는

서울 명동 중국 대사관 부근에 있었던 한성신보사

1894년까지 일본 동북일보(東北日報)의 주필로 활동하다가 이듬해 조선에 입국한 뒤 한성신보에 들어와 아다치와 함께 황후 시해 사건에 가담했다. 구니토모도 시해 사건과 관련하여 히로시마 감옥에 투옥되었으나 석방되었다. 이후 1898년 동아동문회 간사를 시작으로 국민동맹회 등에서 활동하면서 아시아주의를 추종했다. 구니토모는 사망한 뒤 조선의 백두산에 묻히기를 희망했고, 생전의 그의 뜻에 따라 분골을 백두산에 묻었다.[23] 아다치와 마찬가지로 조선에서의 활동에 대한 자부심, 만주를 넘어 대아시아 제국 건설이라는 환상에 젖어 있던 국권주의자의 모습이 엿보이는 부분이다.

이들은 대륙 침략을 꿈꾸면서 조선과 만주가 일본 천황을 정점으로 하나가 되어 대아시아 제국을 건설할 것을 표방한 현양사(玄洋社), 흑룡회(黑龍會)의 활동과도 맥이 닿아 있던 인물들이다. 현양사와 흑룡회를 통해 활동의 폭을 넓혀나간 일본 우익 세력은 개항 이래 조선으로 진출하여 낭인 생활을 하면서 명성황후 시해 사건에 관여했다. 이들은 만주와 시베리아 방면의 정탐 활동을 이어가며 러시아를 가상적국으로 상정하여 활동하고 있었다. 또한 동양이 일본을 맹주로 하여 서구 열강의 침략에 대항하고 이를 몰아내야 하며, 같은 민족인 조선과 만주가 일본 천황을 정점으로 하나가 되어 대아시아 제국을 건설할 것을 주장하고 표방했다.[24]

이러한 우익 성향과 정치적 배경을 지녔기에 두 사람은 명성황후 시해 사건에 행동 대원으로서 적극적으로 가담했다. 사족 출신의 지식인들이자 행동주의자들인 이 낭인들은 삼국 간섭으로 위축된 일본의 국면 타개를 위한 방책은 '민비 제거'뿐이라고 생각하고 있었다.[25] 따라서 명성황후 시해 사건에서도 아다치는 미우라 고로(三浦梧樓) 공사의 명령에 따라 공덕리에 있던 대원군을 호위하여 궁궐로 들어갔다. 아다치는 당시 대원군 별장인 아소정(我笑亭)을 호위하는 병사들과 충돌이 있을 것을 예상하고 부대장의 신분으로 30여 명의 경위병(警衛兵)을 이끌며[26] 시해 사건의 핵심적 역할을 수행했다. 한성신보는 이들이 중심이 되어 만든 신문이었기에 시해 사건의 진상은 더더욱 왜곡되고 은폐되는 가운데 보도되었다.

황후 시해 사건은 알려진 대로 주한 일본 전권공사 미우라가 일본 수비대와 경찰을 비롯하여 수십 명의 일본 낭인을 경복궁 건청궁에

대원군 별장인 아소정 앞에 서 있는 기쿠치 겐조(왼쪽)
출처: 기쿠치 겐조, 『근대조선사』 하권.

난입시켜 명성황후를 무참하게 시해한 사건이다. 이 사건은 국왕 내외
가 일본의 조선보호국화 정책에 반발하여 삼국간섭을 계기로 친러파
를 확대하는 등의 인아거일책(引俄拒日策)을 추진한 데서 비롯되었다.
이노우에 전 주한 일본 전권공사와 미우라를 핵심으로 하는 일본 정부
요인들이 사건을 치밀하게 기획하여 추진한 국가적 범죄라는 것이 지
금까지의 연구 결과 밝혀진 사실이다.[27]

　　아다치와 같은 구마모토 지역 출신으로 황후 시해 사건에 관여하
고 국민신문(國民新聞)의 기자로 언론 활동을 한 기쿠치 겐조(菊池謙讓,
1870~1953)도 한성신보의 주필을 맡았고 한성신보사 사장까지 역임

했다. 기쿠치는 아다치와 함께 특파원으로 청일전쟁에 종군했고 국권당이 한국에서 처음 발행한 일본 신문인 조선시보를 창간한 인물이기도 하다. 기쿠치는 1893년 11월 인천을 통해 한국에 처음 들어온 이후 1945년 일제 패망으로 귀국선을 타기까지 생애 대부분을 한국에서 보냈다. 그런 만큼 재한 일본 지식인의 원로이고 조선을 누구보다 잘 아는 '조선통'이었다.[28]

그는 언론뿐만 아니라 한국에 대한 각종 정보를 수집하고 일본 정부의 밀명을 따르는 정보원 역할도 했다. 을미사변에 직접 가담한 이후에는 사변의 정당성을 주장하기 위해 한국 근대사를 왜곡 저술하는 데 앞장섰다. 역사를 전공하지 않은 재야 지식인으로서 『朝鮮最近外交史 大院君傳 附 王妃の一生』(『대원군전』으로 생략 서술)과 『조선왕국』을 비롯해서 다양한 종류의 역사책과 신문 기고문을 남겼다. 그가 남긴 역사서와 글의 대개는 고종과 명성황후를 중심으로 한 조선왕조를 폄하하고, 상당 부분은 사실에 기반하지 않은 왜곡과 오류로 점철되어 있다. 그럼에도 불구하고 일제 관학자들의 한국사 왜곡보다도 시기적으로 앞서 나왔고, 쉽고 통속적인 소설적 저술 경향으로 인해 대중적 전파력이 강하여 왜곡된 한국 근대사를 확산시키는 데 미친 영향이 매우 컸다.[29]

기쿠치는 『고종·순종실록』을 편찬할 때 사료수집위원으로도 활동했다. 실록 편찬에는 총 412종의 자료들이 활용되었다. 여기에는 기쿠치가 저술한 야사에 가까운 『조선왕국』과 『대원군전』 같은 책들도 실록 편찬 자료 목록에 올라와 있다.[30] 왕조실록을 편찬함에 있어서도 한국사에 대한 왜곡된 인식과 식민사관을 투영시키려 했음을 알 수 있다. 이와 같은 자세로 한국을 무대로 살아가는 동안 한국의 식민지화를 촉진하면서 한국사 왜곡에 앞장선 철저한 극우 보수 언론인의 역할을 했던 것이다.

한성신보 창간 당시 편집진 구성과 관련한 인사는 이노우에 공사의 후원을 받은 아다치 사장에게 그 권한이 주어졌다. 아다치는 주필 구니토모 시게아키, 편집장 고바야카와 히데오(小早川秀雄), 기자 사사키 다다시(佐佐木正), 회계 우시지마 히데오(牛島英雄), 국문 기사 작성을 위한 조선인 기자 윤돈구(尹敦求) 등으로 편집진을 구성했다.

이 밖에 구마모토 출신으로 조선총독부 경무국 보안과의 촉탁으로 근무한 적이 있는 나카무라 겐타로(中村健太郎)도 조선문 지면을 담당했다.[31] 아다치는 언론계 경험이 많지 않은 인물이었다. 당시 한성신보에 관계한 인물들은 언론인이라기보다 구마모토 국권당 계열의 낭인들로서 한국 침략을 위한 전위부대의 성격을 띠고 있었던 것으로 볼 수 있다. 이 점은 기쿠치 스스로 "한성신보사에는 구마모토 출신이 많았고 일기당천(一騎當千)의 기개를 가지고 일사보국의 결심을 한 청년들이 많았다"[32]라고 언급한 데서도 알 수 있다.

국문 기사를 담당한 윤돈구는 탁지부(度支部) 대신 등을 지낸 윤용선(尹容善)의 조카이자, 궁내부 협판 등을 지낸 윤정구(尹定求)의 동생이다. 그가 고위 관료의 인척이라는 점은 취재 활동에서 다소 유리할 수 있어서 특별히 채용된 것으로 보인다.[33] 한성신보 지면을 편집하고 기사를 구성하는 데에는 윤돈구 외에도 한국인들이 여러 명 선발되어 직무를 담당했다. 취재기자 역할을 한 탐방원(探訪員) 3명 가운데 2명은 한국인으로 채웠다. 일본인으로서는 한국인 사이의 사정을 알기가 어렵고, 한국인 사이에서 일어나는 잡다한 일들은 탐지하기 어렵다는 이유에서였다. 고무라 주타로(小村壽太郎) 공사는 무쓰 무네미쓰 외무대신에게 보내는 한성신보 운영 개선 계획을 밝히는 별지에서 한국인 탐방을 '필요한 일 중에도 매우 필요한 일'로 밝히고 있다.[34] 일본 정부 차원이나 거류민의 이익을 보호하는 차원에서라도 한국 사정을 세세히 탐지하고 보도해야 할 필요성이 그만큼 컸음을 시사한다.

이처럼 한성신보는 일본 정부의 지원을 받으며 출발했다. 처음부터 정부의 정책을 옹호하고 선전하는 관변 신문의 성격을 띠었고, 식민사학의 기초를 제공한 기쿠치 같은 인물이 중심에서 활동하고 있었다. 때문에 언론의 공정성과 객관성, 사회적 책무를 기대하기는 어려웠다. 근대 공간에서 벌어진 각종 정치적 사건과 정치인들에 대한 시각이 그들의 입맛에 따라 평가된 것은 당연한 결과일 수도 있다.

특히 신보에 관계한 기쿠치가 『대원군전』과 『조선왕국』, 『조선제국기(朝鮮諸國記)』등의 여러 서적을 통해 한국의 근대사를 왜곡 서술한 내용과 시각이 한성신보에도 그대로 담겨 있다. 대원군은 일대 영웅으로, 고종 정권은 민비와 민씨 일파의 섭정기로, 대원군과 왕비의 세력 경쟁은 30여 년 지속되었다는[35] 것이 그의 기본 인식이었다. 신보는 왜곡된 인식과 이들이 만들어낸 표상을 유통하고 확산시키는 매개체 역할을 했던 셈이다.

명성황후 시해 사건을 계기로 신보는 운영난에 처하게 되면서 전열을 재정비할 수밖에 없었다. 사건의 연루자들이 곧 신보의 편집진이었으므로 이들의 퇴한(退韓)이 미치는 영향이 큰 속에서 구독자 역시 감소했기 때문이다. 또한 아관파천을 조롱하는 동요를 게재하여 국왕께 불경을 했다는 이유로 한국 정부로부터 구독 금지 조처까지 받게 되었다. 400명의 한국인 구독자 수는 시해 사건이 일어난 후 450명에 이르다가, 구독 금지 조처 후에는 100명으로 줄어들었다. 일본 정부는 이를 '폐간의 불행을 당하는' 위기로까지 인식했다.[36]

　　1896년 5월에 체제와 전열을 정비한 후 1906년 경성일보로 제호를 바꾸기까지 한성신보가 안고 있던 한계는 있었지만, 한국 내 근대적 신문 발행을 촉진했다는 점에서 의미가 크다고 할 수 있다. 1896년에 창간된 독립신문, 1898년에 창간된 황성신문과 제국신문, 1904년에 창간된 대한매일신보는 한성신보의 왜곡되고 편중된 보도와 자주 논전을 벌인 대표적인 민족 언론이다.[37] 한성신보는 이들 민족지와 논전하는 속에서 언론 활동의 중요성을 한국 내에 인식시키는 데에도 일정한 영향을 미쳤다.

漢城新報

2장

한성신보가 그려낸
국왕 일가의 이미지와 표상

# 1. 고종, 개혁 군주에서 무능한 정치 지도자로

## 의도적인 왜곡과 과장된 기사

개항 이후 한국 근대 공간에서 중심적 역할을 했던 고종에 대한 인식과 평가는 상당히 중층적이다. 고종은 집권 기간이 44년에 이를 정도로 상당히 긴 편이다. 그가 집권한 시기는 문호 개방이 이루어지고 임오군란, 갑신정변, 갑오개혁을 비롯하여 일본에 주권을 빼앗기기 시작하는 소용돌이에 휘말린 때였다. 정치 사회적인 격변을 겪으며 다양한 개혁 또한 추진해나갔던 시기여서 정권의 성격을 한마디로 평가하기가 쉽지 않은 것이다.

그동안의 연구는 고종 집권 초·중반기의 개항, 개화와 관련한 정치적 역할을 다루는 가운데 주로 대한제국기에 추진한 개혁의 방향과 성과와 관련하여 많은 평가가 이루어져왔다. 이른바 '광무개혁'과 관련하여 개혁의 성과 여부, 개혁의 방향과 내용이 근대적인가 보수적인가 하는 데서 촉발된 대한제국의 성격 문제, 이와 연동하여 고종의 전제군주권 강화의 성격과 강화 의지가 역사 전개에 미친 영향을 검토하는 연구들이 진행되었다.

그에 따라 고종이 국왕권의 구축을 토대로 근대 지향적인 개혁을 추진했으며, 국권 회복의 주체로서 일정한 역할을 한 것으로 보는 시각이 있다. 반면, 고종이 근대화와 국민국가 수립을 위해 노력하고 성과를 보았다기보다 전제군주권 강화에 몰두한 결과 역사적 전환기를 유리한 방향으로 이끌어내지 못했다는 상반된 인식도 있다. 양자 모두

개혁성과 우유부단한 리더십을
동시에 보였던 고종
출처: Jean Perry, 『Chilgoopie the
Glad: A Story of Korea and Her
Children』(영국, 1906).

개화와 개혁에 대한 고종의 노력을 동
도서기적 개혁론으로 평가하고 고종의
개명성을 일정 부분 인정하는 데에는
공통적인 시각을 가지고 있다. 다만 역
사의 발전과 진행 방향에 긍정적 기여
를 한 측면이 있는지, 결과적으로 역사
적 후퇴를 초래했는지에 따른 시각의
차이는 있다. 그만큼 일도양단하기에
어려운 점이 있는 것이 사실이다.

고종에 대한 연구와 평가가 이렇
듯 중층적이며 복잡성을 띠는 데 비해
한성신보에서는 고종에 대해 의도적으
로 왜곡되고 과장된 기사를 양산해냈다. 평가의 잣대는 주로 일본 정
부의 정책에 호응하는지의 여부였다. 즉, 일본이 의도한 방향으로 고
종이 개항과 개화 정책을 추진해나간 시기에 대해서는 '전례 없는 개
화 군주'로서 국왕 내외를 한 몸으로 칭송했다. 더불어 앞날을 내다본
식견과 안목을 높이 평가했다. 그러나 명성황후가 일본의 조선 진출에
걸림돌이 된다고 판단한 후 황후 시해 사건을 일으키면서는 국왕 내외
를 상대로 '간신배에 둘러싸인 무능한 군주', '부패하고 탐오한 민씨 일
족의 간악한 영수'라는 프레임을 덧씌우는 횡포를 서슴지 않았다. 지나
치게 과장되면서도 자신들의 입맛에 맞는 잣대에 따라 편향된 평가와
인식을 드러낸 것이다.

한성신보의 보도 태도는 일본 정부의 조선 인식과 궤를 같이하

며, 일본의 입장을 앞장서서 대변했다. 일본은 근대 정치 무대의 주역이었던 국왕 내외에 대한 악의적 신문 기사를 통해 한성 내 일본인들에게는 일본의 우월적 정치 수준과 조선과의 문화적 수준 차이를 은연 중 내포하고, 이를 통해 조선인들에게 상대적 열패감을 심어주고자 했다. 고종에 대한 이미지를 그들의 입맛에 맞게 특정한 방향으로 조작하고 유도해나간 것은 '문명국가 일본의 지도 아래에 놓인' 조선의 실상을 대내외에 확인시키는 수단으로 작동되기도 했다. 특히 개항기부터 아관파천의 혼란한 사회 상황이 전개되는 시기 동안 고종을 뛰어난 개혁 군주에서 순식간에 무능한 정치 지도자라는 악의적 프레임 속에 가두었다. 이는 결국 일본이 대조선 정책을 실행하는 단계에서 필요에 따라 국왕의 이미지와 평가의 내용을 시시각각 변조해나갔음을 보여주는 것이다.

## 개방과 개화에 적극적인 개혁 군주

한성신보에서 고종을 평가한 초기의 시선과 인식은 일본의 대조선 개방 정책에 따라 개항에 매우 적극성을 보인 개혁 군주라는 것이다. 이러한 평가는 개항기 고종의 정책에 특히 집중되어 있다. 개항기는 일반적으로 개항을 전후한 시기부터 고종 친정 초기 개화 정책을 추진하던 시기로 상정할 수 있다. 개항기 당시 한성신보는 창간된 상태가 아니었지만 창간된 후 '사설'란에 '개화설'을, '잡보'란에 '조선개국기사(朝鮮開國記事)'를 연속적으로 게재했다.

'조선개국기사'는 1895년 10월 7일 19회까지 게재되었고, 일문(日文)으로는 1895년 10월 5일 자에 '조선개국시말(朝鮮開國始末)'이라는 제목으로 20회까지 실렸다. 조선의 개국과 개화 문제에 지대한 관심을 보이면서 연속 게재물을 통해 조선 개국의 역사와 개화사를 다룬 것이다. 대체적으로 개항과 관련한 내용이나 개화 정책 추진 과정에서 발생한 임오군란, 갑신정변을 둘러싼 내용은 황현의『매천야록』, 정교의『대한계년사』등 당대 개인이 남긴 기록물과 유사하다. 다른 한편으로는 일본 정부의 입장에서 정책을 선전하고 일본의 입장과 시각을 내포한 기사들이 많다. 이를 통해 일본의 조선 정계에 대한 인식을 상당 부분 엿볼 수 있다.

주요 내용을 살펴보면, 한성신보에서는 1876년 2월 26일 조일수호조규를 체결하던 당시를 '조선사상에 일대 기념일'로 명명했다. 나아가 일본의 평화주의와 고종과 황후의 개국 강화론이 동일한 연장선상에 있는 것임을 강조했다. 개국을 둘러싸고 조일 간 다툼이 일어날 수도 있었던 상황에서 일본은 평화주의를, 고종 내외는 강화주의를 바탕으로 개국론자들의 중심에 서서 역할을 해주었기에 무난히 수교할 수 있었다는 것이다. 개국을 받아들인 조선 정계에 대해 "쇄국 완고론을 창도하기는 무익하고, 개국 문명론을 숭상하는 것이 유리한 줄을 깨닫게 되었다"라며 칭송도 마다하지 않았다.

특히 "대원군은 조선의 일대 영웅적 존재였고, 대원군이 통치하던 시기 동안 그의 호쾌하고 호방한 성품으로 쇄국주의를 밀어붙여 쇄국은 정부의 유일한 방침이었으나, 대원군의 정계 은퇴와 더불어 쇄양의 대세는 소침하게 되었다"라고 했다. 즉, 대원군 개인의 성품과 호방한 기질은 백성들로부터 존경받을 정도였으나, 그가 견지한 쇄국정책은 시대 흐름을 잘못 읽은 데서 비롯되었다는 것이다. 또한 대원군의 정계 은퇴는 그때까지의 쇄국 기조를 청산하고 개국과 개화라는 새로운 방향으로의 전진을 의미한다는 점에서 조선 정계의 획기적인 변화로 보았다. 나아가 그 변화를 주도한 중심에 고종과 황후가 있었다면서 조선이 선택한 개항을 '진보의 길'이라 평가했다.

신보의 이러한 보도 태도는 일본 정부가 조선의 개국을 이끌어줌으로써 조선의 개화에 상당 부분 기여했다는 점을 과시하고자 한 것이다. 일본은 조선이 오랫동안 쇄국 상태에 놓여 있다가 조일수호조규를 체결하면서 비로소 문호 개방으로 나아가게 되었으며, 이는 조선이 세계 자본주의 시장에 편입되는 계기가 되었다는 것이다. 이로써 조선은 개방과 개혁, 혁신과 서구화를 의미하는 근대로 나아가는 결정적 전환점을 맞이하게 되었다고도 보았다.

그런데 '쇄국정책'이란 일본의 대외 정책 중 특정 시기를 가리키는 역사적 용어는 될 수 있을지언정 활발하게 도항 활동을 한 기록이 없는 조선에 일반적으로 적용하기는 곤란하다는 지적이 있다. '쇄국'이란 용어도 일본인들이 먼저 사용했고, 대원군 집권기의 대외 정책을 쇄국이란 개념으로 설명하기 시작한 것도 일본인들이었다. 이들은 그동안 조일수호조규의 역사적 의미를 확대하기 위해서 우리 역사에 알맞지 않은 쇄국과 개국의 이분법적 시각으로 설명해왔다. 우리 또한 별다른 비판 의식 없이 이러한 용어를 사용해왔으나, '쇄국'과 '개국'에 대한 왜곡된 함의를 극복하려 노력하고 있다. 지금은 '쇄국'이라는 용어 대신 '통상수교거부정책'으로 표현하는 것이 일반화되어 있다. 일본은 시혜론적 관점에서 조선의 개항에 특별한 의미를 부여해왔던 것이다. 이렇게 개국을 이끈 주체로서 일본의 우월적 위치를 재확인하는 수단으로도 한성신보를 활용했다. 일본의 영향과 지도 속에서 조선이 개국과 개화를 수용한 것임을 주장하며 신보를 통해 이를 기정사실화했다. 그에 따라 문호 개방을 추진한 국왕 내외를 높이 평가하는 보도 태도를 보였다.

조선의 개항은 운요호 사건으로 시작된 일본의 일방적인 공격을 받는 과정에서 반강제적으로 이루어진 것만은 아니었다. 일본의 개항 요구를 둘러싼 조선 내부의 미묘한 변화와 대응 자세를 추적해보면 피동적이고 수동적으로만 진행된 개항이었다고는 보기 어렵다. 일본으로부터 외교관계 회복을 요구하는 서계를 받은 때는 대원군 정권에 이어 고종 친정 이후인 1875년 2월이었다. 1811년 마지막 조선통신사를 통한 교류 이후 64년 만이었다.

당시 일본이 국교 회복을 요구하는 서계를 보내왔을 때 2월 9일 조정 회의 분위기는 자못 무거웠다. 일본은 서계를 통해 그들의 황실을 '칙(勅)', '경사(京師)' 등의 단어로 존대하고, 조선에 대해서는 '귀국(貴國)'이라며 하대해 칭했다. 조선으로서는 일본이 황제국의 자세를 견지하며 제후국 조선에 보낸 듯한 서계를 받아들이기 어려웠다.[1] 그러나 그보다 더 큰 문제는 전통적 화이관에 입각해 있던 조선이 일본과 서양을 모두 동일한 오랑캐로 보는, 왜양일체의 시각을 가지고 있었다는 점이다. 화이관이란 중국의 입장에서 그들이 세계의 중심이며 조선을 동쪽에 위치한 오랑캐의 나라, 즉 동이(東夷)라고 규정지은 세계관을 받아들이면서 중국과 사대 관계를 유지해오던 우리의 대외 인식이었다.

1868년 대원군 정권 당시에도 동일하게 보내온 서계에 대해 조

1875년 8월 강화도 포대와 포격전을 벌였던 일본 군함 운요호를 그린 모습

정의 대소신료들 거의 모두가 왜양일체의 논리로 서계 접수는 물론,
일본과의 수교를 거부한 적이 있었다. 그만큼 일본은 무부무군(無父無
君)의 자세를 가진 비윤리적인 서양과 다를 바 없는 오랑캐라는 것이
전통적인 인식이었다. 이러한 상황에서 고종 대에 접수된 2차 서계를
두고 판중추부사 박규수가 올린 의견은 실로 파격적이었다. 그는 "서
계 내용은 그들 나름대로의 자존적 표현일 뿐, 이를 문제 삼아 국교를
단절하는 것은 잘못된 일"[2]임을 주장했다. 그런데 조선 측의 서계 접수
가 늦어지면서 일본이 운요호를 타고 와 강화도 영종진을 침략하자 이
소수의견을 냈던 박규수조차도 불편한 심기를 보였다. 일본의 고압적
자세를 불편하게 받아들인 것은 고종도 마찬가지였다. 두 사람 모두
일본이 입으로는 수호를 주창하면서 실제로는 병선(兵船)을 몰고 와
조선을 위협하는 것에 의구심을 드러냈다.[3]

조선 조정에서는 여러 차례 회의를 거듭하는 속에서 왜를 원래부터 교린 관계 속에 있던 존재로 보고자 하는 논의도 더불어 일어나게 되었다. 그 결과 일본이 서계에서 요구하는 국교 회복은 '설관통상(設館通商)', 즉 조일 양국이 전통적으로 교린 관계에서 행해오던 통상을 의미하는 것으로 정리되었다.[4] 이러한 논의의 흐름은 박규수를 비롯한 소수파에 의해 왜양을 분리해서 인식하고자 하는 분위기가 내부적으로 조성되고 나서 가능하게 된 일이었다. 고종 또한 왜양일체론의 시각으로 일본을 바라보고 있었으나 내부 논의에 따라 일본과의 수교를 조심스럽게 고려하기 시작했다.

일본의 포함외교(砲艦外交)를 새로운 통상 관계 수립 요구의 의미로 받아들이고 우호 관계를 모색하게 된 것은 박규수의 대외 인식에 영향받은 바가 컸다고 볼 수 있다. 박규수는 알려진 대로 1861년과 1872년 두 차례 청을 다녀오면서 영국과 프랑스의 침략 앞에서 동요하고 있는 청의 모습을 보게 되었다. 당시 청이 전개한 양무운동의 성과를 통해서는 조선 역시 부국강병을 추구하는 길로 나아가야 한다는 것을 인식하게 되었다. 그러기 위해서는 오랑캐의 것이라도 자주적, 적극적으로 받아들여야 한다는 태도의 변화를 보이게 된 것이다.[5] 제너럴셔먼호 사건 당시 대원군의 쇄국정책을 받들어 서먼호를 불태운[6] 전력이 있는 박규수가 오랑캐의 기술을 수용하자고 주장한 것은 상당한 인식의 변화 속에서 나온 것이다. 고종의 스승으로서 국왕과 지근거리에 있던 박규수의 인식과 태도 변화는 고종에게 많은 영향을 미쳤다.

또한 운요호 사건 이후 일본과 수호조규를 체결한 접견대관 신헌 역시 고종의 행보를 결정하는 데 지대한 영향을 미쳤다. 그는 조규 체결 당시의 상세한 보고를 통해 일본과 직접적으로 대결하는 일은 조선의 파멸을 가져올 뿐이라는 점을 강조했다.[7] 일본의 강성한 정도와 서양 무기 기술 도입의 실태, 화륜선 제조 사실은 그만큼 조선에게 충격이었던 것이다. 그의 보고는 조선은 일본의 적수가 되지 못하는 형편이니 일본의 통상 요구를 수용하라는 데에 초점이 맞춰져 있었다.

조선은 일본의 적수가 못 된다며 조일수호조규 체결을 주장한 접견대관 신헌

따라서 조선의 개항과 일본과의 수호조규 체결에는 조선 정계의 내적 변화와 요구가 큰 동인으로 작용했음을 알 수 있다. 물론 일본의 무력 시위 또한 무시할 수 없는 커다란 요소였고, 그로 인해 좀 더 빨리 개항하게 된 것을 부인하는 것은 아니다. 다만, 우리 내부 변화의 동력 또한 개항에 중요한 요인으로 작동했음을 지적하는 것이다. 여기에는 내적 요구와 필요에 따라 오랑캐로 보던 일본에 대한 시각을 거두고 왜양분리론으로 대외 인식을 바꾸어나간 고종과 그에게 영향을 미친 박규수, 신헌 등과 같은 인물들의 활약이 중요하게 작용했다. 이는 곧 개항이 우리 내부의 어떠한 변화의 동력 없이 수동적으로, 전적으로 일본의 강압에 의해 이루어졌다고만 보기 어려운 이유이다.

제1차 수신사로 일본에 파견되었던 김기수와 당시 경험했던 일본 사정을 담은 『일동기유』 표지

　　개항 이후 고종은 1876년 수신사 김기수를 일본에 파견해 조규 체결에 따른 교섭을 진행하게 했다. 1880년에는 김홍집을 파견해 일본의 문명과 부강한 정도를 시찰하게 했다. 또한 1881년에는 조사시찰단을 파견해 일본 정부의 각 부처를 두루 시찰하게 한 후 문건기와 시찰보고서를 올리도록 했다. 한성신보에서는 고종의 이러한 행보를 언급하는 한편, "조선은 개국할 당시라 아직 해외 형세를 깊이 살피는 여가가 없을 때 전후 2차 수신사가 일본에서 시찰하던 것이니, 족히 놀랄 만한지라. 그중 김굉(홍)집 일행이 귀국하여 일본의 상황을 복명한 이후에는 개화론이 조정 가운데서 그 세력을 더하게 이른지라"[8]라고 보도하고 있다. 즉, 개항 이후 여러 차례의 수신사 파견을 통해 조

선이 일본으로부터 문명적, 문화적 자극을 상당 부분 받은 것처럼 우월적 시선과 자세를 드러내고 있다.

조선의 외교 방안을 담은 『조선책략』 표지

실제로 제1, 2차 수신사와 시찰단은 일본을 문견하면서 일본이 서양의 문물 등속을 받아들여 상당히 부강해졌으며 발전을 이룬 사실을 보고 느끼게 되었다. 김기수의 보고를 통해 고종 또한 조선도 기술을 익히면 부국강병을 이룰 수 있을 것이라는 자신감과 의욕을 내비치기도 했다.[9] 김홍집이 제2차 수신사로 러시아의 침략 여부를 타진하기 위해 일본을 다녀온 뒤에는 자강이 급선무라는 사실도 깨닫게 되었다.[10] 그런데 한편으로는 김홍집이 가지고 온 『조선책략』을 둘러싸고 조야 모두 극심한 의론 분열을 맞기도 했다. 일본뿐만 아니라 미국과도 친교를 하고 연합해야 한다는 주장에 대해 이만손을 필두로 한 영남 유생들이 오랑캐와의 통교를 거부하는 만인소를 올린 것은[11] 잘 알려진 사실이다. 이들은 당시 『조선책략』을 파기하라는 요구도 했다.

조사시찰단의 보고에서도 일본의 문명개화의 성과에 대해 긍정적인 시각으로 평가하는 자들이 있었다. 반면, 일본이 차관을 들여와 나라가 빚더미에 올라앉았고 백성 대부분은 개화를 탐탁하지 않게 여긴다는 사실을 거론하며 부정 일변도의 평가를 내리는 사람들도 많았다.[12] 고종이 개항 이후 일본을 통해 새로운 문물을 탐색하는 노력을

일본 육군 교관이 훈련시킨 신식 군대
별기군

기울이려 할 때 옛것을 지키고 위정
척사의 길을 고수하고자 하는 세력
은 여전히 강고했던 것이다. 신보
의 보도대로 수신사 파견과 복명 이
후로 개화론이 힘을 더 얻게 되기
나, 일본의 변화를 놀라운 눈으로만
보고 있지는 않았다.

또한 신보에서는 고종을 비롯
하여 조선에서 개화를 선도하는 세
력이 개화론을 실행하며 진보할 것
을 권장했으나 인민의 수구 완고한
미몽으로 깨닫지 못하여 문명상의
진보를 이루지 못한 것으로 보았다. 그런데 조사시찰단이 견문을 마치
고 귀국한 이후 문명의 기운을 주입하자 인민들의 사상도 변화하여 쇄
국론은 무익하고 개국과 문명논의를 숭상하는 것이 유리한 것을 깨닫
게 되었다고 했다.[13] 결국 문명개화한 일본을 시찰하고 문견한 이후 조
선의 조정과 인민들이 대오 각성했다면서 일본의 영향력과 자부심을
과시했던 것이다.

신보의 논조는 고종과 황후를 비롯한 개화론자들이 쇄국주의를
종식시키고 개국을 향해 적극적으로 움직인 사실만을 긍정적으로 과
장되게 표현했다. 때문에 별기군을 설치한 일과 구식 군대를 장어영
과 무위영 2영으로 개편한 것도 일본을 모범으로 삼은 결과로서 대단
히 진일보한 개혁의 열매로 평가했다.[14] 별기군을 훈련시킨 교관은 일

본 육군 소위 호리모토 레이조(堀本禮造)이고, 홍영식은 조사시찰단의 일원으로 일본 육군 제도를 시찰하고 돌아와『일본육군총제』(奎 3271)를 저술하기도 했다. 따라서 군영 개편에 일본의 영향이 없었다고 하기 어렵다. 그런데 조선의 내부적 변화와 고종과 황후 내외의 개화에 대한 주체적 결단력, 개방에 적극적인 자세를 균형적으로 언급하기보다는 개화와 개방을 일본의 가르침과 시혜의 결과물인 양 일방적으로 강조한 보도 태도는 문제라고 볼 수 있다. 이는 곧 신문의 생명력인 공정성과 객관성이 훼손되는 결과로 이어지기 때문이다.

## 부패한 간신배에 둘러싸인 무능한 정치 지도자

문호 개방을 주도한 고종에 대해 적극적이고 긍정적인 평가를 하던 신보에서는 을미사변이 일어나는 시기와 아관파천이 단행되는 시기에 이르러서는 보도 태도와 경향이 180도 달라진다. 전격적으로 부정적인 평가와 신랄한 악평을 서슴지 않는 태도를 보인 것이다. 당시는 일본의 조선 보호국화 기도가 러시아가 중심이 된 삼국간섭과 조선의 인아거일 정책으로 사실상 장벽에 부딪히고 있었다. 이런 상황에서 다분히 의도적이고 계산적으로 국왕에 대한 평가를 이어간 것으로 보인다. 고종과 관련해서는 주로 국왕으로서의 정치적 리더십과 관련해 무능함을 드러내는 데에 목표가 있었던 듯하다.

1895년 을미사변(10월 8일, 양력)이 일어나기 직전인 10월 3일 자 사설에서는 상하가 혼돈하여 깊은 근심과 큰 어려움이 장차 일어나게 될 것이 괴이할 게 없다고 했다.

혁신하는 이름은 있고 혁신하는 실상은 없으며, 개화의 뜻은
있고 변화시킬 과단성은 없으니 아전에게도 백성에게도
미덥지 못하여 상하가 주저하는 듯이 있다. … 천하의 일은
과단성이 있어야 하며 한번 결단하면 무슨 일인들 이루지
못하랴. 오직 과단 없는 것이 큰 근심이다.[15]

이는 곧 일본이 친일 개화파와 손을 잡고 갑오 을미개혁을 추진
하고는 있지만 일본의 의도대로 진행되지 않는 데 대한 불만을 표출한
것으로 해석된다. 일본이 조종할 수 있으리라 기대한 고종이 예상치
않게 개혁에 저항하는 모습을 보이자 과단성이 결여된 것이라며 깎아
내린 것이다.

갑오·을미개혁은 표면적으로는 조선의 근대적 개혁이 목적인 듯
보이지만, 실상은 일본의 조선 보호국화와 조선 침략을 보다 손쉽게
하기 위한 과정으로 볼 수 있다. 개혁을 추진하는 일본의 입장과는 달
리 개혁이 진행되는 동안 고종이 가장 예민하게 반응하고 관심을 두었
던 것은 군주권의 향배였다. 1894년 9월 조선 주재 일본 공사로 부임
한 이노우에 가오루가 내정개혁안의 전체적인 틀을 고종에게 전달할
때만 하더라도[16] 고종은 자신의 군주권에는 아무런 변화가 없으리라
생각했다. 예전처럼 정무를 자유롭게 주재할 수 있을 것이라 여겼던
것이다.

그런데 이노우에가 제시한 개혁안 가운데 대군주는 정무 친재 권
한을 가짐과 동시에 법령을 준수할 의무를 진다는 것과 왕실 사무를
국정으로부터 분리시킨다는 내용은 법률로써 제한받는 군주권을 상

정함과 동시에 국정을 주관하는 권한
을 박탈하는 것이었다. 이처럼 이노우
에와 제2차 김홍집 내각이 중심이 되
어 추진한 개혁은 왕정과 국정을 분리
히여 군주권을 축소시키는 방향으로
진행되었다. 국왕으로서는 군주권을
복원하고 강화시키는 방법을 고민하지
않을 수 없게 된 것이다.

갑오개혁 당시 조선 보호국화를
도모했던 이노우에 가오루 공사

　　때마침 전개된 삼국간섭으로 일본
의 국제적 지위가 실추되자 조선 조정
에서는 러시아에 대한 기대감이 높아
졌다. 고종과 황후는 러시아 공사 베베르를 통해 러시아 측과 친선을
도모해나갔다. 왕실의 친러적인 분위기와 함께 조정에는 자연스럽게
친러파가 형성되었다. 박정양, 안경수, 서광범, 이완용, 이범진 등을
필두로 하는 반일친러적인 성향의 인물들이 정계에 포진하게 되었다.
일본은 군부대신 이윤용과 외부대신 이완용, 내부대신 박정양 등과 수
구파인 탁지대신 심상훈, 법부대신 한규설 등이 서로 알력 관계에 있
다고 보았다. 또한 이들 모두 러시아의 세력권 안에 있다고 보고 긴장
했다.[17]

　　친러파를 가까이하면서 고종은 부정부패로 정계에서 축출당했던
민씨 척족들을 사면시킴으로써 권력 기반을 다시 공고히 했다. 당시
축출되었다가 사면된 민씨 척족은 좌찬성 민영준과 전 통제사 민형식,
민응식, 경주부윤 민치헌 등이다.[18] 이들은 모두 백성들을 착취하고 지

나치게 탐오하다는 이유로 원악도(遠惡島)로 귀양을 갔다가 사면된 것이다.

고종은 갑신정변 직후인 1885년 개화 정책 추진 기구로 내무부를 신설했는데, 여기에 여흥 민씨 일족을 폭넓게 등용하여 정권의 배후 세력으로 활용해오고 있었다. 당시 내무부 독판으로 등용된 민씨 척족은 민응식, 민영익, 민영상, 민영준, 민영소, 민두호, 민영환 등이다. 이들은 실질적인 업무를 주관하는 협판과 참의직을 수행하다가 독판이 된 경우가 대부분이다. 그만큼 민씨 척족의 권한을 강화해주고 이들을 활용하는 범위를 넓힌 것이다.

민영환은 22세에 성균관 대사성과 34세에 내무부 독판직을 수행했다. 민영익은 20대에 이미 우영사를 거쳐 독판의 지위에 올랐다. 민영소와 민영준, 민응식은 39세와 42세, 44세에 각각 독판이 되었다. 의정부의 3정승이 내무부의 총리대신을 겸직하고 실질적인 총괄은 독판이 하는 상황이었다. 따라서 이들의 급속한 승진은 권력의 비호와 가문의 후광으로 이루어진 일이었음을 충분히 상정할 수 있다. 이 가운데 특히 민영준은 여러 민씨 중에서 여러 가지 방법으로 재물을 불려 국왕에게 상납하면서 국왕의 총애와 신임을 얻고 있었다.[19]

민씨 척족은 내무부뿐만 아니라 내무부 산하의 각종 근대적 기구들을 관리하고 감독하는 총판 직임도 맡았다. 상무를 담당하는 상리국에 민응식·민영익, 외국어 교육을 담당하는 육영공원에 민종묵, 광업과 관련한 행정을 맡은 광무국에 민영익, 주전 사업을 하는 전환국에 민영환, 근대적 군사 양성 기관인 연무공원에 민영익 등이 각각 등용되었다.[20] 이들은 개화 자강 정책의 산실인 신설 아문에서 주로 활동하면서 고종의 정치적 배후세력이 되었고, 이러한 형태는 내무부 존속 시기까지 이어지고 있었다. 왕후를 중심으로 촌수를 헤아리기 어려운 관계에 있는 친인척들이 거의 망라되어 있었다.

명성황후의 친정 조카로 절대적 신임을 얻었던 민영익

이에 갑오개혁의 선봉에 섰던 대원군은 국왕으로부터 정무 친재 권한을 넘겨받자마자 민씨 척족에 대한 파면과 숙청부터 단행했던 것이다. 민씨 척족에 대한 숙청은 고종의 배후 세력망 역할을 해왔던 외척에 타격을 입히는 것이었다. 고종에 대한 반격이기도 했다. 이후 고종은 친러파를 규합하여 3차 개각을 단행하면서 국정 장악력을 높여갔다. 왕비는 왕비대로 베베르와 접촉하면서 민씨 척족의 세력을 만회하려는 노력을 기울였다.[21] 민씨 척족의 사면은 이와 같은 상황에서 나올 수 있었다. 민영주는 민영준의 종형으로 민간에서 망나니라 부를 정도로 문제

대한제국기까지 주요 요직을 두루 역임한 민영환

있는 인물이었다. 민형식(閔炯植) 또한 경솔하고 교만하며 패악스러운 인물로 정평이 나 있었다.[22] 그럼에도 고종은 이들을 제일 먼저 사면시킨 것이다. 이들은 고종과 더불어 권력으로부터의 소외와 복권을 반복

하며 고종과 정치적 운명을 함께하고 있었다.

일본은 조선 조정의 이러한 움직임에 긴장하지 않을 수 없었다. 그들은 인아거일 정책의 중심에 황후가 있는 것으로 판단하고 을미사변을 도모하기에 이르렀다. 또한 이에 따라 황후 시해 사건을 일으키기 며칠 전부터 일본 정부는 한성신보를 통해 사회 여론을 악화시키고 일본에 유리한 방향으로 기사를 싣고 있었다. 일본으로서는 사회가 불안하고 혼란하다는 것, 국민의 여망대로 개혁이 제대로 이루어지지 않는다는 것, 국왕 주변에 간신배가 들끓어 국왕의 총명을 흐리게 하고 있다는 것, 국왕이 제대로 된 리더십을 발휘하지 못하고 있다는 것 등등을 적나라하게 적시하는 것이 유리할 수 있었다. 그럼으로써 일본이 계획하고 있던 을미사변이 마치 조선 내의 적폐로 인해 벌어질 수밖에 없었던 사건인 것처럼 몰아갈 수 있기 때문이었다.

실제로 일본은 을미사변을 일으키면서 고종이 훈련대를 없애려 하는 움직임을 예의 주시했다. 고종이 친일 개화파인 김홍집 일파를 불신하며 훈련대를 혁파하고 새로운 군병인 시위대를 설시하여 왕궁을 호위하도록 했기 때문이다. 훈련대 폐지 조칙은 1895년 9월 13일에 내려졌고,[23] 이를 양력으로 따져보면 10월 30일이다. 그런데 일본은 훈련대 해산 명령이 황후 시해 사건이 일어나기 하루 전인 10월 7일 새벽에 내려진 것으로 몰아갔다.[24] 조선 조정의 훈련대 폐지 움직임을 포착한 일본이 이를 시해 사건에 이용하기 위해 앞당겨 소문을 확산시켰을 가능성이 큰 것이다.

일본은 왕궁을 호위하던 훈련대를 고종이 해산시키려 하자 훈련대의 불만이 폭발하여 순검으로 하여금 이를 저지하게 하는 과정에서 황후 시해 사건이 일어난 것으로 철저히 위장했다. 나아가 훈련대가 격동한 끝에 대원군에게 호소하게 되었고, 대원군은 훈련대를 거느리고 마침내 대궐에 입궐하여 혁신의 대업을 성취하게 되었다는 것이다.[25] 이 과정에서 황후가 시해당한 사건에 대한 언급은 단 한마디도 없다. 다만 훈련대와 순검의 다툼, 훈련대와 새로 설치한 시위대와의 알력 속에서 훈련대의 불만이 조정으로 향한 사실을 강조했다. 이를 평소 대립 관계에 있던 황후와 대원군이 권력 다툼을 벌이다가 우연히 발생한 '사변'으로만 기록하고 있다.

한성신보의 기사 내용에서 주목되는 것은 사건의 경과와 실체를 밝히기보다는 사건의 원인을 장황하게 서술하는 과정에서 고종의 이미지나 표상을 엉뚱한 방향으로 왜곡하고 있다는 점이다. 이와 관련하여 대원군이 훈련대를 거느리고 궐내에 들어가게 된 경위를 설명하는 10월 9일 자 '잡보' 기사가 주목된다. "국정이 날로 그릇되어서 총명을 옹폐하며 현량을 배척하고 간신이 진출하니 유신하는 대업이 장차 땅에 떨어질 터이며 오백 년 종사가 또 위기에 핍박한지라"라는 보도 내용이다. 국정이 날로 잘못되어가서 국왕의 총명은 신하들이 막아 가리고 현명한 신하는 멀리하고 간신이 들끓으니 유신은 물론 국가 자체가 위기에 이르렀다는 것이다.

일본의 입장에서는 고종이 군주권 강화의 일환으로 친일 개화파를 멀리하고 친러파 일색으로 관료군을 다시 구성하니 고종의 총명을 친러파들이 가로막는 상황으로 해석되었을 것이다. 신보에서 말하는 '현량'은 갑오·을미개혁의 선봉에 서 있던 김홍집과 박영효 등의 친일 개화파요, '간신'은 친러파를 중심으로 하는 세력과 민씨 일족을 지칭하는 것으로 보인다. 결국 조선 내에서 일본의 영향력이 약화되는 데 따른 불만과 불안을 국정 혼란과 위기가 닥친 것으로 꾸미고 호도한 것이다. 그 과정에서 고종은 간신배에 둘러싸여 정치적 역량을 전혀 발휘하지 못하는, 리더십의 총체적 약화를 보이는 군주로 자리매김되고 있다.

특히 갑오·을미개혁을 통해 정치가 날로 나아가기를 기약하고 있는 이때 "궁중에 폐단이 백출하여 뇌물이 횡행하고 여러 무리들이 몰려다니며 돈을 받고 관직을 팔며 … 부중에 혁신하는 일을 막고 방해할뿐더러 예전의 누습이 도로 생겨나 폐단과 폐해가 배는 더한 모양이라"면서 조선 조정이 부패로 점철되어 있음을 강조했다. 고종과 황후가 돈을 밝히고 관직을 사고파는 데에 앞장서고 있다는 사실은 조선 측 기록인 황현의『매천야록』과『윤치호 일기』등에서도 자주 나오는 내용이다.

이를테면 명성황후가 수령 자리를 팔기 위해 민규호를 통해 그 가격을 배로 올려 2만 꾸러미(냥)로 정했음에도 경쟁이 치열했다는 것,[26] 고종이 뇌물을 받고 과거급제자를 배출시켰다는 이야기,[27] 정부가 매관매직을 그치지 않고 인민의 도탄을 돌보지 않으며 국사를 간신과 소인 수중에 맡겨 국세의 회복을 꿈꿀 수 없다면서[28] 시세를 한탄하는 지식인들의 우려가 연이어 나오고 있었다. 이들이 언급한 조정의 폐단은 대소 관리들의 폐단을 지적하는 것일 수도 있지만, 대개는 국왕 내외를 향한 것이었다.

개인의 직간접 경험에 의거한 서술이기에 보다 과장된 내용으로 기록되었을 것이라는 점, 황후를 둘러싼 민씨 일족이 부정과 부패에

연루되어 형벌을 받은 사례가 많아 이
들에 대한 사회적 불만이 국왕 내외에
게 전가된 측면 등을 생각해볼 수도
있다. 즉, 윤효정이 쓴『풍운의 한말비
사』에는 갑오개혁 당시 부정부패에 연
루된 민씨 일족을 정계에서 축출하자
조야가 모두 기뻐 어쩔 줄 몰라 하는
형세가 되었다는 이야기가 전한다. 축
출당한 후 민씨 일족 가운데 민영준은
재기를 도모했으나 조선의 기강을 문

부정부패의 중심에 있었던 민영준

란하게 한 죄가 워낙 커서 쉽게 정계 복귀를 하지 못하고 시기가 오기
만 기다리고 있을 정도였다.[29]

　　이를 통해 보면 민씨 일족에 대한 인민들의 저항과 반발은 상당
히 큰 상태였음을 알 수 있다. 따라서 민씨 일족에 대한 항간의 부정적
인식이 고종과 황후에게 전가되고 있었던 측면도 무시할 수 없다. 다
른 측면으로는 조선 내부적으로 집권층의 매관매직, 뇌물 수수 관행,
관리들의 탐학 등을 꼬집는 비판적 정서가 보인다는 것은 이러한 폐단
에 대한 사회적 문제의식과 공감대가 어느 정도 형성되어 있었음을 의
미한다. 다만 국가의 향방과 개혁 방안을 진지하게 고민하면서 우리
내부의 치부를 드러내고 있다는 점이 주목된다.

　　반면, 일본은 자체적으로 수집한 내용과 조선 내에서 떠도는 소
문에 근거한 풍설을 한성신보를 통해 반복적이고 악의적으로 확대 유
포해나가고 있었다는 점에서 차이가 있다. 당시 조선을 견문하고 정탐

혼마 규스케가 특파원으로 활동했던
이륙신보

하기 위해 1893년 일본에서 건너온 혼마 규스케(本間九介)는 조선 사회의 불결하고 낙후된 여러 이미지를 일본 내 신문을 통해 확산시켜나가고 있었다. '어수거사(如囚居士)'라는 필명으로 쓴 그의 책에서는 한인은 비교적 정직하고 단순하다는 기질에 대한 언급에서부터 조선의 기녀, 촌락, 시가지의 불결함, 시장, 교육 일반, 종교, 도로, 경성과 부산을 중심으로 일본인과 청국인의 세력을 비교한 글에 이르기까지 매우 다양한 방면에서 조선을 소개하고 있다.[30]

그는 이륙신보(二六新報) 특파원으로 천우협, 흑룡회 등에서 활동한 인물이기도 하다. 일찍이 대륙 경영에 뜻을 품고 먼저 조선의 사정을 조사하기 위해 내한한 후 조선 여행담을 이륙신보에 자세히 연재했다. 그의 여행담은 조선에 대한 관심이 점차 커지고 청일전쟁이 일어나는 속에서 간행되었다. 따라서 그는 일본인의 조선 이미지 형성에 많은 영향을 끼친 대표적 인물이라 할 수 있다.[31] 한성신보는 이러한 자료와 상호 영향을 주고받으며 조선의 부정적 측면을 여과 없이 담아냈다. 풍설의 악의적 유포에는 일본 정부가 신보를 매개로 조선과 고종의 이미지를 의도적으로 실추시키려는 의도가 담겨 있었다. 동시에 을미사변의 원인을 일찌감치 조선 내부의 적폐 탓으로 돌리려는 포석이었던 것으로 보인다.

또한 고종이 혁신을 제때 행하지 못하여 실정으로 이어졌다는 표현에서도 "국태공께서 들어가서 지혜를 더욱 밝게 하여 폐단을 단번에 씻어버릴 조서를 발표하였고 … 오늘로부터 상하가 열심히며 관민이 협력하여 열신히 맡은 소임을 다하고 혁신하는 일에 종사하면 부강함을 이룰 것"[32]이라면서 고종의 역할보다 대원군의 정치적 역량에 더 많은 기대를 드러냈다. 이는 '사변' 이후 일본에 의해 반강제로 정치 전면에 다시 나선 대원군에 대한 공개적 칭송이었다. 권력 변동에 대한 절차적 정당성을 강조하기 위한 것이기도 했다.

을미사변에 대한 실체적 진실은 호도되고 있었다. 사변 발생 이후 일본은 사건 관련자 48명을 히로시마 재판소에 넘기고 약식재판을 진행하며 김홍집 일파를 사주하여 조령을 발표하게 했다. 조령에서는 왕후 민씨가 국왕의 총명을 가리고 정령을 어지럽힘은 물론, 벼슬을 팔아 탐욕과 포악이 지방에 퍼졌고 사변이 터지자 몸을 피하여 아무리 찾아도 나타나지 않았다는 점을 강조했다. 김홍집 내각에서는 모든 것을 왕후 개인의 잘못으로 돌리면서 사건의 진실을 밝히려는 노력도 기울이지 않았다. 이에 고종은 아관파천을 단행한 뒤 새로운 조령을 내리면서 이전의 조령은 모두 김홍집 등의 역적 무리가 사실을 속이고 위조한 것이라며 분개했다.[33]

곧이어 단발령이 내려지자 백성들의 불만은 친일 개화파로 향하게 되었다. "내부대신 김홍집과 농상공부대신 정병하가 사람들에게 무수히 구타당한 후 죽게 되자 시체를 종로 십자대로까지 끌고 와서 또다시 난타하며 방뇨를 하기도 하고, 김홍집의 집에는 석유를 부어 불까지 붙였다"[34]라는 한성신보의 기사를 통해 당시 백성들의 불만이 어느 정도였는지를 짐작할 수 있다. 이러한 분위기 속에서 탁지부대신 어윤중도 충청도 보은에 있는 처자를 만나기 위해 시골집으로 가다가 용인에서 난도(亂徒)에 난타당해 참사당했다.[35] 신보에서는 이 사건들을 소개하면서 '야만인의 하는 짓', '국가의 불행' 운운하며 조선인의 국민 된 자격과 품격 문제를 거론했다.

1896년 2월 14일 자 기사를 통해서는 고종이 2월 11일에 러시아 공관으로 이어한 사실을 알리고 있다. "아무도 모르게 대군주 폐하 모시고 야반에 나인의 의복을 하며 좌여를 타고 궁중에 출입하더니 대군주 폐하와 세자궁을 모시고 몰래 빠져나갔다"[36]라면서 나인의 의복을 한 궁녀 두 명은 이윤용과 이완용임을 밝히고 있다. 그러나 이완용, 이범진 등은 파천 전에 사건을 모의한 자들이다.[37] 따라서 정확한 사실을 확인하지도 않고 게재하고 있음은 물론, 조정 대신들의 나인 복장 운운하며 의도적으로 평가절하했다. 또한 시중에 유행하는 동요를 소개한다면서 "일이 났다 일이 났다 이씨가 중에 일이 났다 … 만경창과 배 띄워라 수 없이 달아나세 … 서양 물색 그리 좋은가 남의 우세 그만하고 북망산변 도라가오"[38]라 하여 아관파천을 '도망', '우세' 등으로 묘사하면서 심히 부끄럽고 놀림이나 비웃음을 받을 만한 창피스러운 일임을 강조했다.

이에 비해 윤치호는 일기 속에서 고종이 아관으로 이어한 데 대해 "폐하가 적지를 벗어난 것은 기쁜 일이다"[39]라고 쓰고 있다. 일본인 교관들이 훈련대를 조종하여 을미사변을 일으켰으므로 고종이 일본을 두려워하고 증오하는 것도 이상한 일은 아니라는 것이다.[40] 독립신문 역시 "대군주 폐하의 환어가 급한 일이긴 하나, 왕후 폐하가 낭패를 당했으니 어찌 놀라시지 않겠는가"[41]라며 오히려 정부 대신들이 각기 직무에 충실해야 함을 강조하고 있다. 다만 윤치호는 고종이 어디에 있든 나라의 진정한 안녕은 변화에 의해서만 이루어질 수 있는 것이며, 필요한 개혁을 수행할 각오가 확고하지 않다면 변화를 이루기 어렵다고 보았다.[42] 아관파천에 대해 지지하는 것까지는 아니더라도 '있을 수 있는 일' 정도로 이해하며 개혁에 박차를 가해줄 것을 바라는 분위기였던 것이다.

아관파천은 실추된 군주권을 회복하고 국왕의 입지를 단단히 하는 계기로 작용하는 부분도 있었다. 친러파가 세력을 확대해가는 가운데 고종이 환궁을 계획하면서 국왕이 조선의 주권과 자주적 기상을 세우는 구심점이 될 수 있었기 때문이다.[43] 고종은 아관파천을 전후하여 친일 개화파를 견제함과 동시에, 황후 시해와 단발령으로 의병이 궐기하는 혼란한 사회 분위기 속에서 자주독립의 기상을 확고히 하기 위해 노력하고 있었다. 신기선과 이도재, 최익현을 각각 영호남 일대 지역의 선유사로 파견하여[44] 의병을 비롯한 인민들을 선유하기도 했다.

나아가 고종은 국정을 정상화하기 위해 내각제를 폐지하고 의정부를 새로 복설하기도 했다.[45] 선유사 신기선이 "선유의 명령이 국왕으로부터 나왔다는 것을 백성들이 깨닫지 못한다"[46]라는 이유를 들어 관제와 문물격식을 예전대로 복구해 군주권을 지켜나갈 것을 강력히 주문했는데 이에 힘을 얻은 영향도 있었다. 또한 1896년 9월 24일 옛 법을 따르되 새 법규를 참고하여 백성의 편리함과 국가의 이로움에 관계된 것은 절충하여 시행하라는 조칙을 반포했다. 이에 의거하여 제정한 것이 의정부 관제이다.[47] 당시 제정된 의정부 관제에서는 대군주 폐하께서 만기를 통령한다는 명문을 구체화했다. 국정 운영권이 국왕에게 있음을 분명히 한 것이다. 이로써 고종은 갑오개혁 과정을 통해 왕정 사무에만 국한되었던 군주권을 국정 전반의 포괄적 통치권으로 강화하게 되었다.

이와 같은 과정을 새겨보면 한성신보에서 제기하고 있는 고종의 무능력한 리더십이나 간신배들에 둘러싸여 통치력을 행사하지 못하는 군주로서의 표상 등은 일본 정부가 조선 내에 세력을 심어가는 과정에서 고종의 부정적 이미지를 만들어내려는 의도를 더욱 확대해나간 것일 수 있다. 그럼으로써 을미사변을 정당화하고, 아관파천으로 나약한 조선 정부의 위상을 확대 선전할 수 있었기 때문이다. 고종의 부정적이고 나약한 이미지는 조선 측의 기록물에서도 보이지만,[48] 대개는 국가를 걱정하는 마음에서 군주가 지녀야 할 바른 몸가짐이나 태도에 주의를 기울여줄 것을 희망하는 차원이다. 반면, 한성신보에서는 일본의 침략 정책을 돕는 일환으로 고종의 부정 이미지만을 지나치게 한 방향으로 노출시켰다는 점이 대비된다.

## 2. 명성황후, 무속과 부패로 얼룩진 민씨 일족의 영수

### 일본에 이용된 대원군과의 불화설

명성황후에 대해서는 지금까지 똑똑하고 현명했다는 점을 인정하면서[49] 한말 정치사에서 차지하는 위치와 비중을 중심으로 평가해온 경향이 있다. 즉, 광범위한 민씨 일족의 구심점으로서 고종을 능가해 국정을 농단함은 물론, 지나치게 권력 지향적이어서 대원군과 갈등을 빚다가 나라를 망친 여인이라는 평가가 있어왔다.[50] 반면, 고종이 주체적으로 민씨 일족을 집권 기반으로 활용했으며 황후 또한 탁월한 외교 역량을 바탕으로 정치적 활동 폭을 넓혀나간 고종의 정치적 조언자요, 동반자였다는 상반된 평가가 있다.[51] 현대에 들어와 여성의 정치 사회적 참여와 활동이 활발해지면서 황후에 대한 인식 역시 긍정적이고 호의적으로 전환되고 있다. 앞서 살펴본 고종과 함께 황후에 대한 평가는 이들의 정치적 활동이 우리 근대사에 미친 영향과 관련해 지속적으로 연구되고 있는 주제이다. 특히 황후의 경우에는 오늘날 여성의 활발한 사회적 진출과 활동 등의 가치 기준을 반영한 평가가 계속적으로 나올 전망이다.

그런데 한성신보에서는 고종과 더불어 황후 역시 지도자로서 흠결이 많은 부정적인 인물로 묘사되었다. 특히 개항기와 을미사변이 일어나는 시기의 평가는 극명하게 엇갈린다. 일본의 입장에서 황후는 을미사변을 일으키게 된 주요 요인임과 동시에 표적이 된 인물이기에 평가와 인식이 좋을 리 없었다. 더구나 황후 옆에는 부정과 부패로 얼룩

Корейскій императоръ.      Убитая корейская императрица.
(См. № 9986 «Нов. Вр.»).

1903년 11월 28일 자 러시아 신문 '노보예 브레먀'에 실린 고종과 명성황후의 일러스트레이션

진 민씨 일족이 여러 명 활동하고 있었다. 민겸호, 민두호, 민영익, 민영준을 필두로 하는 여흥 민씨 일족은 황후를 중심으로 가까운 친척에서부터 촌수를 헤아리기 힘들 정도로 먼 인척지간까지 확대 기용되고 있었다.

이들은 황후 사후에도 고종의 권력 기반의 한 축을 형성하면서 군부, 원수부, 궁내부 특진관을 비롯해 정부 주요 대신, 각 지방 관찰사 등에 전방위로 임명되었다. 정권의 물리력을 뒷받침하는 한 축인 군부대신의 경우 민영환, 민영기, 민병석, 민영철 등이 차례로 임용되고 있었다. 특히 민영환은 황후의 양오빠인 민승호의 동생 민겸호의

아들로 황후의 조카뻘이다. 민영철과 민영기는 황후가 매우 아끼던 조카인 민영익과 같은 항렬이다.[52] 원수부 각 국에도 민씨 척족들이 총장으로 두루 임명되면서 고종의 권력 기반의 축을 형성하고 있었다. 대표적인 인물은 민병석, 민영환, 민영휘, 민영철 등이다.

고종은 그의 집권 기반이 될 정치 세력을 처족 세력에서 구하고 있었고, 대한제국기에 들어와서도 민씨 척족은 여전히 권력의 핵에 있었다. 고종은 황업(皇業)을 공고히 하는 것이 급선무라고 생각했기 때문에[53] 황제권을 강화하고 황실을 보호하기 위해 설치한 원수부와 정권의 물리력을 뒷받침하는 군부에 민씨 세력을 대거 등용해 활용했던 것이다. 고종의 총애 속에서 민영철, 민영주, 민영선 등 여러 인물이 부패 타락한 사례는 황후 사후까지도 속속 보고될 정도였다.[54]

황후는 민씨 일족의 부패 탐학상과 연계하여 늘 청산의 대상이 되었다. 일본이 을미사변을 일으키면서 한성신보를 통해 대원군이 입궐하게 된 가장 큰 동기로 제시한 것은 "궁중 일이 크게 썩고 패하여"[55] 두고 볼 수 없다는 것이었다. 여기서 '썩고 부패한 궁중 일'이란 고종을 둘러싼 간신배, 즉 일본이 볼 때 새로이 관료군으로 부상한 친러파나 민씨 일족을 의미한다. '궁중'은 국왕 일가의 생활공간을 총체적으로 의미하는데, 이로 볼 때 1차적으로는 민씨 일족을 포함하는 황후를 지명하는 것이라고 볼 수 있다.

더욱이 신보에서는 민씨 일족과 민씨의 반대편에 있는 이씨 일족인 대원군 집안이 서로 경쟁하고 갈등하는 관계 속에 있는 것으로 묘사했다.

왕후가 입궁한 이후 민씨 세력이 융성하여 당할 수 없고 왕세자 빈궁 또한 그 일족이 되니 민씨에 반대하는 사람들은 마음에 악감정을 품고⋯민씨가 세력을 잡은 후 이씨 일족은 극히 쇠퇴하여⋯56

한말의 정치, 사회, 문화적 변화를 다양하게 기록한 『매천야록』 저자 황현

이처럼 대원군과 황후가 서로 철천지 원수가 되어 경계하고 알력을 다투는 관계라는 것은 그 기원이 모호한 채 퍼져나가고 있었던 듯하다.

당대 떠도는 소문을 방대하게 채록한 황현의 『매천야록』에서도 황후와 대원군의 관계를 짐작할 만한 이야기들이 많이 실려 있다. 이를테면 황후가 대원군이 보낸 인삼을 먹고 아이를 유산했다든지, 고종의 친정을 계기로 대원군이 하야하게 된 점, 황후의 오빠인 민승호가 대원군 측이 보낸 폭발물에 사망했다는 점, 임오군란 당시 정계에 복귀한 대원군이 황후의 국상을 선포했다는 점 등등 두 사람이 결코 원만하지 않았음을 유추할 수 있는 사건과 이야기들이 실려 있다. 1884년 의료 선교사로 입국해 미국 공사의 지위까지 올랐던 알렌(H. N. Allen)은 대원군이 왕후의 국상을 선포한 이후 왕후가 대원군을 매우 두려워했으며 그가 처단되기를 바랐다고도 쓰고 있다.57 이를 통해 당시 불화설이 상당 부분 널리 퍼져 있었던 사실을 짐작할 수 있다.

조선 내 정치 상황을 수시로 보고하고 그에 따른 지시를 내렸던
무쓰 무네미쓰 외무대신(왼쪽)과 이노우에 가오루 일본 공사

이와는 별도로 일본 공사관에서 두 사람의 관계에 대해 자체적으로 소문을 파악하고 수집하여 침략 자료로 활용하고 있었다는 점이 주목된다. 즉, 일본 공사 이노우에 가오루가 무쓰 무네미쓰 외무대신에게 보낸 보고문을 보면 대원군과 왕비가 정치적 알력 관계에 있다는 것, 따라서 왕비를 제어하기 위해서는 대원군을 적절히 활용할 필요가 있다는 의견 등이 자주 제시되고 있었다.[58] 결국 황후와 대원군의 불화설은 당대에 어느 정도 퍼져 있던 풍문이지만, 일본은 이를 적극 수집하고 한성신보를 통해 확산시키면서 자국 정책과 연결하여 유리한 요소로 활용하려 했음을 알 수 있다. 특히 신보에 관여했던 아다치는 황후에 대해 "화복설(禍福說)에 의거하여 안락을 도모하고 근신을 총애하며 항상 정권에 간섭하면서 민씨 일족의 세력을 회복하려 하고 조선의

독립 진보를 방해하는"[59] 인물로 보고 있었다. 그의 이러한 인식이 신보에 그대로 관통되고 있었던 점이 눈에 띈다.

## 무속에 빠져 부패 타락한 민씨 일족의 영수

일본은 고종과 황후를 견제하기 위해 수시로 대원군을 활용했다. 일본이 개혁을 빌미로 1894년 7월 23일 경복궁 침입 사건을 일으킨 이튿날, 고종으로 하여금 전교를 내려 대원군에게 정무 친재 권한을 넘기게 한 것은 대표적인 사례라 할 수 있다.[60] 일본이 고종과 황후, 대원군, 세 사람의 관계를 권력을 두고 알력을 벌이는 관계로 만들어가는 중심에서 주요한 역할을 하고 있었던 것이다. 그에 따라 한성신보에서도 시정의 무수한 소문들을 확대 보도하면서 궁중을 어지럽힌 황후를 제거해야 할 대상으로 몰아갔다.

이러한 점은 을미사변 직후 일본이 김홍집 일파를 사주해 내린 폐비 조칙을 다시 들여다보면 더욱 두드러지게 드러난다. 조칙에서는 "왕후 민씨가 그 친당(親黨)을 끌어들여 국왕의 좌우에 방치하고 국왕의 총명을 옹폐하여 인민을 헐벗기며 국왕의 정령을 어지럽혀 관작을 매매하여 탐학이 지방까지 두루 미쳐 도적이 사방에서 일어났다"[61]라며 당시의 모든 혼란의 원인을 황후에게로 돌리고 있다. '사변'이 일어날 필요충분조건을 만들어낸 것이다. 따라서 사변 당시 대원군이 훈련대와 더불어 왕궁에 입궐한 것은 신보에서 미리 기사화해놓은 황후와의 알력 구도 속에서 이해될 수 있고, 사변의 최종 기획자인 일본은 자연스럽게 빠질 수 있게 되는 것이다.

'혼란의 주범'인 황후가 저지른 여러 가지 폐단들, 즉 친당을 끌어들이는 문제, 국왕의 총명을 가리는 문제, 관작을 매매하는 문제, 탐학하는 문제에 대해서 한성신보에서는 정확한 사실을 적시하지 않고 있다. 다만 친당에 대해서는 민씨 일족이 저지른 부정부패한 일로 한통속으로 묶어 비난한 것으로 보인다. 또한 국왕의 총명을 가리고 인민을 헐벗기는 문제에는 민씨 일족의 부패 탐학 외에 무속에 빠져 국왕을 현혹하게 하면서 국가 재정을 낭비한 행위도 포함되어 있다.

황후가 무속에 빠져 대궐을 어지럽히는 사안에 대해서는 신보에여러 차례 기사화되고 있다. 신보에서는 황후의 사교(邪教) 행위를 뒷받침해준 인물인 진령군과 그녀에 빠져 이성을 잃은 황후를 동일선상에 놓고 비판하고 있다.

> 진령군이라는 자는 늙은 무당이라. 나이는 육십에 가깝고
> 자칭 관제의 딸이라 하고 신위를 빌려 요술을 부려서
> 경향 남녀를 혹하게 한 지 여러 해라 … 궐내에 출입하여
> 근본 없는 말로 궐내를 현혹케 하여 조관들이 뇌물을 바쳐
> 손해를 면하려 아니하는 자가 없다. … 이제 조선은 바야흐로
> 문명의 운수를 향하는 지점에서 진실로 그런 요악한 무녀배의
> 횡행을 용납지 못하게 할 것이어늘 …[62]

진령군으로 대표되는 이른바 무속, 미신, 사교를 타파해나갈 것임을 경고하고 있다. 문명한 일본이 주체가 되어 야만 상태에 있는 조선을 계도해나가겠다는 뜻도 함께 내포되어 있었다.

진령군은 다음 장에서도 다루겠지만 임오군란 후 황후가 장호원

일대에서 피난 생활을 할 때 알게 된 무당으로서, 그의 신통력에 탄복하여 환궁하면서 함께 데리고 온 인물이다. 진령군을 궁궐에 무시로 출입하게 하고, 그녀의 요사한 감언이설에 넘어간 황후가 전국에 기운이 좋다는 산천을 두루 찾아다니며 병약한 순종의 치병제를 올리느라 국가 재정을 파탄 나게 했다는[63] 내용은 이미 당대에 만연해 있던 이야기다. 그런데 유독 신보에서는 진령군이 홍천과 충주, 양주를 두루 옮겨 다닌다면서 그녀의 동태를 새삼스럽게 자세히 추적 보도하는 가운데 "다시는 요술을 부리지 못하게 할 것"[64]이라면서 으름장을 놓고 있다.

진령군에 대한 동태 보도와 '요망', '요사' 운운하며 척결의 대상임을 알리는 기사는 을미사변이 일어나기 직전인 9월 9일과 19일 자에 등장한다. 10월 8일 을미사변이 발생한 직후에는 경성에 잠시 들어왔다는 소문과 양주 풍양에 있었지만 작은 변란에 두려워한다는 소식,[65] 몇 개월 뒤 진령군을 붙잡았다는 것,[66] 그 후 마을 밖으로 쫓아냈다는[67] 기사를 연속적으로 게재하고 있다. 진령군에 대한 신보의 과도한 관심과 추적은 같은 시기 독립신문에서는 거의 보이지 않는다. "진령군이 양아들 김창렬을 데리고 올라와서 하리교 근처 김동윤의 집에 머문다는 말이 있더라"[68]라는 소문만 담아내고 있다. 독립신문에서는 진령군과 관련한 직접적인 기사를 게재하기보다는 문명한 나라와 인민으로 성장해나가기 위해서는 무속에 휩쓸리지 않아야 함을 경고하는 정도이다.[69]

일본은 이처럼 한성신보를 통해 진령군과 황후를 국정을 어지럽히고 사회를 혼란케 하는 주범으로 동일시하면서 개혁의 대상으로 몰아갔다. 무녀의 도움 속에서 국정을 농단하고, 국왕의 총명을 가로막고, 관리들로 하여금 매관매직의 줄을 서게 만든 주범으로서 황후는 청산되어야 할 대상이었다. 이러한 분위기를 조성함으로써 황후를 없애야 하는 일본의 내적 필요에 더하여 조선에서도 증오의 대상, 원망의 대상으로 자리매김하려 한 것이다.

이 외에도 을미사변을 일으킨 후에 황후가 사망한 사실을 명확하게 보도하지 않은 채 황후의 소재가 불분명한 것은 임오변란 때처럼 이번에도 난을 피해 충주 장호원으로 피신했을 것이기 때문이라는 추론을 폈다. 또한 혼란스러운 가운데 귀중한 몸을 이끌고 먼 곳으로 피신하는 일이 어려울 수도 있을 것이라며 짐짓 아무 관계도 없는 제3자의 입장인 양 언급했다.[70] 이를 보면 난을 당해 발 빠르게 피신해 살아 있을 것이라는 허황된 이야기를 만들어내어 황후의 부덕함과 황후답지 않은 처신을 은근히 비난하는 태도로 일관하고 있었음을 알 수 있다. 조선인의 '국모'에 대한 숭배 감정을 약화시키기 위해 이미 죽은 황후를 두 번 욕되게 함으로써 그녀에 대한 부정적 이미지를 전파했던 것이다.

## 서양인들의 인상기

일본이 만들어낸 황후에 대한 부정적 이미지와는 달리 황후와 개인적인 인연을 맺었던 서양인 가운데에는 매우 상반된 인상기를 남긴 경우가 많이 있다. 그들은 황후에게서 다양한 면모를 보고 있었다. 국왕을 보좌하는 정치적 여걸의 모습, 병약한 아들인 순종의 뒷바라지를 위해 무속인들을 가까이한 전통적 여인상으로서 필부의 모습 등을 주의 깊게 관찰했다. 홍선대원군과 정쟁을 일으키고 고종을 보좌하는 차원을 넘어서 국가의 정책에 깊이 관여한 야심만만한 여성 정치인의 요소 또한 놓치지 않았다. 일본은 황후의 지나친 정치적 개입이 시해의 요인이 된 것으로 강조해왔다. 반면, 인상기를 남긴 서양인들은 황후의 정치적 활동에 대해 매우 긍정적으로 평가한 점이 상반된다. 이는 곧 무엇을 의미하는 것인가? 황후의 정치적 감각과 민씨 일족의 구심점인 황후의 정치적 활동에 일본이 부담을 느꼈다는 방증이 아닐까?

황후를 평가하고 황후에 대한 인상기를 남긴 사람들 가운데는 서양 선교사들이나 외교관들이 압도적으로 많다. 모두 황후를 가까운 거리에서 만날 수 있는 신분상의 특권이 있었던 사람들이다. 그들은 자신들에게 주어진 특권을 활용하여 체험한 내용을 토대로 한 저작물을 남겼다. 주로 조선의 환경과 교통, 주민들의 삶과 생활수준 등을 소재로 하여 서양보다 더 낙후되고 덜 문명화된 조선의 세세한 사정을 알리는 데 초점이 모여 있다.[71]

사정이 이러하다 보니 19세기 말 서양인들이 조선에 와서 자신들의 견문 내용을 토대로 기록한 것 가운데에는 객관적이지 못하고 주관적인 인상으로 흐르는 경우가 허다하다. 그리고 그 대부분은 서양인들의 의식 속에 은연중 조선이라는 나라의 후진적인 이미지를 만드는 데 일조했다. 서양인들 사이에 형성된 조선에 대한 부정적 인상은 확대 재생산되어 조선은 비문명화된 후진적인 국가라는 이미지를 갖게 되었다. 결국 서양인들은 문명화된 서구와 비문명화된 조선을 대비함으로써 문명적 우월 의식 속에 조선을 일방적인 잣대로 규정해온 것이다. 그 가운데에는 서양인들의 견문기가 일종의 매개 역할을 하고 있었다. 한성신보도 그러한 매개 역할을 했다는 점에서 서양인들의 견문기와 비슷하지만, 그 목적성을 두고 본다면 매우 다르다는 것을 알 수 있다.

황후에 대한 기록 역시 문명화된 그들의 시각에서 일방적인 잣대로 규정하고 있는 것이 대부분이다. 나아가 관찰의 대부분은 공정하고 엄밀하게 이뤄진 것이 아니라 겉으로 드러난 첫 인상기를 묘사한 경우가 많다. 때에 따라서는 직간접적으로 풍문을 통해 들은 내용을 아무런 비판 없이 실은 경우도 허다하다. 일례를 든다면 을미시해 사건의 경우 사실의 인과관계를 명확히 살피지 않은 채 황후가 일본과 적대적 관계에 놓여 있었기 때문에 일본이 시해한 것이라는 풍문을 그대로 옮겨 적고 있는 것이 대부분이다. 황후와 관련된 내용은 대개 이런 과정을 거치면서 확대 해석되어왔다. 이를 통해 서양인은 왜곡된 조선관과 정확하지 못한 황실관을 갖게 되었다. 반면, 일본은 의도적으로 조선 사회를 침략의 대상, 열등한 대상으로 내외에 주지시켜나갔다. 정부 정책과 연계하여 신보를 매개로 여론을 형성해나간 점도 비교되는 지점이다.

한성신보에서는 명성황후의 인품에 대해 칭찬과 찬사를 곁들여 서술한 사례가 거의 없다. 반면, 서양인들이 남긴 기록에서는 황후의 지적이고 명민함에 대한 언급이 많이 보인다. 나아가 황후가 남편을 지극정성으로 모시고 아들에게 사랑을 베푸는 조선의 평범하고 보편적인 부녀자로서의 모습에도 주목해 기술하고 있다. 황후를 직접 겪으면서 자신의 체험과 느낀 점을 글로 남긴 서양인의 저작물을 구분하여 표로 구성해보면 다음과 같다.

〈표 1〉을 보면 서양인들은 황후에 대한 인상기를 비교적 구체적

**표 1  명성황후를 직접 경험한 서양인**

| 인물 | 국적 | 직업 | 조선 방문 시기 | 저작물 (출판 연도) | 황후에 대한 인상 |
|---|---|---|---|---|---|
| H. N. 알렌 (1858~1932) | 미국 | 의료 선교사 | 1884~1916 | 조선견문기 (Things Korean) (1908년) | 냉정, 침착한 비운의 왕비 |
| P. G. 묄렌도르프 (1848~1901) | 독일 | 외교 고문 | 1882~1885 | 데니의 청한론에 대한 답변 (Reply to Denny) (1930년) | 정치 지향적 인물 |
| R. von 묄렌도르프 (?) | 독일 | 외교관 부인 | 1882~1885 | 묄렌도르프 전기 (Ein Lebensbild) (1930년) | 매력적이고 섬세함 지적인 인상 |
| L. H. 언더우드 (1851~1921) | 미국 | 의사 | 1888~1921 | 조선에서의 생활 (Fifteen Years Among the Top-Knots or Life in Korea) (1904년) | 지적이고 사려 깊은 친절함 진보적이고 유능한 외교가 |
| 이폴리트 프랑뎅 (1852~1924) | 프랑스 | 외교관 | 1892~1894 | 프랑스 외교관이 본 개화기 조선 ( En Corée) (1902년?) | 정치 지향적 종교 맹신 |
| I. B. 비숍 (1894~1897) | 영국 | 지리 학자 | 1894~1897 | 한국과 그 이웃 나라들 (Korea and her neighbours) (1897년) | 명민하고 이지적 정치적인 방자함 종교 맹신 |

이고 세밀하게 남겼음을 알 수 있다. 그들은 특히 황후에 대한 외적인
인상기를 서술하는 데에 그치지 않았다. 황후와 국왕의 대화를 통해
알 수 있는 부부지간의 의사 결정권 문제, 병약한 순종의 치료를 위해
무속으로 빠져든 그녀의 종교에 대한 맹신적인 모습 등 평범한 여성으

로서의 생활에 대한 느낌까지도 자세히 묘사했다.

우선 명민하고 이지적이라는 그녀의 외모와 관련한 평가를 살펴보자. 서양인 대부분은 황후를 직접 겪어본 후 황후의 첫인상에 대해 그녀가 무척 명석하고 똑똑하며 우아한 멋을 지니고 있었다고 술회했다. 특히 여행가이면서 선교사로 활동했던 이사벨라 비숍(Isabella Bishop) 여사는 "마흔을 넘긴 왕비가 우아한 자태로 앉아서 대화에 집중했으며 특히 관심 있는 이야깃거리가 나오면 왕비의 얼굴이 눈부신 지성미로 빛났다"[72]라고 기억했다. 비숍이 어떤 대화를 주로 했는지는 기록하고 있지 않다. 다만 그녀가 세계지리학회 회원이었기 때문에 황후가 그때껏 경험해보지 못했던 세계 여러 나라의 이야기를 주로 했을 것으로 여겨진다. "총명하고 기억력이 뛰어나 고전을 두루 암기할 정도이던"[73] 황후는 지적인 충격 속에서 세계의 다양한 면모에 특별한 관심을 나타냈던 것으로 보인다.

을미사변이 일어나기까지 어의로 활동하며 황후의 총애를 받았던 릴리어스 언더우드(L. H. Underwood) 여사는 그 누구보다도 황후를 가까운 거리에서 자주 만날 수 있었던 신분의 서양인이었다. 따라서 언더우드 여사의 황후에 대한 묘사와 인상기는 보다 상세하며 정확하다고 할 수 있다. 그녀는 황후에 대해서 "쾌활하고 기지가 뛰어난 명석한 여성이었으며 자상한 친절함이 몸에 배어 있고 세계의 많은 나라와 정부에 대해 고른 지식을 갖추고 있었다"[74]라고 평가했다. 언더우드 여사의 경험치는 또 다른 시각에서 보면 달리 해석될 소지도 있다. 그녀는 황후와의 특별한 관계 속에서 황후의 자상한 배려를 많이 받은 사람 중의 한 사람이다. 그녀는 1889년에 초기 선교사로 조선에 와 있

세계를 여행하면서 겪은 경험담
을 명성황후와 함께 나눈 것으로
알려진 이사벨라 비숍

명성황후의 어의로 활동하며
황후의 총애를 받은 릴리어스
언더우드

던 호러스 언더우드(Horace G. Underwood)와 결혼했다. 황후는 결혼 선물로 현금 100만 냥이라는 거액을 하사했다. 또 한 번은 여사가 황후를 알현하고 돌아가는 길에 갑자기 소나기가 쏟아지자 황후가 왕궁 가까이에 가마를 불러오도록 배려해준 일도 있었다.[75] 결국 언더우드 여사의 황후에 대한 극찬은 황후와의 특별한 관계 속에서 느껴지는 개인적 호감이 덧붙여졌을 가능성도 있다.

그런데 황후에 대한 우호적인 인상기는 비숍과 언더우드 여사가 남긴 기록에만 있는 것은 아니다. "유럽, 미국의 여성들과 공식 회견을 할 때 참가자 모두는 황후에게서 강한 매력을 느낄 정도였다"[76]고 하니 황후의 자태와 관련한 평가는 어느 정도 객관적이라 할 수 있다. 서양인들은 그들이 미처 경험하지 못했던 신비로운 동양적 아름다움에 매혹되면서 황후에게서 지적이고 우아한 매력을 더 강렬하게 느꼈을 수 있는 것이다.

황후가 무속을 좋아하고 의지했다는 점도 공통적으로 엿보이는 부분이다. 서양인들은 이 점에 대해 황후의 끔찍한 자식 사랑이 그 원인인 것으로 보았다. 자식에 대한 사랑은 조선 여성의 보편적인 정서이자 삶의 일부이기도 하며, 이것이 결국 황후를 무속으로 인도했다는 것이다. 순종에 대한 세간의 풍문은 그가 태어날 때부터 병약했다는 것, 을미사변을 거치면서 엄청난 정신적 충격을 받았다는 것, 대한제국기에는 김홍륙의 사주로 왕실 요리사인 김종화가 올린 아편을 탄 커피를 부왕과 함께 마시다가 영민하지 못하게 되었다는 것이[77] 정설로 굳어 있다.

황후는 이처럼 병약한 아들을 위해 전국의 유명하다는 무당들을 궁궐로 불러들여 아들의 치료를 맡겼다. 절에 바치는 시주도 점점 늘려갔다.[78] 비숍은 황후가 살아 있을 때 "몇몇 무당들은 참판 혹은 승지의 벼슬을 받기도 했으며 특권을 누렸다"[79]라고 술회했다. 겉으로 보기에 명민하고 우아하기 이를 데 없는 황후가 미신에 빠져드는 모습은 서양인들이 결코 이해하지 못하는 부분이기도 했다. 특히 조선 주재 프랑스의 2대 공사 겸 총영사였던 이폴리트 프랑뎅(Hippolyte Frandin)은 "세자의 무능력 때문에 여군주와 어머니로서의 품위에 깊은 상처를 안게 되었다"[80]라고 표현했다. 황후의 종교 맹신을 매우 부정적 시각으로 기술했던 것이다. 황현도 "황후가 명산의 사찰을 두루 다니며 세자를 위해 기도했다"[81]라는 기록을 빠짐 없이 남겼을 정도이다. 따라서 서양인들이 보기에 황후가 세자의 병약함으로 인해 무속에 깊이 빠져 부적절한 행동을 했다고 한 것은 어느 정도 사실과 부합하는 내용이라 할 수 있다.

결국 서양인들의 시각에서 볼 때 지적이고 총명해 보이는 황후가 미신 같은 종교에 빠져서 많은 돈을 기부하는 모습은 그녀의 외모와 어울리지 않는 옥에 티와도 같은 것이었다. 더욱이 당시 황후를 만난 서양인들은 기독교 문화를 확산시키기 위해 선교 활동을 하고 있었다. 대개는 문명화된 국가의 종교 문화에 길들여진 사람들이었다. 그들은 조선의 고유한 종교인 불교와 무속신앙을 미신으로 여기고 있었다. 반면, 조선을 미개하고 야만적인 상황에서 구출할 수 있는 계몽의 빛은 기독교라고 생각했다. 서구 사회가 문명화된 이유 역시 기독교적 세계 관에서 뿌리를 찾고 있었다. 서구 사회가 문명국가로 진입할 수 있었 던 원동력을 도덕적으로 우월한 종교인 기독교의 영향으로 보았던 것이다.[82] 따라서 그들은 가난하고 지적으로 열등하며 세계사의 흐름에 뒤처져 있는 비서구 지역의 야만인들을 교화해야 한다는 도덕적 확신이 있었다. 그들의 눈에 총명하기만 한 황후의 미신적 종교 활동이 의아하게 보인 것은 이러한 문화적 차이 속에서 생겨난 문제일 것이다.

서구인의 사고방식과 다른 부분은 또 있었다. 황후가 왕세자 척(坧)을 생산한 때는 1874년이었다. 비숍이 조선을 방문한 후 국왕 내외를 알현한 시기는 1895년 1월이다. 그녀가 세자를 본 시기는 순종이 청년기를 맞이하고 있던 즈음이다. 그런데 비숍이 황후를 알현하는 동안 '부모로부터 충분히 독립할 수 있는 시기를 지나버린 아들'을 '내내 손잡고 놓아주지 않는'[83] 황후의 모습이 매우 낯설게 보였다고 한다. 일찍부터 자립심과 독립심을 키워주는 서구의 교육 문화 속에서 살아온 비숍에게는 진기한 모습일 수 있었다.

어렸을 때부터 병약했던 것으로 알려진 순종

　다른 한편으로 황후의 순종에 대한 특별한 사랑은 병약한 아들을 둔 어머니로서 지극히 당연한 것으로 이해될 수 있다. 종교적 맹신 내지 미신에 대한 시각 역시 조선인의 정신적 자산의 일부가 무속과 결부되어 있음을 고려한다면 이는 조선적 특성으로 볼 수도 있다. 따라서 서양인의 이질적인 시각은 동서양의 문화적 격차에 기인한 바 크다고 할 수 있다. 그들은 서구 문화의 우월적인 오리엔탈리즘적 사고로 동양을 서구와는 달리 스스로 진보하기가 불가능한 타자로 보고 있었다.[84] 무속신앙과 황후를 하나로 묶어서 미개함을 운운하는 서양인들의 인식과 평가 역시 그 연장선 위에 있는 것으로 볼 수 있다.

　서양인들은 또한 황후가 남편인 고종과는 어떤 관계를 유지하고 있었는가 하는 부분에 대해서도 많은 관심이 있었다. 그들은 성격적으로 온화한 국왕보다는 황후의 기질이 더 굳세고 리더십이 뛰어난 것으로 보았다. 부부간의 의사 결정권 역시 황후에게 있었던 것으로 보았는데, 이러한 인식은 황후를 간접 경험한 서양인의 기록에서도 엿보인다. 이들은 황후가 민씨 일족의 중심에 서서 국정 주도권을 장악하려했고, 대원군과 권력 쟁탈전을 벌였으며, 일본에 적대적이었던 사실로 인해 을미시해의 변을 당한 것이라는 사회 저간의 떠도는 소문을 의문의 여지 없이 받아들이고 있었다. 황후에 대해 간접 경험한 인물들의 저서에서 묘사되고 있는 황후의 이미지를 도표화해보면 〈표 2〉와 같다.

〈표 2〉에 따르면 간접 경험자들의 경우 황후의 권력 지향적인 측면과 성격적으로 강한 기질, 그에 따라 고종을 주도해나가는 측면을 부각시키고 있다. 시종일관 일본과 적대적인 관계를 형성하고 있었다는 평가도 내리고 있다. 조선의 정정(政情)을 간접 견문한 서양인들 대개는 명성황후가 사망한 이후에 조선을 방문했던 사람들이다. 따라서 이들이 황후와 관련된 사실을 언급한 것은 풍문으로 들은 내용이거나 다른 기록물을 통한 경우였다. 그런 만큼 이들의 기록은 사실 그대로 믿기 어려운 측면이 있다.

황후와 고종의 권력 관계에서 황후가 주도권을 쥐고 있었다고 보는 것은 상대적으로 고종이 국정의 중심에 서서 통치력을 행사한 측면은 간과했기 때문이다. 일본의 침략이 노골화해감에 따라 서양인들의 눈에 고종은 일본의 눈치를 보며 정책을 자주 바꾸는[85] 줏대 없는 인물로 여겨졌다. 진보적이고 총명한 왕비가 살해된 뒤에는 기진맥진한 충격 상태에 빠져 독살의 두려움에 떠는[86] 존재로까지 비쳤다. 반면, 황후에 대해서는 나약한 고종을 위해 민씨 일족들과 세력을 이루어 실권

**표 2 명성황후를 간접 견문한 서양인**

| 인물 | 국적 | 직업 | 조선 방문 시기 | 저작물 (출판 연도) | 황후에 대한 견문기 |
|---|---|---|---|---|---|
| H. B. 헐버트 (1863~1949) | 미국 | 선교사 | 1886~1891 1893~1907 | 대한제국멸망사 (The Passing of Korea) (1906년) | 문호개방주의자 권력 지향적 강한 기질 대원군과 적대적 |
| J. S. 게일 (1863~1937) | 캐나다 | 선교사 | 1888~1897 1898~1928 | 코리언스케치 (The Korean Sketch)(1909년) | 비운의 왕비 을미시해의 피해자 |
| W. E. 그리피스 (1843~1928) | 미국 | 신학자 | 1차: 연대미정 2차: 1926~ 1927 | 은자의 나라 한국 (Corea, The Hermit Nation) (1882년) | 재색 겸비 권력 지향적 |
| F. A. 매켄지 (1869~1931) | 영국 | 신문 기자 | 1차: 1904 2차: 1906~ 1907 | 대한제국의 비극 (The Tragedy of Korea)(1908년) 한국의 독립운동 (Korea's Fight for Freedom) (1920년) | 권력 지향적 야심적 강한 기질의 소유자  냉정하고 침착 야심적 문호개방주의자 |
| 카를로 로제티 (1876~1948) | 이탈 리아 | 외교관 | 1902~1903 | 꼬레아 꼬레아니 (Corea e Coreani) (1904년) | 일본과 적대적 강한 기질로 고종 에 영향력 행사 |

을 손에 쥔 것으로 파악했다. 이는 결국 일본이 황후의 세력을 견제하
도록 만들었고 더 이상 국정에 간섭하지 못하게 만드는 요소가 된 것
이라고 보았다.[87] 고종에 대해 무기력하고 줏대 없다는 평가를 내린 것
에는 한국이 결국 일본 제국주의 앞에 무릎을 꿇고 나라의 주권을 망
실한 것에 대한 안타까움과 비난의 의미가 들어 있다.

그런데 고종의 부정적인 면만을 일방적으로 적용하기보다 긍정

동도서기 노선을 표방하며 개화 정책을 추진했던 고종
출처: Percival Lowell, 『Chosŏn, The land of morning Calm』(미국, 1888).

고종은 친정 초기 각종 개화 서적을 수집해 왕실 도서관인 규장각에 하사
함으로써 관원들이 서양 관련 지식을 쌓을 수 있도록 했다.

고종은 개화 관련 서적을 비롯해 수만 권에 이르는 책을 수집 정리해 자신의 서재인 경복궁 집옥재에 소장해두었다.

적인 측면도 주시해서 살펴볼 필요가 있다. 고종은 개화 군주로 불릴 만큼 친정 초기부터 각종 개화 관련 서적을 수집하여 규장각 관원들을 비롯한 당대 지식인들에게 해외 지식과 문물을 익히게 했다. 나아가 국왕 자신도 서양 문물의 우수성을 인식하여 적극적으로 서기를 도입하고자 개화 정책 추진 기구인 통리기무아문을 설치하는 등 제도를 정비하는 정책을 추진했다. 특히 친정 초기에는 집권 기반을 강화하기 위해 군사력을 보강하고 군권이 국왕을 정점으로 체계화될 수 있도록 무위소를 설치해 운영하기도 했다.[88] 이러한 정책적 사례는 고종이 자신의 집권 기반 강화를 위해, 국가의 부강을 위해 나름대로 의지를 품고 노력했음을 보여준다.

황후와의 관계에서도 일방적으로 그녀에게 의사결정권을 빼앗기거나 휘둘렸다고 보기 어려운 반증들이 있다. 이를테면 고종의 대외 인식에서 커다란 전환점이라고 볼 수 있는 동도서기 시책을 강조한 교서는 1882년 8월 5일에 반포되었다.[89] 황후가 장호원에서 궁궐로 돌아온 때는 8월 1일의 일이다.[90] 황후가 돌아온 후 단 며칠 간에 정책을 결정짓는 국가 시책에 그녀의 입김이 작용되기는 어려웠을 것이다. 황후의 의사와는 관계없는, 국왕 스스로의 주관과 의지가 배어 있는 결과물인 것이다.

황후가 민씨 척족을 동원하여 정권을 좌지우지했다는 인식 역시 고종이 중비(中批)로 민씨들을 주체적으로 등용한 점을 고려해본다면 판단이 달라질 수 있다. 고종은 의정부의 추천을 도외시하면서 민영익(한성부 판윤), 민치헌(홍문관 부수찬), 민치서(광주부 유수), 민관식(공조참의), 민병승(승정원 동부승지) 같은 인물들을 등용했다. 민씨 일족을 폭넓게 등용한 것은 자신의 집권 기반 강화를 위한 포석이라는 의미가 강하다.

고종의 군권 확보 노력은 광무 정권기의 원수부 창설로 이어졌고 친정 초기의 개화 시책 노력은 광무 정권기의 각종 개혁 사업으로 연결되었다. 고종은 양전지계사업(量田地契事業)을 통해 근대적 소유권 제도를 확립해나갔고 상공업을 진흥하고 육성하기도 했다. 철도와 전화를 개설하고 상공학교와 광무학교를 비롯한 공립 실업학교를 세우기도 했다. 일제의 침탈과 내부적 한계로 인해 개혁 사업은 좌초되었지만 근대적 변화를 도모하려 했다는 점에서 부분적으로는 고종의 역할을 긍정 평가할 수도 있다. 따라서 고종과 황후의 권력 관계에 대한 인식도 고종이 새롭게 평가될 때 그 편협함이 지적될 수 있을 것이다.

기록물을 남긴 저자들 스스로가 내용을 전체적으로 살펴볼 때 왜곡된 부분이 많다며 한계를 인정한 사실도 염두에 둘 필요가 있다. 선교사이자 육영공원의 교사였던 헐버트(Homer B. Hulbert)는 "서울을 방문하는 단기적인 여행자들이 주로 황제의 외모를 단편적으로 묘사하였지만 그들이 체류할 당시의 시류에 편승해 있었고, 황제의 인상에 관하여는 과장이 있음"[91]을 밝히기도 했다. 매켄지(F.A. Mckenzie) 역시 "당시 서울에 살고 있던 외국인들의 기록은 당시의 인상 제공에는 도움이 되지만 소상함에서는 믿을 것이 못 됨"[92]을 언급했다. 무책임한 가십과 현실에는 어느 정도의 차이가 있음을 암시한 것이다.

황후와 대원군과의 갈등설도 서양인들 사이에 자주 오르내린 대화 소재였다. 헐버트는 황후와 대원군을 숙적 관계로 규정했다. 그는 두 사람이 국왕보다 더한 고집쟁이였고 국모 시해 사건이 일어난 후에야 갈등 관계가 종식된 것으로 보았다. 그는 특히 대원군이 황후의 양오라버니에게 위장 폭탄을 보낸 사건과 임오군란 당시 황후를 모살하려 했던 점, 황후 시해 사건 이후 대원군이 오랜 열망을 달성한 듯 기뻐한 사실 등을 들며 이들의 숙적 관계가 짧은 기간에 조성된 것이 아님을 강조했다.[93]

일본사 연구를 위해 한국사를 공부하기 시작했던 그리피스(W.E. Griffis) 역시 "황후는 진보적이고 외국 문물에 대해 개방적이어서 대원군의 쇄국정책과 충돌하는 면이 많았다"[94]라고 기록했다. 1902년부터 이듬해까지 서울에 주재했던 이탈리아 총영사인 카를로 로제티(Carlo Rossetti)는 고종이 겪은 모든 재난의 직접적인 원인이 그의 아버지에게 있다고 보았다. 그는 대원군과 황후가 서로 반목하고 있었고 황후 살해의 배후에 대원군이 연루되어 있었다는 것[95]도 언급했다.

황후와 대원군이 권력을 놓고 서로 갈등 관계에 있었다고 본 것은 조선 내부의 지식인들도 마찬가지였다. 이들은 임오군란 당시 대원군이 중전의 국상을 선언한 일,[96] 정씨 성을 가진 소경이 황후의 사주를 받고 나무로 허수아비를 만들어 대원군을 저주하다가 체포되어 처형당한 일[97] 등에 대해 공공연히 언급했다. 이 외에도 황후가 보낸 자객으로 추정되는 인물이 운현궁을 침범하여 대원군에게 화를 입히려고 했다는 설,[98] 임오군란 당시 민겸호가 대원군을 붙잡고 난병들로부터 화를 모면하려 했으나 대원군이 냉소를 지은 채 도와주지 않았다는 설이[99] 난무할 정도였다. 두 사람 사이에 흐르는 반감, 대원군과 민씨 일족과의 적대적 관계는 이미 정평이 나 있었다. 황후에 대한 유교 지식인들의 반감과 함께 사실과 풍설이 뒤섞이며 유통되고 있었던 것이다.

서양인이 보기에 두 사람의 갈등 관계를 적절히 이용한 측은 단연 일본이었다. 매켄지는 황후가 국왕에게 엄청난 영향력을 행사했던 사실, 일본 교관의 지휘를 받던 훈련대를 해산시키고자 한 사실, 친일적인 대신들을 몰아내고 모든 권력을 장악할 계획을 세운 사실 등을 일본이 사전에 파악한 것으로 보았다. 따라서 "일본의 입장에서 그녀를 제거하지 않으면 조선 내의 일본의 새로운 조직은 무질서와 혼란만 초래할 뿐인 것으로"[100] 이해했다.

헐버트 역시 일본이 두 사람의 불화를 해소하는 대신 일본에 유리하게 했고 국모의 세력을 견제하여 더 이상 국정에 간섭하지 못하도록 한 점에[101] 대해 언급했다. 이들은 황후 시해 사건의 배경과 과정에 대해서도 소상히 들어서 아는 바를 기술했다. 그런데 황후가 지나친 권력욕을 자제하지 못했고, 국정을 농단했으며, 일본의 시책에 사사건 건 맞섰으므로 시해의 변을 당했다는 일본 측의 악의적 선전을 그대로 전달하고 있다.

　기록물을 남긴 서양인들은 대체로 미국인과 영국인이다. 이들은 본국의 정책과 결부해서 일본 측의 주장을 묵인해줄 수밖에 없는 입장 이었다. 미국은 조선의 독립과 근대화 노력에 호의적이고 동정적이었 음에도 청이나 일본과 관계된 조선의 정치적 사건에 대해서는 항상 불 간섭 원칙을 고수했다. 그러다가 청일전쟁을 계기로 미국의 대조선 외 교정책은 친일 노선으로 급선회했다.[102] 영국은 극동에서 러시아 세력 의 팽창을 저지하기 위해 일본의 한반도 점령을 찬성하는 입장이었다. 청일전쟁 이후에는 모든 열강이 자국의 영향력 확보에 혈안이 되었고, 러시아의 주요 관심은 만주에 집중되었기 때문에 한국 문제는 덜 중요 시하게 되었다.[103]

　이처럼 열강이 각자의 이해 속에서 조선의 중요성을 가볍게 인식 하는 가운데 황후 시해 사건이 발생했던 것이다. 서양 선교사들은 조 선에서 일어나는 여러 불행한 사태에 대해 동정심을 표하는 외에 별다 른 도움을 줄 수 없었다. 이들은 정치적으로 영향을 미칠 수 있는 상태 가 아니었다. 그들의 기록 역시 풍문대로 서술할 수밖에 없는 한계가 있었다. 결국 서양인들이 황후를 보는 시각은, 그녀가 대원군과의 권 력 투쟁으로 갈등을 빚고 일본과는 적대적 관계에 있었기 때문에 비운 의 주인공이 될 수밖에 없었다는 식으로 고착되었다. 이들의 황후에 대한 시각과 인식에는 한계가 있고 사실과 부합하지 않는 부분도 많았으나 이러한 내용은 출간을 통해 확산되었다. 한국의 풍물 소개에 국한되었지만 한국에 대한 왜곡된 인식을 본국 저변에 이식할 요소가 다분했다. 그러나 특별한 정치적 의도와 목적성을 가지고 접근한 것이 아니라는 점에서 한성신보의 보도 태도와 대비된다.

# 3. 홍선대원군, 쇄국과 개혁을 넘나든 권력주의자

## 위풍당당한 카리스마, 권력의 화신

홍선대원군은 잘 알려져 있다시피 한국 근대사 속의 숱한 정치적 사건들과 직간접적으로 관계된 인물이다. 특히 어린 나이에 즉위한 고종을 대리하여 10년간 섭정한 것을 비롯해 임오군란기와 갑오개혁기에도 각각 한 차례씩 정치 전면에 나선 적이 있어서 고종 시대를 언급할 때 그를 빼놓고 설명하기는 어렵다. 그런데 대원군의 존재와 정치 일선에서의 역할은 고종에게 긍정적인 영향을 주기보다는 고종을 유약한 정치 지도자로 평가하게 하는 데 영향을 미친 것으로 보인다.

한일병합으로 대한제국이 일제의 식민지가 됨에 따라 이에 대한 정치적 책임 소재를 가리는 데도 국왕에 대한 내외의 평가는 실로 가혹했다. 고종이 근대화를 위해 노력한 측면보다는 전제군주권 강화에만 몰두하여 대민 결속과 화합에 기반한 국민 국가 수립에 실패했다는 평가가 힘을 더 얻고 있는 상황이다. 그에 반해 대원군은 서양 제국주의 국가의 침략이라는, 바람 앞의 등불 신세로 있던 조선을 지켜낸 민족주의자의 원형으로 평가되고 있다. 또한 카리스마 넘치는 리더십을 발휘하여 고종 집권 초반기의 개혁을 이끈 핵심 정치인으로 평가되어 왔다.[104] 강력하고 호방한 리더십의 소유자로, 조선 사회를 지켜낸 보수주의적 개혁가로, 당당하게 자리매김되어온 것이다.

대원군에 대한 당대의 평가 역시 대체로 위풍당당하며 호방한 기질을 가진 개혁적 성향의 인물로 인식되었다. 그러한 가운데서도 "좋

조선을 지켜낸 보수적 개혁가로
평가받는 흥선대원군

은 기회를 맞아 천하에 못 하는 일이 없었을 시기였음에도 음행과 사치와 폭행을 자행한 인물",[105] "왕후 폐하와 대원군은 조선에서 가장 거대한 정치적 분규의 진원지"[106]라는 부정적 평가도 있다. 반면, 일본인이 서술한 책에서는 부정 평가는 거의 보이지 않는다. 분규에 빠진 조선을 지탱한 조선의 영웅이라거나[107] 사색 인재 등용, 경복궁 중건, 서원 철폐, 배외 정책 등 대원군이 취한 정책을 높이 평가하면서 쇠망해가는 조선을 재조직한 개혁가로[108] 보는 시각이 우세한 편이다.

이러한 인식과 평가 속에서 일본 정부는 대원군을 조선 내 정치적 지형 변화에 따라 자국에 유리한 방향으로 이용하고자 했다. 대원군에 대한 민심의 동향에 귀를 기울이는 한편, 그에 대한 정보를 지속적으로 수집해나갔다. 한성신보를 통해 여론을 형성하고 확산시키기도 했다. 개항과 관련해서는 대원군을 '시대에 뒤떨어진 쇄국주의자'로 낙인찍었다.[109] 갑오개혁을 추동하면서 인민의 여망을 업고 있던 대원군의 도움이 필요할 때는 개혁주의자로 높이 떠받들기도 했다.[110] 대원군이 청나라와 연대하는 움직임이 드러났을 때는 그를 일선 정치에서 물러나게 하면서도 권력욕을 적절히 활용해[111] 황후 시해 사건에 끌어들이기도 했다.

이처럼 일본은 조선 침략을 기도하면서 언론을 활용해 대원군에 대한 이미지를 특정 방향으로 고착화하거나 필요에 따라 변화시켜나 갔다. 특히 신보에는 대원군에 대한 평가와 인식을 본국에 유리한 방향으로 활용해간 사실이 고스란히 드러나 있다.

## 완고하고 경직된 쇄국주의자

대원군이 시대에 뒤떨어진 보수적 개혁가로 강고한 이미지를 형성하게 된 것은 고종을 대신하여 10년 동안 국정을 맡았던 1차 섭정 시기에 대외적으로 통상수교거부정책을 취한 것이 주요한 이유일 것이다. 이른바 쇄국정책으로 알려진 이 정책을 취할 당시는 세상의 중심이라 믿은 중국이 두 차례의 아편전쟁으로 영불 연합군에게 참패한 직후였다. 천주교의 확산 속에 서양 세력이 중국 내지까지 침투해 사회윤리와 기강을 어지럽힌다는 소문은 일찍부터 접하고 있었다. 국왕은 연행사에게 서양에 대한 관심을 표명하기도 하고, 개나 양 같은 서양 무리와는 절대 강화할 수 없다는 의지를 밝히기도 하면서 연행사를 통해 중국 내부 동향에 대해 듣고 있었다.[112]

조선에도 1840년 이후부터 이양선의 출몰이 간헐적으로 이어지고 있었다. 1840년 12월에 대정현 가파도(大靜縣 加波島)에 영국 함선 2척이 나타나 소를 탈취해 간 사건을 시초로 하여 통상 2년에 한 번 정도로 서양 선박이 출몰했다.[113] 병인양요와 오페르트 도굴 사건, 신미양요 등으로 양이에 대한 두려움과 적개심도 고조되고 있었다. 이러한 상황에서 통상수교거부정책은 지극히 자연스러운 선택이었다.

남연군의 묘를 파헤친 패륜적인 양이들은 조선의 유교적 전통에서 볼 때 결코 용서가 안 되는 무리들이었다. 그런 점에서 대원군은 두 차례 양요 이후 전국에 척화비를 세운 것이다. 이는 양이들을 대화와 타협의 상대로 보지 않을 것임을 명확히 한 것이라 볼 수 있다. 동시에 대원군은 강화도를 중심으로 각지에 포대와 성곽을 수축하고 신설하면서 포군을 양성해나갔다.[114] 이 또한 달라진 대외 환경 속에서 해방(海防)을 통해 양이를 방어하고 배척하고자 하는 의지와 정책 노선을 강력하게 드러낸 것이라 볼 수 있다.

대원군이 양이를 경계하고 배척하면서 조선을 지켜내고자 한 위정척사적 태도는 고종과 크게 다르지 않았다. 또한 병인양요가 일어날 무렵만 해도 양이의 범주에 일본은 포함되지 않았다. 일본도 양이의 위협에 시달리고 있는 상태였고, 해안에 출몰하는 이양선의 존재를 서로 알려주면서 변방을 경계하기 위한 정보를 교류하는 관계였다.[115] 그런데 일본이 막부를 타도하고 명치유신을 일으키는 과정에서 상하의 질서를 어지럽히는 것을 본 조선은 일본에 대한 인식을 달리하기 시작했다. 일본이 무부무군(無父無君)의 행패를 일삼는 양이와 다를 바 없다는 시각을 갖게 된 것이다.

1873년 진하 겸 사은사의 부사로 청에 다녀온 한경원이 국왕에게 올린 보고에는 일본에 대해 달라진 인식이 보인다. "일본이 서양의 배를 타고 있고 서양의 성격을 따르고 있어서 지금의 왜는 예전의 왜가 아니다"[116]라는 입장을 드러냈던 것이다. 진하 정사 이근필, 서장관 조우희 역시 일본이 서양의 의복 제도를 닮아가고, 그들을 추종하여 사교를 신봉하며 양이와 통교하고 있다면서 경계했다. 서양은 물론이고 교린 관계였던 일본까지 상하의 예의를 모르는 짐승과 같은 나라이기 때문에 함께 교유할 수 없다는 화이론적 대외 인식이 주를 이루고

1875년 12월 일본 특명전권변리대신 구로다 기요다카와 부관 이노우에 가오루가 조선과 수호조약을 맺으러 왔을 때 바다에서 찍은 강화도 모습

있었던 것이다.

이러한 분위기 속에서 일본을 보는 시각이 달라지기 시작한 것은 운요호 사건을 경험하면서부터이다. 이 사건은 언급한 바와 같이 대원군 정권기인 1868년과 고종 친정기인 1875년 두 차례에 걸쳐 일본이 외교 관계 개선을 요구하는 서계를 보내온 것을 계기로 일어난 사건이다. 정부 대신들이 오랑캐와 다를 바 없다며 일본과의 수교를 주저하고 있는 동안 일본은 1875년 8월에 운요호를 강화 해역에 보내 해로를 탐사했다. 이에 조선이 선제공격을 가하자 일본은 이를 구실로 영종진에 침입해 소요를 일으켰다. 이후 1876년 2월 일본과 정식 수교를 맺을 때까지 조선은 일본에 대한 그동안의 왜양일체적 시각을 달리할 수밖에 없는 상황에 놓이게 되었다.

포함을 앞세운 일본의 문호 개방 요구 앞에서 왜양이 동일한 오랑캐임을 주장하며 통상 수교를 거부하고 저항하기에는 시세가 너무 절박했다. 일본과 교섭한 접견대관 신헌이 초지진과 영종진에서 전투를 치른 무장들의 경험담을 통해 알게 된 일본의 무력은 의외로 강성했다. 그들은 당시 회선포와 7연발총, 오늘날의 탱크에 해당하는 전거(戰車) 등의 신식무기들을 구사했다.[117] 이러한 상황에서 수교 거부는 곧 조선의 초토화로 이어질 수 있었다. 조정의 위기감 또한 증폭될 수밖에 없었다.

신헌이 보고하는 자리에서 고종은 일본 측 수행원인 미야모토 쇼이치(宮本小一)의 인물됨을 유독 궁금해했다. 일본을 통해 서양 문물이 들어온다면 사람들의 성정이 포악해지고 풍속을 해쳐 인심이 흉흉해지리라 걱정했기 때문이다. 그런데 일본 측이 오히려 조선 군비의 허술함을 걱정하면서 부국강병의 방법을 강구해줄 수 있다는 뜻을 비쳤다고 하자 일본을 달리 보려 했다. 즉, 양이들의 동향에 대해 서로 정보를 교환하던 예전의 일본으로 간주하면서 이를 조선과 변함없이 교린하고자 하는 성심이 있다고 판단한 것이다.[118] 이러한 가운데 왜양을 분리해서 보자는 주장이 설득력을 얻었고 개방 정책으로 이어질 수 있었다.

부국강병의 필요성을 주장하고 쇄국 일변도의 정책이 능사가 아님을 강조한 박규수의 역할도 큰 영향을 미쳤음은 잘 알려진 사실이다. 일본이 운요호 피격을 구실로 군함을 앞세워 위협할 때 박규수는 일본의 침략성을 더욱 강조하는 입장이었다. 그러다가 이내 국익에 도움이 된다면 양이의 것이라도 자주적으로 수용해야 한다는 태도를 보이며 인식을 변화시켜나갔다. 이에 대해 황현은 박규수가 대원군이 집권할 때에는 척양을 하더니 고종 집권 후에는 일본과의 협상을 주장하고 대세에 영합했다며 그의 진정성 문제를 지적하기도 했다.[119] 1866년 평양감사로 있던 박규수가 교역을 요구하며 접근하던 제너럴 셔먼호를 화공으로 격퇴한 일을 새삼 상기시킨 것이다. 그런데 박규수는 1872년 연행사 경험을 통해 서양 문명을 수용한 중국의 양무 운동 성과를 인식한 후 서기 수용의 필요성을 인정하는 자세로 이미 돌아서 있었다. 이 점을 황현이 간과한 상태에서 평을 내린 것이 아닌가 여겨진다.

반면, 일본을 양이와 다를 바 없는 오랑캐로 간주하며 척화를 주장하는 정치 세력이나 재야 지식인들의 강경한 흐름은 여전했다. 전 호조참판 최익현의 개항 반대 상소는 물론, 유생 홍재학과 유인석 등이 같은 동리의 유생 50명과 함께 올린 상소가 주목된다. 이원일의 상소에는 최익현과 같은 동리에 살던 홍재학 등이 강화에 반대하는 상소를 올렸으나 아무 소용이 없었다는 내용이 보인다. 김평묵이 훗날 영남소청에 상소를 접수한 것에 대해서는 시골의 유생들이 아무것도 모르면서 올린 상소문이라며 이들의 처벌을 촉구하는 내용도 들어 있다.[120] 이를 보면 개항을 둘러싸고 유생들까지 찬반 논쟁이 치열했음을 알 수 있다.

상소를 통해 이들은 일본과의 강화는 곧 조선의 멸망으로 이어질 것이라는 강고한 인식을 드러냈다. 이들의 저변에는 왜와 양을 동일하게 보는 사고 속에서 일본과는 절대 통교할 수 없다는 의식이 자리하고 있었다. 대원군 또한 일본과의 화해 분위기에 불만을 나타내면서 극악무도한 서계를 보낸 일본을 용인하는 것은 조정에 사람이 없기 때문이라는 입장을 보였다.[121] 대원군은 완강한 척왜 노선을 밝히고 있었고, 이는 곧 재야 지식인들의 위정척사적 대외 인식과 동일한 것이었다.

이러한 노선과 태도를 보인 대원군이 수교를 원하는 일본에게는 강력한 쇄국주의자로 인식될 수 있었다. 이에 대해 일본의 인식을 엿볼 수 있는 한성신보에서는 '조선개국기사'를 통해 조선의 개항과 관련한 내용을 연속적으로 기사화했다. 일문으로는 '조선개국시말'로 게재했는데 1호에서 20호까지 이어진다. 현재 영인하여 남아 있는 한성신보는 1895년 9월 9일 자부터인데 이 날짜의 '조선개국기사' 10호를 필두로 10월 9일 자의 20호(신문에는 19호로 되어 있으나 20호의 오기로 보인다)까지 개항과 관련한 기사를 실은 것이다.

이 가운데 대원군을 쇄국주의자로 규정하고 고종이 취한 문호 개방과 대척적인 위치에 두고 기사를 실은 것은 11호에서 15호까지 이어진다. 그 내용은 대체로 "대원군이 득의하던 시대는 진양주의(鎭攘主義)가 정부의 유일한 방침이 되어 쇄국으로써 국시를 삼아 민심을 고무하고 쇄양주의를 고동(鼓動)하였다"[122]라는 것이다. 대원군은 양이를 물리치고 억누르는 정책을 부추기고 추동한 쇄국주의자라고 단정해나가는 데 초점을 맞추고 있다. 특히 조선과 일본의 관계가 대원군의 쇄국 척화 정책으로 파열로 이어질 뻔했다든지,[123] 조일 간 수교를 체결함으로써 쇄국완고론의 무익함과 개국문명론의 유리함을 깨닫게 되었다는[124] 식으로 문호 개방을 강조하는 입장이었다.

한성신보는 여기서 그치지 않고 일본이 "조선의 개국을 이끌어준 결과 호쾌하게 쇄국주의를 밀어붙이던 대원군이 정계를 은퇴하고 쇄양의 대세는 소침하게 되었다"[125]라고 기사화했다. 또한 "완고하고 미몽한 생각으로 어리석은 인민을 부추기는 세력이 아직 미약하지는 않으나"[126] "수십 년 내 쇄국론과 개항 논의가 반목해오다가 수교 체결로 쇄국론이 완전히 패배하게 되었다"[127]라며 개국 주도 세력을 승리자로 묘사했다. 이어서 쇄국론자들은 이재선 사건 이후 세력을 상실하고, 수교 체결 이래 일본의 감화를 받은 개화론자들의 세력이 강해져 통리기무아문의 조직 구성원이 되어[128] 개화 정책을 앞장서서 추진하고 있다는 점을 강조하고 있다.

이재선 사건은 전 승지 안기영과 권정호 등이 고종을 폐하고 고종의 이복형인 이재선을 왕으로 추대하면서 대원군의 재기를 도모하기 위해 일으킨 것이다. 모의에 참여한 광주 장교 이풍래가 사건의 전말을 고발함으로써 1881년 8월 29일 대대적인 검거가 이루어졌다.[129] 대원군 측의 권력 쟁탈을 의도한 이와 같은 사건을 쇄국과 개국의 이분법적 구도로 접근하면서 설명하는 방식을 취했음을 알 수 있다.

고바야카와 히데오 군이 '조선개국시말'을 제목으로 화려한
필체를 휘날리며 조선 국정을 논하였다. 종래 대원군파는
쇄국당으로 민씨파는 개국 진취의 대책을 세운다는 입론하에
물 흐르는 듯한 문장을 연일 신문에 게재했다.[130]

이는 아다치 겐조가 자서전을 통해 고백한 내용이다. 한성신보에 관계한 인물들이 미리 논리를 만들고 그에 맞춰 쇄국은 정체와 후퇴의 개념으로, 개국은 진취와 발전의 개념으로 대비시켰음을 볼 수 있다. 이들이 만든 논리는 결국 일본의 대조선 문호 개방을 지지하고 찬양하

한성신보 편집장인 고바야카와 히데오가 명성황후 시해 사건에 대해 쓴 '민후조락사건(閔后殂落事件)' 표지

기 위한 것이었다.

'조선개국기사'를 통해 대원군을 완고한 쇄국주의자로 규정지은 신보에서는 이후에도 대원군에 대한 이미지를 크게 바꾸지 않았다. 완고히고 보수적이며 고집스러운 정객의 이미지를 근저에 깔고 있었다. 신보를 통해 일본은 시대의 대세는 쇄국이 아니라 개국에 있으며, 문호 개방을 통해 구태를 벗고 새로운 세상으로 나아갈 수 있으며, 조선이 새로운 세상을 맞이할 수 있도록 문호 개방을 이끌어준 주체가 일본임을 강조했다. 시대 흐름을 잘못 읽은 쇄국주의자인 대원군은 정계를 은퇴함으로써 역사의 저편으로 사라지고 침몰했다고도 주장했다. 대원군이 취한 쇄국정책은 보수적이며 시대를 거스르는 후퇴한 정책이요, 일본의 도움을 받아 문호 개방 후에 개화로 방향을 잡은 고종의 정책은 진보적이며 시대를 앞서 전진해나가는 획기적인 정책으로 대비했던 것이다.

일본이 대원군을 쇄국주의자로 규정짓고 '쇄국정책'이라는 용어를 써가며 혹평한 데에는 그 대척점에 있는 개방과 개화 정책을 일본정부가 이끌어주었다는 점을 강조하기 위함이라는 것은 이미 밝혀진 바이다. 즉, 쇄국정책이란 일본처럼 활발한 해외 도항 활동을 하다가 특정 시기인 에도막부에 들어서서 외국과 통상 교역을 금지하는 정책을 실시한 경우에 사용할 수 있는 용어이다. 따라서 애당초 활발하게 도항 활동을 하지 않은 조선에서 대원군이 취한 쇄국정책은 쇄국에 대한 개국의 의미를 확대하고 조일 수교의 의의를 극대화하기 위해 일본이 의도적으로 구사한 용어인 것이다.[131]

이러한 논의는 대원군을 쇄국주의자로 보기 어려우며 쇄국정책을 추진한 인물로 대원군을 단정하게 되면 일본의 잘못된 논리와 주장을 그대로 수용하는 것과 같다는 의미로 해석되기 쉽다. 반면, 대원군이 양이의 통상 교섭 요구를 묵살하고 소규모 국지전을 벌이면서까지 문호를 개방하지 않은 점, 왜양일체의 시각 속에서 어떠한 외교적 접촉에도 귀를 기울이려 하지 않고 척화비를 세움으로써 통상수교거부 정책을 분명히 한 점 등을 볼 때 한성신보에서 규정짓고 있는 완고한 쇄국주의자의 이미지를 완전히 탈피하기 어려운 것도 사실이다.

대원군이 서양을 막아내기 위해 해로(海路)를 방어하고자 하는 해방 차원에서 기울인 노력을 보면 이 점은 보다 확실해진다. 대원군은 1845년 동지연행사를 통해 조선에 들어온 『해국도지』를 참고하여 신헌과 함께 수뢰포 등의 신무기를 개발했다.[132] 대원군이 조선 자체적으로 신무기 개발에 관심을 둔 것은 병인양요를 겪으면서 화륜선을 타고 온 프랑스의 화포에 조선의 조총은 비교할 바가 못 된다는 것을 절감했기 때문이다. 이는 서양을 여전히 이적(夷狄)으로 간주하되 해방적 차원에서 서양 기술을 단지 모방하는 수준이었음을 보여주는 것이다. 서양 문물의 우수성을 인정하고 이들과 교류하며 우수한 문물을 수용하려는 태도와 방략은 아니었다는 점이다.

이에 비해 고종이 문호 개방 후에 조사시찰단과 영선사를 파견하면서 서양 문물을 적극적으로 수용하고 배우려 한 것은 단순히 해방 차원을 넘어서는 것이다. 서양을 이적으로 간주하는 시선을 당장 거두지는 않았으나, 서양 문물의 우수성을 인정하고 수용할 것은 수용하면서 적극적으로 교류해나갈 것임을 시사한 것이다. 이는 곧 동도서기 정책으로 표방되었고,[133] 위정척사적 지형 위에서 왜양을 배척하며 해방을 위한 정책을 추구하던 대원군과는 결을 달리했던 것이라 볼 수 있다.

대원군의 통상수교거부정책으로 서양과 여러 차례 맞부딪치면서 양이에 대한 적개심이 고조되었고, 이것이 곧 강력한 척양론으로 발전하게 된 것이라 볼 수 있다. 척양론을 바탕으로 한 해방 정책은 맹목적인 배외 감정과 화이론이 아니라 사회질서를 유지하고 국가를 존속시키기 위해 선택한 대응 전략이었다.[134] 따라서 '쇄국정책'은 대원군 집권 당시 대외 위기감이 고조되던 속에서 자구책과 자존의 방책으로 구사한 것이었다. 이에 반해 일본이 한성신보를 통해 상황에 대응하는 정책으로서가 아니라 무조건적으로 쇄국을 고수하는 '쇄국주의자'라는 용어를 사용한 이유는 대원군의 이미지를 특정 방향으로 고착시키기 위한 것이었다. 완고하고 경직된 '쇄국주의자' 이미지를 통해 조선 사회의 보수성과 폐쇄성, 시대 조류와의 역행성과 연계시키고자 하는 의도가 담긴 것이었다.

## 공명정대한 개혁주의자

일본이 대원군에게 완고한 쇄국주의자의 이미지를 덜어내고 공명정

대한 개혁주의자로 새로운 프레임을 만들어내기 시작한 것은 대원군이 세 번째로 정계에 등장했을 때이다. 대원군이 1차 집권에 이어 2차로 집권한 시기는 임오군란 직후인 1882년 6월 10일부터 청의 천진 보정부로 압송된 7월 13일까지 33일간이다. 3차 집권 시기는 일본이 경복궁을 침입한 이튿날인 1894년 6월 22일부터 10월 25일까지 약 4개월간이다.[135] 대원군의 3차 집권은 일본이 친일 개화파를 필두로 갑오

천진 보정부에 연금되어 있던 대원군을 그린 삽화

개혁을 추진하던 시기에 그를 옹위해 권력의 정점에 앉히면서 이루어졌다. 당시 일본은 대원군을 '공명 정대', '사심 없는 개혁가' 같은 이미지와 연계하면서 그를 활용하려 했다.

대원군 3차 집권의 계기가 된 일본의 경복궁 무단 침입은 일본이 동학농민항쟁 진압을 핑계로 조선 문제에 개입하면서 시작되었다. 당시 일본은 조선 주재 오토리 게이스케(大鳥圭介) 공사의 보고를 통해 농민항쟁이 진정되어 많은 군병이 필요하지 않음을 알면서도 군대를 파견했다.[136] 일본의 목적은 조선에서 청군을 축출하는 데에 있었다. 조선에게는 동학도 때문에 이웃 국가까지 소란스럽다는 이유로 내정 개혁을 강력하게 권고했다. 일본은 조선에서 자국의 위치를 확고히 하기

위해 조선의 자주독립 문제를 제기하여 어떻게든 개전의 구실을 찾아 청과의 일전을 불사하려 했다.[137]

청일 양국 군대가 동시 철병을 놓고 첨예하게 대립하는 가운데 일본은 조선에 대해 청군 철수를 이행할 것과 조선이 청과 체결했던 조청상민수륙무역장정을 폐기하도록 강요하면서 내정 개혁을 요구한 것이다.[138] 조선 정부는 내정 개혁을 자체적으로 실시하기 위해 폐정 개혁을 단행한다는 조칙을 반포하고 교정청을 설치하여 독자적으로 개혁에 착수했다.[139] 동시에 일본군 철수를 요구하는 한편, 일본의 내정 개혁 요구는 수용할 수 없다는 점을 분명히 했다. 이에 대해 일본은 민심 불안을 구실로 개혁을 지연시키려고 하는 것은 일본의 권고를 거절하는 것을 의미한다며 독자적인 수단을 강구할 것이라고 통지한 후,[140] 경복궁을 무단 침입했다.[141]

곧이어 일본은 남양 풍도 해전을 시작으로 청일전쟁을 일으킴과 동시에 대원군을 옹립하고 김홍집, 박정양, 김윤식, 유길준 등 개화파 인사들로 구성된 군국기무처를 설치하여 개혁을 추진했다.[142] 일본이 대원군을 추대한 이유는 경복궁 침입 사건 이후 각국의 좋지 않은 여론과 격앙되어 있던 조선 인민의 반일 감정을 의식하지 않을 수 없었기 때문이다. 일본 공사는 외국 사절들에게 공문을 보내어 대궐 장악 사실을 알리고 일본은 침략적 야욕이 없음을 밝혔으나 당시 서울에 있던 외국 대표들은 한국인들만큼이나 일본을 싫어했다.[143] 따라서 인민의 여망을 업은 대원군과 손을 잡음으로써 일본의 침략 행위를 희석시키고 반일 감정을 무마하는 것이 급선무였던 셈이다.[144]

권력에 대한 대원군의 의지와 욕구가 매우 강했던 것도[145] 일본이

청일전쟁 당시 서울 용산 만리창에 상륙한 일본군

대원군을 활용할 충분한 이유가 되었다. 일본은 대원군이 정사를 장악하려 한다는 것과, 민영준이 그 기미를 눈치 채고 협의를 위해 중궁전에 보고를 올리는 것까지[146] 사전에 이미 파악하고 있었다. 일본의 의도 못지않게 대원군도 이 시기를 마지막 기회로 활용하려는 속셈이 있었던 것으로 보인다. 국왕으로부터 정무 친재의 권한을 넘겨받고[147] 영추문을 통해 입궐한 대원군은 백성의 여망과 내외 신인도가 한껏 고조된 상태에서 국왕의 실정을 나무랐다. 반면, 국왕은 계단 아래까지 내려와 대원군을 눈물로 맞이하고 사죄하면서,[148] 다시 한번 권좌를 아버지에게 내어주는 굴욕을 겪어야 했다.

　대원군은 농민항쟁을 야기한 고종보다 정치적 역량 면에서 우월함을 인정받은 것이나 마찬가지였다. 이는 곧 대원군이 갑오개혁에 동참할 수 있는 역량이나 자질을 갖춘 개혁가로 인식될 수 있는 요소가 되기도 했다. 일본이 여흥 민씨 세력과 고종을 통하기보다 대원군과 손을 잡고 내정 개혁을 서두른 이유이기도 하다. 일본은 민씨 세력에 대해 일본이 청과 함께 개혁을 진행할지라도 음으로는 고종으로 하여금 개혁을 반대하게 할 수도 있는 집단으로 파악했다. 즉, 민씨 세력이나 고종을 통해서는 개혁이 순조롭게 진행되지 못할 것을 예상하고 있었던 것이다.[149]

그런데 일본의 의도와 달리 대원군은 일본의 개혁이 너무 급진적이라는 생각과 청일전쟁이 지속되면 동양 평화에 크게 방해가 될 것으로 보고 있었다.[150] 실제로 일본은 대원군을 추대한 것과는 달리 그와 상의도 없이 급진적 제도개혁책을 남발했다. 동학농민군이 주장한 문벌 타파와 과부 재가 문제를 비롯하여 공노비 폐지에 이르는 등의 사안들이 개혁의 대상이 되는 것에 대해서는 대원군도 별 무리 없이 수용할 수 있는 입장이었다. 그러나 일본의 직접적인 경제 침략이 자행될 소지가 있는 철로를 통한 광산 개발 등은 대원군이 싫어하고 경계하는 바였다. 군국기무처 안건으로 제시된 신식 화폐 발행 장정(章程)과 도량형 개정[151] 등의 문제 역시 강경 일변도로 추진할 사안은 아닌 것으로 보았다. 이는 대원군이 개화의 필요성을 인정하고 있었던 것과는 별개의 문제였다.[152]

따라서 일본의 급진적인 개혁 추진에 내심 불만을 품고 있던 대원군은 표면상으로는 일본에 친화적인 태도를 유지하면서 청군과 내통하는 방안을 강구했다. 청군을 남쪽으로 진격해 들어오게 하고 이준용으로 하여금 동학농민군을 교사하여 청군과 함께 일본군을 협공하도록 계획한 것이 방안 중의 하나였다.[153] 이준용은 한편으로 김홍집을 비롯한 권력 실세들을 살해한 후 정권을 찬탈하고자 김학우 살해 사건을 일으키기도 했다. 그러나 사건이 발각되어 이준용은 강화도 교동으로 귀양을 가게 되었다.[154] 대원군의 계획은 일본에 곧 탄로가 나서 그는 향후 일체 정사에 간섭하지 않는다는 서약을 하고 실각했다.[155]

대원군의 세 번째 정계 등장과 실각은 이렇게 종결되고 말았지만 애당초 일본은 대원군에게 '공명정대한 개혁주의자' 이미지를 만들어 이를 차용하고자 했다. 이러한 과정은 한성신보에서도 잘 드러난다. 일본은 대원군을 쇄국주의자로 규정지으면서도 그에 대한 수식어는 항상 '조선의 영웅'[156]이요, '갑오개혁이 공평한 대도로써 유신하는 굉업을 성취하는 마당에 대업을 쫓아 혁신으로 나아갈'[157] 개혁주의자로 평가하고 있었다. 또한 '도량이 크고 공명정대하여 사사로운 감정에 마음을 좁게 쓰지 않는'[158] 인물로도 보았다. 대원군이 국왕으로부터 정무 친재의 권리를 위임받아 대궐에 입궐한 이유도 그의 '공명하고 정대한'[159] 인품 때문이었다는 것이다.

대원군에 대한 이러한 평가와 인식은 명성황후 시해 사건을 전후한 일자의 신문에서 보이긴 하나 갑오개혁기에 일본이 대원군을 활용할 당시의 평가와 인식을 반영하고 있는 것이다. 이는 또한 일본이 고종은 있으나 마나 한 존재로 격하시킨 대신, 대원군의 영웅적이고 개혁적인 면모를 부각시키는 과정에서 만들어낸 평가이기도 하다. 일본 정부의 필요에 따라 대원군에 대한 인식과 이미지를 차용하기도 하고, 일정한 방향으로 만들어내기도 하며, 지속적으로 현실 정치에 활용한 것이다.

## 지독한 권력주의자

4개월여에 걸친 3차 집권 이후 실각했던 대원군이 마지막으로 정계에 모습을 드러내게 된 때는 명성황후 시해 사건이 일어난 1895년 8월 20일(양력 10월 8일)이었다. 갑오개혁 때와 마찬가지로 일본에 의해 동원되었으나, 실권을 잡지 못했다는 데서 차이가 있다. 일본은 삼국간섭 이후 박정양, 이완용, 이범진 등을 주축으로 조선 정계에 확산되기 시작한 친러파의 움직임을 예의 주시하고 있었다. 일본은 군부대신 이윤용, 외부대신 이완용, 내부대신 박정양 등과 수구파인 탁지부대신 심상훈, 법부대신 한규설 등이 서로 알력 관계 속에서도 모두 러시아의 세력권 안에 있는 것으로 보고 긴장하고 있었다.[160] 한편으로 정계에서 축출된 민영준, 민형식, 민응식, 민치헌 등을 고종이 사면한 후[161] 김홍집을 총리대신에, 박정양을 내부대신에 임명하는[162] 제3차 개각을 통해 권력 기반을 다시 공고히 하려는 움직임도 지켜보고 있었다.

고종은 제3차 내각의 친러파와 함께 국가의 자주성을 고취시키고 독립을 선양하는 일에 치중했다. 개국기원절을 제정하고 조정 관료의 복식을 예전 제도로 환원하는 조치[163] 등이 대표적인 일이었다. 이를 통해 고종이 의도한 것은 일본의 간섭으로 진행되던 갑오개혁을 지연시키고 무효화하는 것이었다. 일본은 러시아 공사 베베르와 친분 관계를 형성한 왕후의 영향으로 고종 주변에 친러파가 형성된 것으로 보았다. 친러파에 대해서는 '국왕 주변에서 들끓는 간신배로서 국왕의 총명을 방해하는 인물들'[164]로 간주했다. 또한 고종과 황후를 중심으로 한 세력이 '내각을 무시하고 궁중 정치를 하고야 말겠다는 모습을 보이는 것으로'[165] 파악하기도 했다. 따라서 이러한 폐단을 미연에 방지하고 일본 세력이 다시 자리잡게 하기 위해 일으킨 사건이 명성황후 시해 사건이었다.

시해 사건을 일으키면서 일본은 교묘하게 복선을 깔아놓았다. 사건의 원인을 조선 내부의 불만, 즉 훈련대 해산 소식을 듣게 된 소속 군인들의 불만이 폭발하면서 이를 저지하려던 순검과 부딪치는 과정에서 일어난 사건으로 위장했다. 훈련대는 박영효를 비롯한 친일 개화파의 지휘하에 훈련을 받으며 왕궁을 호위하고 있었다. 이를 일본의 압박과 감시라 생각한 고종은 여기서 벗어나기 위해 시위대를 새로 설치하여 왕궁을 호위하게 했다. 곧이어 시해 사건이 일어나기 하루 전인 10월 7일 새벽에 훈련대 해산 명령을 내렸다.[166] 이에 격동한 훈련대는 결국 대원군을 찾아가 호소하고, 일본은 사건을 무마하기 위해 대원군을 앞세워 왕궁에 입궐함으로써 사건의 배후에 대원군이 있는 것으로 유도했다.

당시 미우라 고로 공사가 사이온지 긴모치(西園寺公望) 외무대신 임시 대리에게 보고한 바에 따르면, 고종과 황후가 훈련대를 해산시키기 위해 경무사와 협의해서 순검과의 충돌을 방조했다는 것이다. 또한 훈련대의 총기를 거둬들여 부대를 해산하고 대장을 엄벌한다는 풍문을 전해 듣고 격앙한 훈련대가 대원군을 받들어 왕궁으로 밀어닥친 것으로 보고했다.[167] 실제 훈련대 해산 조칙은 10월 30일에 내려졌다. 그런데 일본은 10월 초부터 발생하기 시작한 순검과의 충돌 사건을 한성신보 10월 3일 기사에서부터 자세히 보도했다. 시해 사건의 계기와 원인으로 몰아가기 위해 신보를 적극 활용한 것이다. 또한 일본 공사관에서는 격분한 훈련대의 소동이 일대 변동을 야기하도록 방조하는 것이 오

갑신정변 실패 후 망명했다가
갑오개혁 제2차 내각에서 내무
대신직을 맡으며 화려하게 복권
된 박영효

히려 도움이 된다고 판단하고 있었다.[168]

일본은 대원군이 비록 정치 일선에서 은퇴했지만 여전히 권력에 집착하고 있다는 점에 주목했다. 이는 황후 시해 사건에 대원군을 활용하기에 더없이 좋은 요소였다. 필요할 때 활용할 수 있는 요소로서 대원군의 개혁적 이미지와 인민의 그에 대한 여망이 여전하다는 점도 있었다. 갑오개혁 당시 대원군에게 내려졌던 정무 친재 권한이 취소되고 개혁의 핵심 세력에서 제외되자 당시

운현궁 대문 앞에 은어 장사가 출몰했다는 항간의 소문이 있었다. 은어는 도루묵의 별명인데 은어가 도루묵이 된 것처럼 대원군이 정사에 개입하지 못하고 도로 대문 깊숙이 들어앉게 된 것을 빗대어 인민들이 비방한 것이다.[169] 이는 대원군의 정치 배제에 대한 인민의 실망과 분노를 드러내는 사례라 할 수 있다. 인민이 대원군에게 거는 기대가 여전히 높았다는 것을 일본은 다양한 경로로 포착하고 있었던 것이다.

일본은 황후와 대원군이 권력을 둘러싸고 시종일관 대립각을 세우고 있는 것으로 보고 자신들이 원하는 사건 전개에 도움이 된다고 판단했다. 일례로 일본 망명에서 돌아온 박영효가 대원군을 만나자[170] 황후는 이를 매우 걱정했다. 박영효가 대원군 측에 설까 염려한 황후는 그에게 옷감과 저택을 하사하고 정변 이전의 신뢰 관계를 회복하려고 노력했다.[171] 일본은 이러한 움직임 또한 양측이 서로의 세력을 확

대하기 위한 물밑 싸움으로 보았다.

대원군의 3차 집권은 권력을 사이에 둔 고종과 황후 일파와의 일대 대결로 여겨졌던 만큼 이후 양측의 충돌은 예견된 것이나 다를 바 없었다. 따라서 황후 시해 사건에 일본이 대원군을 동원한 것은 황후와의 갈등으로 비화시킬 만한 대원군의 권력의지와 권력주의자로서의 속성을 현실 정치에 활용한 과정이기도 했다.

시해 사건 후 일본이 사건의 본질을 흐리고 내외의 시선을 엉뚱한 방향으로 돌리기 위해 한성신보를 활용하는 면면에서 대원군에 대한 인식을 엿볼 수 있다. 사건이 일어난 직후 한성신보에서는 황후 시해가 오래전부터 있어온 대원군의 갈등 관계에서 파생된 사건이었음을 은근히 암시했다. 서로 악감정을 품고 있었다든가, 어느 한편이 세력을 잡은 후에 상대편은 쇠퇴하게 되었다는 식의 서술이 일반적이었다.[172]

또한 양측의 갈등은 당대에 국한된 것이 아니라 예전부터 정치적 파당을 짓고 경쟁하며 상대를 배척해오던 데에 기원을 두고 있는 것으로 보았다. 즉, 당파의 보복으로 몰아간 것이다.

> 조선 사람들이 대개 보복하고자 하는 생각이 과하여 …
> 갑파(甲派)가 정권을 쥐면 을당(乙黨)을 누르고 을당이 조정에
> 들어선즉 갑파를 꺾으니 당파의 원망이 참혹한 데 이르렀다. …
> 무릇 대원군의 입궐하신 연유는 근일 궁중 일이 크게 썩고
> 패하여서 간사한 무리가 거듭 나아가고 현량한 사람을
> 배척하여서 유신하는 업이 땅에 떨어지게 되어 종사가 장차
> 위태할지라. 종친지가에 머물러 그대로 좌시할 수 없음이라.[173]

이러한 시각은 일본 식민사학의 대표적 인물인 시데하라 다이라 (幣原坦)가 조선시대 정치사를 연구한 끝에 출간한 『한국정쟁지(韓國政爭志)』에서 보이는 인식과 거의 동일하다. 시데하라는 '당파성론'을 만들어내어 조선의 역사가 서로 다른 당파끼리 정쟁만 일삼은 끝에 정치적 혼란을 거듭하다가 결국 패망에 이르렀고, 조선시대는 당쟁의 역사로 점철되었다는 인식을 드러냈다.[174] 당파성론은 1907년 그의 주장을 계기로 일제 식민사학을 대표하는 이론으로 자리잡았다. 한성신보에서의 당파론은 조선시대에 여러 차례 일어났던 사화(士禍)와 같은 파당 현상을 끌어들여 논거의 배경으로 삼은 것이다. 이러한 인식들이 축적되면서 후일의 당파성론 주장에 힘을 보태게 되었다.

궁중이 썩고 부패했다는 표현은 황후를 둘러싼 민씨 일파가 고종의 지원 속에 정계에 다시 복귀하자 예전의 세력을 다시 떨칠까 우려하는 마음에 이들을 부패한 일속으로 재빨리 몰아가기 위해 사용한 것으로 보인다. 또한 러시아를 배경으로 득세하고 있던 친러파를 '간사한 무리'로, 친일 개화파를 '현량한 사람'으로 비유하며 일본이 열세에 놓이면서 개화와 개혁의 길은 멀어지고 조선의 종사 또한 위태로워진 것으로 표현하고 있다. 그에 따라 어지러운 정사를 좌시할 수 없어 대원군이 정치 일선에 나섰다는 것이다. 일본의 입장에서는 고종이 친러파 위주로 개각을 단행한 것이 일본 세력의 위축과 영향력 약화로 받아들여진 것이다.

이렇듯 양측의 파당이나 대결적 구도를 부각시키면서도 다른 한편으로는 대원군을 추켜올리면서 결코 사사로운 의도와 감정으로 정치에 임할 인물이 아님을 강조하고 있다. 즉, "대원군의 도량이 크고 넓으신데 어찌 공적인 일에 의탁하여 사적인 분함을 풀리오. … 하물며 대원 군의 입궐은 그 뜻이 고명(高明) 정대 하여 한 점의 사사로운 마음을 품은 바 없으니 사람마다 그 뜻을 편안히 할지 라"175 하며 대원군에 대한 의혹과 풍설 을 불식하려 했다.

대원군이 정적에 대한 복수의 일 념으로 정치에 개입한 것이 아님을 강 조하면서도 일본은 실제로 대원군이 정치에 간섭한다면 그 폐단이 오히려 심해지지 않을까 염려했다. 이를 예방하기 위해 일본 공사관의 일등 서기관인 스기무라 후카시는 "대원군은 국왕을 보익하여 궁중을 감독 하되, 모든 정무는 내각에 맡겨 결코 간섭하지 말 것" 등을 내용으로 하는 4개조 약관을 작성했다.176 그에 따라 한성신보에서도 대원군이 정권을 탐하는 것이 아니라 잘못된 일을 바로잡으려는 것이라고 강조 함으로써 정치에 개입할 여지를 사전에 차단했다. 대원군의 권력의지 는 이용하면서도 실질적인 개입은 막으려는 포석이었다.

실제로 시해 당일 미우라 공사는 궁내부 대신으로 임명된 대원군 의 장자이자 고종의 형인 이재면에게 입을 열지 못하도록 협박했다. 75세의 고령인 대원군이나 이재면이 허울뿐인 감투에 감시와 협박을 받고 있었던 것이다.177 이를 보면 일본은 대원군을 이용하면서도 실제 로 권력에 개입할 여지는 철저하게 차단했음을 알 수 있다.

일본의 입장에서 왕비는 항상 타국에 의존하려는 경향이 있는 반면, 대원군은 러시아로 기울거나 미국에 의존할 우려가 없어 다루기 쉽다고 보았다. 왕비를 물리치고 대원군을 내세우는 동시에 김홍집 등 친일 개화파 중심으로 내각을 재구성하면 조선 스스로 타국의 간섭으로부터 멀어질 수 있다고도 보았다. 특히 대원군이 갑오개혁 당시 청과 연합해 반일적 태도를 보인 것과 달리 중국을 완전히 단념하고 오로지 일본에 의뢰하려는 의사가 있다고 파악했다.[178] 결국 일본은 대원군의 권력의지와 권력에 대한 욕망이 아직 식지 않은 것으로 보고 이를 시해 사건에 활용하려 한 것이다.

그에 따라 한성신보를 통해서는 대원군이 역량껏 소임을 다하여 고종의 실정을 단숨에 회복시킬 수 있을 것으로 서술함으로써 그의 등장을 적극 합리화하며 대원군의 정치적 역량에 기대를 걸기도 했다.

> 국태공께서 들어가서 지혜를 더욱 밝게 하여 폐단을 단번에
> 씻어버릴 조서를 발표하였고 … 오늘로부터 상하 관민이
> 협력하여 열심히 맡은 소임을 다하고 혁신하는 일에 종사하면
> 부강함을 이룰 것이오 …[179]

시해 사건 이후 일본에 의해 동원된 대원군에게 힘을 실어줌과 동시에 절체절명의 위기를 해소해나갈 인물은 대원군밖에 없다는 사실을 부각시켜 정당성을 부여하려 한 것으로 보인다.

황후 시해 사건으로 민심이 흉흉해지자 한성신보에서는 벼슬을 버리고 시골로 도망하는 사람도 있고 외국 영·공사관으로 들어가는

자도 있다면서 백성이야 그렇다 하더라도 "관인이 도망하고 폐하여 직임에 있지 아니하면 어찌 정무를 할 수 있길 바라리오"라며 도망간 관인들을 훈계했다. 한편 "민씨 중에서 민영달은 장차 크게 쓴다고 하니 내각의 포부를 알 것"[180]이라며 기대하는 태도도 보였다. 결국 이 사건이 황후와 대원군의 갈등 관계 속에서 일어난 것이었음을 은근히 내포하면서도 민씨 일족 가운데 평판이 좋은 사람은 기용할 수도 있음을 드러내어 결코 복수로 점철되지 않을 것임을 강조하고 있다. 그만큼 대원군을 넓은 도량, 추진력, 사태 해결 능력이 있는 인물로 이미지화하여 그를 높이 평가하고 선전하면서 일본에 유리한 방향으로 이용해 나갔음을 알 수 있다.

이에 비해 비슷한 시기에 발간된 독립신문은 대원군의 동정에 대해 매우 소략하게 다루고 있다. 별순검이 운현궁을 지키고 감시하는 줄로 오해한 대원군이 별순검을 잡아들여 때리고 경무사를 찾아 항의했다는 기사,[181] 임오년 당시 청에 3년을 갇혔다가 돌아온 대원군에게 국사범에 관계되었다고 말하는 것은 실례라는 논설,[182] 대원군의 상사(喪事)를 전하는 몇 차례의 기사가 거의 전부이다. 그나마 78세인 대원군의 나이를 88세라 하고 "정치상에 관계가 많아 험하고 고생되는 일을 많이 지냈다"[183]라는 정도로 마무리하고 있다. 이 점은 대원군의 세 차례 집권기에는 미발간 상태였던 한성신보가 창간된 후 대원군을 여러 차례 소환하며 평가했던 것과는 상당히 대비된다.

황후 시해 사건을 끝으로 대원군이 권력의 정점에 오르거나 동원되는 일은 더 이상 없었다. 이후 그의 동정은 사망 소식이 마지막이 되었다. 외부대신 서리 민종묵이 일본 변리공사 가토 마스오(加藤增雄) 앞

으로 보낸 외교문서를 통해 간단히 그의 죽음을 알린 것이[184] 전부이
다. 윤치호는 그의 일기에서 "어제 저녁 8~9시경 대원군이 돌아가셨
다. 조선 정치의 방해 요인 하나가 사라진 것이다"[185]라고 하여 대원군
을 정치 개혁의 걸림돌로 여겼음을 살필 수 있다. 왕후 측과 갈등은 있
었으나 호방한 성격으로 세도정치의 폐단을 시정해나가려 했던 인물
로 보는 시각이 우세하다. 반면, 일본은 시종일관 쇄국주의자, 개혁가,
공명정대, 지나치게 권력을 추구한 인물이라는 인식의 범주 안에서 일
본 정부의 필요에 따라 다양하게 평가하며 활용했다.

# 4. 내적 균열을 목표로 구축된 이미지와 표상

일본 정부와 불가분의 관계였던 한성신보의 보도 태도는 일본의 조선 인식과 궤를 같이하며, 일본의 입장을 앞장서서 대변했다. 고종과 명성황후에 대한 이미지를 특정한 방향으로 유도했으며, 두 사람과 대원군 간의 갈등을 비롯해 조선 사회에 떠도는 소문들을 여과 없이 게재했다. 그에 따라 매관매직과 뇌물이 횡행하며 부정으로 얼룩진 사회, 무속에 빠져 부패 타락한 사회의 혼란상이 확대 유포되었고, 이는 사실로 인식되고 있었다. 조선 측의 야사집이나 개인의 일기류에도 이러한 내용이 기록되어 있어 당시 부정부패에 대한 사회적 문제의식과 공감대가 형성되어 있었음을 알 수 있다. 이들 기록류에서는 국가의 향방과 개혁 방안을 진지하게 고민하면서 우리 내부의 치부를 드러내고 있었던 점이 주목된다. 반면, 신보에서는 일본의 침략 정책을 돕는 일환으로 조선의 부정적 이미지를 악의적으로 노출시키고 있었던 점이 대비된다.

한성신보는 1895년에 창간된 신문이면서도 1876년에 있었던 개항과 1880년대 초반에 추진된 조선의 개화 정책에 전폭적인 찬사를 보냈다. 이 과정에서 고종과 명성황후의 개국과 개화 의지를 높이 평가하면서 국왕 내외가 개국론자의 중심에 서서 역할을 했기에 무난히 수교할 수 있었다고 보았다. 신보의 이러한 자세는 조선이 개방과 개혁, 혁신과 서구화를 의미하는 근대로 나아가는 전환점을 맞이하는 데 있어서 일본이 결정적인 기여를 했다는 사실을 강조하려는 목적이 있다. 초기 개화 정책에 대해서도 조선 내부의 개화에 대한 인식과 국왕의 대외 인식 전환에 따른 주체적 결단에 의한 것이라기보다는 일본의 가르침과 시혜의 결과물로 평가했다.

국왕 내외에 대해서는 일본의 평화주의와 같은 맥락의 개국주의 자라며 대원군의 '시대착오적인 쇄국정책'과 대비하여 높이 평가하던 신보의 태도는 을미사변을 계기로 확연히 달라진다. 강화주의자라며 칭송했던 고종에 대해서는 간신배에 둘러싸여 정치적 역량을 전혀 발휘하지 못하는, 리더십이 부족한 무능한 군주로 평가했다. 일본이 조선을 보호국화하려는 기도가 삼국간섭과 인아거일 정책으로 사실상 장벽에 부딪히자 을미사변을 기획하면서 의도적으로 만들어간 표상 이었다고 여겨진다. 무능한 군주에 부정부패한 간신들의 존재, 매관매직과 뇌물이 성행하는 사회이기 때문에 반드시 개혁이 일어나야만 하는 상황으로 몰아 연일 보도했던 것이다. 그럼으로써 일본이 계획하고 있던 을미사변이 마치 조선 내의 적폐로 인해 벌어질 수밖에 없었던 사건인 것으로 당연시했다.

을미사변의 진실이 호도되고 단발령이 강제되는 속에서 민중이 친일 개화파를 집단 구타 끝에 숨지게 하는 사건이 발생하자 신보에서는 야만인 운운하며 국민된 자격과 품격 문제를 거론하기까지 했다. 고종이 실추된 군주권을 회복하고 국왕의 입지를 단단히 하기 위한 방편으로 아관파천을 단행하자 심히 부끄러운 일이라며 그 부당성을 지적하기도 했다. 아관파천을 '있을 수 있는 일'로 받아들인 조선 측 동향과는 너무 동떨어진 것이다. 이처럼 신보에서 제기한 고종의 무능력한 군주로서의 표상은 일본 정부가 부정적 이미지를 확대하는 과정에서

고종의 글씨. 주연(珠淵)이라 쓴 고종의 호도 보인다. 아래 '집희(緝熙)'는
창덕궁 관물헌에 걸려 있는 편액으로 선대 국왕들의 업적을 계승해 밝힌
다는 의미이며 고종 즉위 1년, 13세 때 직접 쓴 것이다.

더욱 증폭되었다. 일본은 결과적으로 을미사변을 정당화하고, 아관파천에 대한 부정적 평가를 통해 나약한 조선 정부의 위상을 확대 선전하고자 했다.

특히 일본의 입장에서 황후는 을미사변을 일으키게 한 주요 요인임과 동시에 표적이 된 인물이기에 평가와 인식이 좋을 리 없었다. 더구나 황후 옆에는 부정과 부패로 얼룩진 민씨 일족이 있었기 때문에 늘 그들과 연계하여 청산의 대상이 되고 있었다. 신보에서는 국왕의 총명을 가로막고, 관리들로 하여금 매관매직의 줄을 서게 만든 주범이 곧 황후라는 소문을 유포시켰다. 무속인 진령군의 소식을 추적 보도하면서는 무속에 빠진 타락한 황후의 표상과 난리 중에 도망친 황후의 부덕함을 새기게 함으로써 황후에 대한 숭모감을 제거해나갔다. 이를 통해 황후를 없애야 하는 일본의 내적 필요에 더하여 조선에서도 증오의 대상, 원망의 대상으로 자리매김되게 했다. 비슷한 시기에 발행된 독립신문이 계몽 차원에서 무속 경계론을 펼치고 있었던 것과는 대비되는 지점이다.

대원군에 대한 인식과 평가 역시 일본 정부의 대조선 정책과 발맞춰 이루어지고 있었음을 알 수 있다. 한성신보에서는 대원군을 완고한 쇄국주의자로 보면서 보수적이며 고집스러운 정객으로 인식했다. 이는 조선의 문호 개방을 이끌어준 주체가 일본임을 강조하면서 내린 평가이다. 그런데 대원군의 통상수교거부정책은 척양론에 바탕을 둔 해방 정책으로서 맹목적인 배외 감정과 화이론이 아니라 사회질서를 유지하고 국가를 존속시키기 위해 선택한 대응 전략이었다. 일본이 한성신보에서 무조건적으로 쇄국을 고수하는 '쇄국주의자'라는 용어를 사용한 이유는 대원군의 이미지를 완고하고 경직된 '쇄국주의자'로 몰아감으로써 조선 사회의 보수성과 폐쇄성, 역행성과 연결 짓기 위해서였다.

갑오개혁기에 이루어진 대원군의 3차 집권은 일본이 친일 개화파를 중심으로 개혁을 추진하는 가운데 그를 권력의 정점에 앉히면서 이루어졌다. 일본이 대원군을 추대한 까닭은 경복궁 침입 사건 이후 각국의 좋지 않은 여론과 격앙되어 있는 조선 인민의 반일 감정을 의식했기 때문이다. 그래서 인민의 여망을 얻고 있던 대원군과 손을 잡아 일본의 침략 행위를 희석시키고 반일감정을 무마하려 했다. 당시 일본은 대원군을 '공명정대', '사심 없는 개혁가' 이미지와 연계하며 활용했다. 한성신보에서도 대원군을 '조선의 영웅'이요, 갑오개혁의 '대업을 좇아 혁신으로 나아갈' 개혁주의자로 평가하고 있었다. 일본의 급진적인 개혁에 불만을 품은 대원군이 반일로 돌아섬으로써 곧 실각하고 말았지만, 일본은 그를 '공명정대한 개혁주의자'로 평가하며 그 이미지를 활용했던 것이다.

명성황후 시해 사건 당시 대원군은 갑오개혁기와 마찬가지로 일본에 의해 동원되었으나 실권을 잡지 못했다는 데서 차이가 있다. 일본이 대원군을 시해 사건에 이용한 이유는 그가 청을 완전히 단념하고 일본에 의뢰하려는 의사가 있는 것으로 파악했기 때문이다. 일본은 대원군이 비록 정치 일선에서 은퇴했지만 여전히 권력에 집착하고 있다는 점에도 주목했다. 또한 그의 개혁적인 이미지와 인민의 여망이 여전하다는 점도 있었다. 황후와 대원군이 권력을 둘러싸고 시종일관 대립각을 세우고 있다고 보고 이 점도 일본이 바라는 사건 전개에 도움이 된다고 판단했다. 결국 일본이 대원군을 동원한 것은 황후와의 갈등으로 비화시킬 만한 대원군의 권력의지와 지독한 권력주의자로서의 속성을 현실 정치에 활용한 과정이기도 했다.

특히 한성신보에서는 황후 시해가 오래전부터 있어온 대원군 측과의 갈등 관계에서 파생된 사건이었음을 암시하며 당파의 보복으로 몰아갔다. 한편으로는 대원군이 결코 사사로운 의도와 감정으로 정치에 임하는 것이 아니며 잘못된 일을 바로잡으려는 고명하고 폭넓은 마음을 가진 인물이라고 자리매김했다. 내적으로 일본 정부는 대원군이 정치에 참견하지 않을까 염려하면서 한성신보를 통해 그가 정권을 탐하는 것이 아님을 누차 강조했다. 결과적으로 대원군을 넓은 도량, 추진력, 사태 해결 능력이 있는 인물로 높이 선전하며, 그의 권력의지는 이용하면서도 실질적인 개입은 막고 일본에 유리한 방향으로 이용해 나간 것이다.

한성신보에서 대원군을 쇄국주의자로 규정하고, 필요에 따라 공명정대한 개혁가로 영웅시하기도 하며, 끝내 권력에 미련을 거두지 못하는 권력주의자로 평가한 것은 일본 정부와 학계의 인식을 담아낸 것이다. 존재는 했으나 통치력을 발휘하지 못한 고종, 쇄국의 기조 위에서 왕조를 복원하려 한 영웅적 면모를 지닌 대원군, 대원군파와 왕후파의 권력을 둘러싼 갈등으로 점철된 역사, 이는 일본 식민사학자들의 인식과 뿌리가 닿아 있다. 그 바탕 위에서 일본은 정책의 필요에 따라 국왕 일가에 대한 인식과 이미지를 만들어내고 활용했다.

일본은 근대 정치 무대의 주역이었던 고종과 명성황후, 그리고 대원군에 대한 악의적 신문 보도를 통해 한성 내 일본인들에게는 일본의 우월적 정치 문화 수준과 문화적 차이를 은연중 내포하고, 조선인들에게는 이를 통해 상대적 열패감을 심어주고자 했다. 그런 점에서 신보는 철저하게 일본 정부의 정책을 홍보하고 정부의 의도대로 여론을 형성하면서 이미지 정치에 앞장선 도구였다고 할 수 있다. 일본은 이를 통해 조선 민중의 불만을 정부로 향하게 하고, 정부에 대한 신뢰보다는 실망의 깊이를 더하게 함으로써 내적 균열과 분열을 유도하는데 목표가 있었던 것으로 보인다.

3장

한성신보의
주요 사건 보도 태도와 한국 인식

# 1. 축소, 은폐, 조작으로 얼룩진 명성황후 시해 사건

## 국가적 범죄인가, 낭인들의 일탈인가

1895년 10월 8일(양력)에 일어난 명성황후 시해 사건은 주한 일본 전권공사 미우라 고로(三浦梧樓)가 일본 수비대와 경찰을 비롯하여 수십 명의 일본 낭인을 경복궁 건청궁에 난입시켜 명성황후를 무참하게 시해한 사건이다. 이 사건은 이노우에 가오루(井上馨)의 조선 보호국화 정책에 정면 도전한 명성황후가 삼국간섭을 계기로 고종과 함께 조선 조정에 친러파를 확대하는 등 인아거일책(引俄拒日策)을 추진한 데서 비롯되었다.

특히 사건의 배후에 일본 정부가 깊숙이 개입되었다는 것은 이미 기정사실로 여겨지고 있다. 미우라의 기용에 이토 히로부미(伊藤博文)와 이노우에가 관련되어 있었다는 점, 미우라는 주한 공사직을 수락하면서 보다 강경한 방법으로 '조선에 대한 일본의 단독 지배' 정책 추진을 용인받았다는 점, 미우라가 아다치 겐조(安達謙藏), 시바 시로(柴四郞)에게 '여우사냥' 운운하며 낭인 동원 역할 지침을 시달했다는 점 등 여러 연구를 통해 황후 시해의 배후 인물은 이노우에라는 점이 드러났다.[1]

즉, 이노우에는 조선 내 일본 세력의 위축과 러시아 세력의 확대를 막고자 인아거일의 중심에 있던 황후 시해를 기획함으로써 일본의 대한 정책을 막후에서 조정하고 추진하도록 한 인물이다. 따라서 이노우에와 미우라를 축으로 하는 일본 정부의 핵심적 요인들이 사건을 치

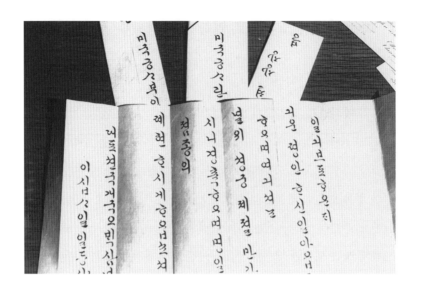

주한미국판리공사 겸 총영사 실(John M. B. Sill) 미국 공사 부인에게 보내는 명성황후의 한글
초청장과 겉봉

밀하게 기획하고 추진한 국가적 범죄였다는 것이 그동안의 연구를 통
해 분명하게 밝혀진 것이다.

　일본 학계에서도 사건의 주모자가 주한 일본 공사 미우라라는 몇
몇 연구자들의 주장을[2] 통해 사건의 실체가 어느 정도 밝혀졌다. 그러
나 여전히 사건의 주모자로 대원군을 지목한다거나 일본 정부 연루설
을 원천적으로 차단하며 일정한 선을 긋는 분위기도 있었다.[3] 이런 상
황에서 일본 정부의 조직적 개입설을 강력하게 주장한 일본인 연구자
의 연구 결과가 나와 학계의 주목을 받은 바 있다.

　연구에 따르면 명성황후 시해 사건의 주범은 메이지 천황을 정점
으로 하는 육군 수뇌부인 참모차장 가와카미 소로쿠(川上操六), 육군대

신 야마가타 아리토모(山縣有朋)라는 것이다. 또한 이들의 계략으로 육군 중장 출신인 미우라 고로가 조선에 공사로 부임했고, 서울에 주둔 중이던 후비대대(後備大隊) 장교들이 낭인들과 장사패를 지휘하여 황후 시해라는 끔찍한 만행을 저질렀다는 것이다. 낭인들은 외교관, 신문기자를 비롯하여 상인, 정객 등 다양한 인물들로 구성되었다는 점도 드러났다.[4] 이는 그동안 한국사학계

육군 수뇌부 가운데 한 사람인 야마가타 아리토모

에서 이미 밝혀놓은 사실들이 대부분이나 일본인 연구자가 일본 정부 개입설을 직접 밝혔다는 데에 의미가 있다.

황후 시해 사건을 둘러싼 연구는 이처럼 한일 양국에서 지속적으로 진행되어왔다. 그러나 사건 직후 일본에서는 사건의 사전 모의, 경과, 결과를 둘러싼 정부 차원의 연루설을 차단하는 데에 급급했다. 나아가 사건의 사회적 파장을 축소하고 왜곡하려는 움직임도 있었다. 이러한 움직임은 일본 공사관 기록이나 외교문서에서도 엿보이지만, 시해 사건에 개입한 일본인들이 중심이 되어 발간하던 한성신보에 더욱 노골적으로 드러나 있다.

앞에서 살펴봤듯이 한성신보 사장은 구마모토현(熊本縣) 출신의 아다치 겐조(安達謙藏)였고, 주필은 구니토모 시게아키(國友重章)였다. 이 두 사람은 미우라의 명령에 따라 일본 공사관 부무관인 오카모토 류노스케(岡本柳之助)와 함께 공덕리에 있던 대원군을 호위하여 궁궐에

일본 내각의 총리 이토 히로부미

들어간, 명성황후 시해 사건의 핵심적 역할을 수행한 인물들이다. 아다치 겐조는 오카모토 류노스케와 현양사, 천우협 소속 우익 낭인들과 교유하기도 했다. 이 낭인들은 동양이 일본을 맹주로 하여 서구열강의 침략에 대항하고 이를 몰아내야 하며, 같은 민족인 조선과 만주가 일본 천황을 정점으로 하나가 되어 대아시아 제국을 건설할 것을 주장하기도 했다. 대륙 침략까지 꿈꾸던 이 낭인들은 삼국간섭으로 위축된 일본의 국면 타개를 위한 방책은 '민비 제거'뿐이라고 생각하고 있던 자들이었다.[5]

따라서 황후 시해 사건에 깊숙이 연루된 아다치와 구니토모 두 사람이 실질적으로 한성신보를 운영한 주체였던 만큼 사건을 보도하는 태도나 사건을 바라보는 시각이 공정하고 객관적이지 않았을 것임은 자명한 사실이다. 명성황후 시해 사건의 축소, 은폐, 조작, 왜곡 보도는 일본 정부의 기획과 음모와도 맞닿아 있었다. 이를 명확하게 밝히는 것은 일본의 조선 침략의 민낯은 물론 역사 왜곡을 드러내는 하나의 방편이 된다는 점에서도 의미가 있을 것이다. 일본은 이 사건을 어떻게 조작, 은폐하며 진실을 호도하려 했을까?

## 축소, 은폐, 조작에 의거한 사건 보도

한성신보에서는 국한문으로 된 1, 2면에서 조선 국내 정세를 보도하고, 일문(日文)으로 된 3, 4면을 통해 보다 자세한 주요 정보를 게재했다. 한성신보에서 명성황후 시해 사건을 집중적으로 보도한 것은 "대원군께서 왕궐에 입하심이라"라는 1895년 10월 9일 자 기사를 시작으로 "사변⁶ 후 생도의 출석이 적어 일어학교의 휴가"를 보도한 10월 19일 자까지 지속된다. 신보가 격일간으로 발행된 신문이니만큼 사건과 관련한 보도가 6회 정도 연속적으로 게재된 것을 알 수 있다. 그러나 황후 시해의 본질에 대해서는 보도를 회피했다. 다만 훈련대와 시위대의 충돌로 일어난 '사변'으로 말미암아 대원군이 고종을 대신하여 궁궐에 들어가 정치에 참여하게 된 경위만을 알리고 있을 뿐이다. 시해 사건과 관련하여 공식적인 첫 보도에 해당하는 기사를 살펴보자.

> 궁중의 폐단이 백출하여 뇌물이 횡행하고 군소가 진출하여
> 돈을 받고 관직을 팔며 … 이 형세가 대원군으로 하여금 궐연히
> 일어나서 궐내로 들어가시게 한 연유이니라. … 왕성 호위하는
> 소임을 훈련대 병정으로 삼았으나 이를 믿어 쓰지 않고 새로
> 시위대를 설시하니 훈련대 병정들이 불평한 마음을 품었던
> 차에 궐내에서 훈련대 병정을 파하고 군기를 거둬들이고
> 대장을 벌준다는 의논이 있더니 이번 일이 훈련대 장교와 병사
> 사이에 누설하여 크게 격동이 되니 … 궁중의 교사(敎唆)로
> 순검으로 하여금 훈련대 병사에게 난포한 거동을 더하도록
> 함으로써 훈련대가 대원군께 호소하매 … 대원군이 대군주
> 폐하를 보익하여 혁신의 업을 성취하고 종사를 반석에 부식코저
> 훈련대를 거느리고 궐내에 들어가시기에 이르니라. 지나간 오전

한 시에 훈련대 한 초(哨)가 공덕리로 나가서 대원군 별장에 들어간즉 그 정자에 총순 1명과 순검 10명이 문을 지키는데 … 병정들이 문안으로 들어가 총순과 순검 등이 찬 칼을 빼앗고 … 교여를 준비하여 대원군이 옷 입으시기를 기다려 오후 2시쯤 되어 훈련대 한 초가 교자를 호위하여 … 대원군을 모시고 돈의문 밖에 이르러서 훈련대 장교와 병정들이 행렬을 정제히 하여 전후로 호위하여 대궐을 향하고 들어오더니 그때 하늘이 점점 밝아가는지라. … 대원군이 바로 안으로 들어가서 대군주 폐하와 얼굴을 대하여 방문(榜文)을 반포하시니라.[7]

이처럼 사건이 일어난 지 하루 뒤인 10월 9일 자 신보에 보도된 사건의 원인과 경과를 압축하면 다음의 네 가지로 요약할 수 있다.

첫째, 궁중의 폐단이 심하고 매관매직이 성행하여 일대 쇄신하지 않으면 한국의 장래는 예측 불허인 가운데, 국가의 장래를 주야로 걱정하며 탄식하던 대원군이 분연히 일어나 대궐로 들어갔다.

둘째, 일본 사관의 가르침을 받은 훈련대는 기술이 정련하여 왕성을 호위하는 소임을 다하고 있었으나, 새로 시위대를 설치하여 이 일을 맡긴다 하므로 훈련대가 격앙되어 있었다.

셋째, 훈련대를 혁파한다는 소문이 장교와 병사 사이에 퍼져 크게 격동하게 되고 평소에 쌓인 울분을 억제하지 못해 대원군에게 호소하니, 대원군은 대군주 폐하를 도와 유신과 혁신의 대업을 성취하고 종사를 반석에 올리고자 훈련대를 거느리고 궐내로 들어갔다.

넷째, 오전 1시에 훈련대 한 초가 공덕리 별장에 이르러 대원군이 옷 입기를 기다린 후 오후 2시쯤 대원군을 모시고 광화문에 이르렀을 때 시위대 병정이 총을 쏘며 막다가 대적할 수 없어 도망치고, 대원군은 궁궐 안으로 들어가 대군주 폐하와 함께 방문을 반포했다.

여기서 '오후'는 오전을 잘못 표기한 것으로 보인다. 같은 날짜 일문 기사에서는 오전으로 표기되어 있다. 한성신보 국한문 기사에는 번역의 오류와 단순 실수로 한자나 한글이 잘못 쓰인 경우가 많은 편이다. 위에서 정리한 것처럼 신보에 게재된 사건 경위에 대한 보도는 조선 주재 1등 영사였던 우치다 사다쓰지(內田定槌)가 일본 정부에 올린 보고서의 내용과 흡사하다. 보고서의 시해 계획에서는 반민비 세력의 거두인 대원군과 해산 위기에 직면한 훈련대가 모의하여 일으킨 쿠데타로 위장하고, 이들이 일본인 낭인들과 함께 민비를 시해한다는 구상이었다.[8] 특히 대원군과 훈련대의 쿠데타로 위장하기 위해 사건 전날부터 훈련대가 경무청을 먼저 습격해 서로 충돌하는 사건을 일으키는 것도 계획되었다.[9]

신보에서는 훈련대 병사들과 순검의 다툼을 이미 10월 3일부터 보도했다.[10] 다툼의 경위를 보면, 배오개 교번소 근처의 장국밥집에서 한 병정이 외상으로 장국밥을 달라고 했다가 거절당한 채 순순히 나갔는데 뒤따라 들어온 평복 입은 훈련대 병정이 이를 보고 시비를 걸다가 싸움이 붙었다는 것이다. 또한 순찰하다가 우연히 들러 싸움을 말리던 순검에게로 시비가 옮겨 붙었고, 이후 여러 명의 병정이 순검을 난타하는 과정에서 순찰하던 다른 순검이 합세하여 집단 싸움으로 번졌다는 것이 보도 내용이다. 신보에서는 이 사건의 경과를 10월 5일, 10월 7일 자 국문과 일문 기사로 연속 게재했다. 따라서 시해 계획의 사전 모의에 따라 훈련대가 순검을 상대로 고의로 충돌을 일으키고, 이를 신문을 통해 연속적으로 보도함으로써 훈련대의 불만을 부풀려 나가고 있었던 것으로 보인다.

이들의 싸움은 종국에는 훈련대 병정들이 여러 개의 교번소를 난파하고 1명의 사망자를 내게 되었다. 이어서 200여 명의 병정이 곤봉을 휘두르며 동부에 있는 각처의 교번소를 습격했고, 한성재판소 근처에 이르러 50여 명의 순검과 다투게 되었다. 마침내 훈련대의 모 대장이 나서서 분격한 병정들의 폭행을 제지하여 사태는 일단락되었다.[11] 결국 200여 명의 훈련대 병정과 경무청 순검들과의 충돌은 시해 계획의 사전 모의에 따라 고의로 일으킨 사건에 대한 상세한 보도였던 것이다. 이를 통해 훈련대의 순검에 대한 불만을 기정사실화하고, 후일 시해 사건을 일으키는 계기와 원인으로 조작하려는 사전 정지 작업이었던 셈이다.

또한 신보에서는 훈련대가 대원군 별장에 당도한 시간을 오전 1시로, 별장에서 지체한 시간을 1시간가량으로 보도하고 있다. 이는 4시 반경 대원군을 끌어내어 궁성에 들어간다는 계획 아래 인천에서 급전을 받은 오카모토가 7일 밤 12시경 용산에 도착한 후 무장한 낭인배 및 사복 차림의 순사 30여 명과 대원군 별장으로 이동한 시각과[12] 거의 일치한다. 대원군 방에서 지체한 시간을 신보에서는 1시간가량으로 보고 있다. 이에 비해 그동안의 연구에서는 2시간 반 정도 지체한 것으로 밝히고 있어 정확한 시간 기록에는 차이가 있음을 알 수 있다.

우선 오카모토가 대원군 방에서 2시간 반 정도 지체한 후 3시 반경에 대원군과 함께 별장을 나와서 훈련대와 합류해 4시 반경에 서대

마포 공덕리에 있던 대원군 별장 아소정

문에 이르렀고, 일본군 수비대와 길이 어긋나는 바람에 1시간가량을 지체하여 합류한 후, 광화문으로 향한 시간이 5시 반경이었다고 주장하는 연구가 있다.[13] 반면, 일본군의 행동이 노출된 시각은 새벽 2시경이었고, 이들의 행동이 개시된 것은 4시경, 최초의 총성이 울린 시각을 5시 정도로 보는 연구도 있다.[14] 양자 모두 대원군과 훈련대가 2~3시간가량 서대문과 광화문에서 시간을 지체한 것으로 보고 있으나, 대원군 별장에서는 어느 정도 지체했는지 분명치 않은 편이다. 공사관 서기관 스기무라는 오전 3시경 대원군 집 문을 나섰다고 밝히고 있으니[15] 결국 짧게는 1시간, 길게는 2시간 반가량을 대원군 집에서 지체한 것으로 보인다.

한성신보의 시간 보도를 따른다면, 대원군은 별다른 저항 없이 1시간여 만에 의관을 갖추고 오카모토를 따라나선 것이 된다. 대원군 별장에서 오카모토와 행동을 함께한 아다치가 신보의 발행인이자 주필로 활동하고 있었다는 점을 감안한다면, 신보의 보도가 보다 정확한 것이 아닌가 생각해볼 수 있다. 반면, 이는 그만큼 시해 계획 가담에 대한 대원군의 적극적인 의지를 나타내려는 장치일 수도 있는 것이어서 다소 조심스러운 면이 없지 않다. 또한 당시 동원된 낭인배와 사복차림의 순사에 대해서는 일언반구의 말도 없는 만큼 일본의 필요에 따라 사건 보도를 축소하기도 하고 은폐하기도 하는 등 왜곡 보도를 한 것으로 보인다.

이어지는 잡보란의 '왕성 내에 쟁투라'를 통해서는 왕성 안에서의 '작은 다툼' 속에서 고종과 왕세자는 무사하지만, 황후의 소재지는 알 수 없다는 사실을 전하고 있다. 다툼은 역시 훈련대와 시위대끼리 충돌을 일으킨 것으로 몰아가고 있다. 특히 황후를 시해해놓고도 황후가 가신 곳을 알지 못한다거나, 군병 틈에 섞여 충주로 피난을 갔을 것이라는 풍설을 전하고 있다. 황후가 임오군란 때도 장호원 일대로 피난을 했던 전례가 있는 만큼 금번의 사태 속에서도 '남복을 하고' 탈출에 성공했으리라는 것이었다. 더욱이 왕궁 생활 속에서 봉양이 부족한 데가 없는 황후가 변을 만나 의연히 대처하지 못하고 민간으로 도망치듯 달아났으니 민망하다는 표현까지 하고 있다.[16] 있지도 않은 거짓 사실을 퍼뜨리면서 황후의 자질을 의심하고 있다. 또한 사건 당일 남복을 했다는 상상까지 동원해가며 황후의 격을 떨어뜨리는 데 몰두하고 있었다.

같은 날짜 3면의 일문 기사도 비슷하게 구성되어 있다. '대원군 왕궁에 들어가다'라는 제목의 잡보 기사에서도 마찬가지로 "대원군이

준비하기를 기다려 오전 2시경에 훈련대 1대가 가마를 호위하여 출발했다"[17]라면서 대원군이 왕궁에 들어가는 과정을 싣고 있다. 2면의 국한문 기사 표현과 다른 부분이 있다면 훈련대 1초가 1대로 표현되었다는 것이다. 흔히 향촌에서 민병으로 의병을 조직할 때 십병일초(十兵一哨)로[18] 편제되었던 것으로 보면 1초는 10명 정도의 군사를 의미한다. 즉, 훈련대 제2대대의 일부인[19] 10여 명 정도의 군병이 대원군의 가마를 직접 호위하고 왕궁으로 들어갔던 것이다.

곧이어 일문 기사에서도 "대군주 폐하와 왕태자 전하는 무사하시고 오직 왕후 폐하만 소재를 알 수 없다고 전한다"라며 황후의 죽음을 명확하게 보도하지 않고 있다. 나아가 황후가 살아 있을 것이라며 장호원으로의 피난설을 제기하면서도 한편으로는 먼 곳까지 피신하기 어려웠을 것이라는 추측성 기사도 내보내고 있다.[20] 궁궐을 침입한 일본 병사들과 낭인들에 의해 이미 황후가 시해를 당하고 녹원 숲에서 불태워지는 큰 변고를 당했음에도 불구하고 생사와 관련해서는 어떠한 사실도 게재하지 않았다. 철저히 모르는 사실로 일관하는 동시에 오히려 황후가 황후답지 못한 채 도망쳐서 어딘가에 살아 있을 것이라는 허황된 이야기를 만들어내고 있는 것이다.

일본 정부는 왕비가 살해되었을 것이라는 공사관 소속 무관의 전보가 있었음에도 이를 끝까지 시인하지 않았다. 황후가 살아 있을 것이라는 각본을 짜고, 사변에 일본인이 개입하지 않았다는 문서를 조선 관리로부터 받아놓고, 또 이를 외국 공사들에게 보여준다면 모든 일을 거짓으로 꾸민 것이 드러나게 될 것이라면서 오히려 각별한 주의를 요구하기도 했다.[21] 이후 황후가 사망했다는 소식은 춘생문 사건

국왕의 친위 쿠데타인 춘생문
사건을 내각에 누설해 진압한
어윤중

이 실패로 돌아간 직후 김홍집 내각에
의해 발표되면서 공식화되었다.[22]

춘생문 사건은 명성황후 시해 사
건 이후 고립무원의 상태에 놓인 고종
을 경복궁에서 구출하여 정동의 미국
공사관으로 피신시키려 했던 사건이
다. 김홍집 내각의 대신들을 제거하
기 위해 1895년 11월 27일 시도하려
했던 일종의 친위 쿠데타였다. 이 음모
사건은 모의에 가담했던 안경수가 외
부대신 김윤식에게 알리고, 서리군부

대신 어윤중이 내각에 누설함으로써 사전에 발각되어 주모자들을 교
수형이나 종신유형에 처하는 것으로 마무리되었다.[23] 김홍집 내각에
서는 비밀스럽게 제기된 쿠데타를 진압한 후에야 황후 사망 소식을 발
표했던 것이다.

황후 시해 사건을 공식적으로 언급한 『고종실록』 1895년 8월
20일 자(음) 기록에서도 "묘시에 왕후가 곤녕합에서 붕서하였다"라고
하면서 "피살된 사실을 후에야 비로소 알았기 때문에 즉시 반포하지
못한 것"이라 하고 있다.[24] 신보에서의 서술 태도와 마찬가지로 철저하
게 일본 정부의 무관함을 직간접적으로 드러내기 위한 포석이었던 셈
이다. 또한 사건 관련 보도에서 시종일관 훈련대와 시위대의 싸움이
원인인 것으로 돌리는가 하면, 대원군의 입궐 또한 고종의 무능하고
타락한 국정 운영을 쇄신하기 위한 것으로 포장하고 있다. 결과적으로

신보는 엄청난 사건을 보도하면서 고종의 국정 운영 능력을 비하하는 가운데 대원군이 정치를 바로잡기 위해 재집권하는 과정에서 일어난 가벼운 마찰 정도로 축소 왜곡해 보도하고 있었음을 알 수 있다.

## 실정, 탐학, 혁신의 아이콘이 된 세 사람

한성신보에서는 황후 시해 사건인 '사변'을 보도하면서 고종과 명성황후를 비롯하여 대원군에 대한 이미지 조작을 시도해나갔다. 우선 '사변'이 일어난 당시 상황을 설명하는 10월 9일 자 보도에서 "궁중에는 온갖 폐단이 난무하고, 매관매직이 성행하며, 혁신의 기운도 막아서 당장 쇄신하지 않으면 장래를 장담하지 못할 형세"[25]로 서술하고 있다. 곧 고종이 통치하고 있는 조선을 부정과 부패로 얼룩져 금방이라도 쓰러질 것 같은 나라로 묘사했다.

고종의 국정 운영에 대한 신보의 평가는 다분히 일본 정부의 대한(對韓) 정책과 연결되어 있었던 것으로 보인다. 이를테면 조선의 개국과 관련해서는 고종이 청에 속방이 아님을 명언하면서 일본과의 개국 사절 교환을 주도했고,[26] 왕후와 함께 강화주의자로서 개국론자들의 중심에 서서 힘쓴 결과 강화조약을 체결할 수 있게 되었으며, 이는 결국 고종의 개국 강화론과 일본 정부의 평화주의가 은연중에 서로 연결된 것이었음을 강조했다.[27] 또한 고종과 왕후를 비롯한 개국론자는 일보 전진해 문명의 전파를 도모하게 되었고, 이에 비해 대원군을 중심으로 하는 쇄국론자는 수구적인 주장만 하게 되었다며 양측을 상반되게 서술했다.[28] 즉, 일본의 개국 정책에 발맞춰 개항과 개국을 단행한 고종과 왕후는 문명한 의식을 가진 인물로, 대원군은 수구 고식적인 인물로 대비하여 평가했다.

그런데 시해 사건이 일어난 후 '사변'의 원인을 보도하면서는 고종에 대한 서술이 180도 달라졌다. 일본은 조선의 혁신에 대해 여러 번 주장했지만 국왕이 실정을 거듭하여 혁신이 쉽지 않았다는 것이다. 유신하는 조시도 반포했으나 여러 폐단과 적폐가 밀려 정사 사무가 길을 잡지 못하게 되었다는 설명도 곁들이고 있다.[29] 곧 국왕이 국정을 쇄신하거나 새로운 방향으로 이끌어나갈 역량이 부족했다는 것이다. 더욱이 갑오개혁을 통해 지방 제도가 안정되어 안으로는 기뻐하는 기운이 역력했는데, 훈련대를 혁파한다는 훈령을 내림으로써 "이미 베풀었던 법령이 다시 해이해지며 겨우 없었던 간사들이 다시 난만해졌다"라고 했다.

결국 그날의 사태는 국왕이 훈련대를 혁파해 화근이 생긴 것이며, 병사들이 격동하여 궁중으로 호소하러 들어가서 발생한 것이라는 설명이다. 사변의 주요 원인은 10월 7일의 갑작스러운 훈련대 혁파에 있었고, 이에 격분한 훈련대가 대원군과 연락을 취해 8일 아침 거사를 일으켰다는 것이 일본 정부의 일관된 주장인 것이다.[30] 이내 "정사가 없는 것과 같다"라면서 고종의 국정 통치력이나 존재 의미를 한껏 깎아내리고 있다.

그러나 궁궐 호위부대를 훈련대에서 시위대로 바꾸는 문제, 훈련대를 혁파하는 문제 등은 갑오개혁 추진 과정에서 국왕권이 축소된 데 따른 고종의 반일 감정의 표출과 왕권 수호 노력의 일환인 것으로 볼 수 있다. 즉, 1894년 11월 출범한 김홍집, 유길준 등의 갑오개혁 2차 내각에서는 박영효를 내무대신에, 서광범을 법무대신에 기용하면서[31] 왕정과 국정을 분리하여 군주권을 축소하는 방향으로 개혁을 진행하고 있었다. 승선원을 비롯한 왕실 관련 기구 15개의 부처도 모두 궁내부로 소속시키면서 왕실 관련 기구를 대폭 축소했다.

김홍집과 함께 갑오개혁의 2차 내각을 이끌었던 유길준

축소 후에도 승선원을 통한 국왕의 정무 관여는 가능했다. 그런데 군국기무처에서는 승선원이 원래 정령을 출납하는 곳이라는 이유로 의정부에 예속시켜야 한다고 의결했다. 왕실과 승선원을 분리시키려는 의도였다. 11월 21일에는 승선원을 아예 폐지해 국왕의 정무 관여 통로를 봉쇄해버렸다. 국왕으로서의 권위와 품위는 실추되었고, 고종은 상당히 예민한 상태가 되어 있었다.[32]

갑신정변 실패 후 일본과 미국에서의 망명 생활을 청산하고 귀국해 갑오개혁의 2차 내각에 기용된 서광범

이러한 상황에서 때마침 삼국간섭이 전개되면서 일본이 청일전쟁의 승리로 차지한 요동반도를 환부하게 되는 반전을 맞이하게 되었다. 일본의 국제적 지위 또한 실추되었다. 조선 조정에서는 이를 호기로 활용하려 했다. 고종과 황후는 러시아 공사 베베르를 친견하면서 러시아 정부와의 친선을 도모했다. 왕실의 친

러적인 분위기에 힘입어 박정양, 안경수, 서광범, 이완용, 이범진 등을 축으로 하는 반일 친러적인 정치 세력이 생겨났다.[33]

결국 일본은 고종과 황후의 친러적인 태도를 우려한 나머지 박영효를 움직여 국왕 주변의 호위병을 폐하고 일본군의 지도 아래 편성한 훈련대로 교체하려 했다. 고종의 입장에서는 군주권이 위축된 것에 가뜩이나 심리적 위기감을 느끼고 있던 차에 일본인 교관에게 지도받은 훈련대는 더더욱 신뢰할 수가 없었다.[34] 더욱이 개혁의 주체 세력인 김홍집 일파에 대해서도 불신의 골이 깊어지고 있는 터였다. 따라서 고종이 할 수 있는 반격은 훈련대를 혁파하고 새로운 군병으로 시위대를 조직해 자신을 호위하게 하는 방도 외에는 달리 길이 없었다.[35]

훈련대를 혁파한다는 구상과 훈령은 이러한 상황에서 진행된 것이니만큼 고종의 왕권 수호와 거일(拒日)의 차원에서 나온 것이라 할 만하다. 가뜩이나 못마땅하게 여기던 훈련대가 시해 사건이 일어나기 며칠 전부터 일본의 작전에 따라 경무청 소속 순검과 잦은 다툼과 충돌을 일으키고 있었던 것도 혁파를 단행하게 한 이유가 되었다. 이에 고종은 실제로 10월 30일에 훈련대 폐지 조칙을 내리게 된다. 반면, 일본 측에서는 시해 사건이 일어나기 하루 전인 10월 7일 새벽에 훈련대 해산 명령을 내린 것으로 호도했다. 한성신보에서는 이를 구실로 '사변'의 원인을 훈련대 혁파로 몰아가면서 고종의 이미지를 국정 쇄신 능력과 역량이 결여된 것으로 만들어갔다. 이 모두가 일본의 계산된 음모에서 나온 것이었다.

한편 대원군의 입궐에 대해서는 매우 적극적인 평가를 내놓으며 기대를 나타내고 있다. 신보에서 묘사하고 있는 고종은 국정을 제대로 통치해나가지 못하고 주변에 간사한 무리가 많은데도 이를 척결하지 못하는 인물이었다. 개혁은 지지부진한 상태로 묘사되고 있었다. 반면, 대원군은 이러한 상태를 단번에 호전시킬 수 있는 역량이 있는 인물로 이미지화하고 있다. 따라서 대원군이 다시 궁궐에 들어가지 않을 수 없을 정도로 궁중은 썩고 부패한 곳으로 덧칠될 필요가 있었다. 궁중의 일이 제대로 시행된 것이 없고 국왕 주변에는 부패하고 간사한 무리만 있어서 이를 개혁하기 위해 대원군이 입궐했다는 점이 부각된 것은 그와 같은 이유 때문이었다. 국왕의 눈과 귀를 막고 있는 반개혁 세력을 깨끗이 정리할 것처럼[36] 여론을 호도해나가는 것은 철저하게 신보의 몫이었다.

'사변'이 있기 전 7월 5일 고종은 김홍집을 총리대신에, 박정양을 내부대신에 임명하는 3차 개각을 단행했다.[37] 명목상 총리대신에는 김홍집을 그대로 두었지만, 친미·친러파로 분류되는 박정양을 내부대신 자리에 앉힘으로써 일본 세력을 견제하려 했다. 이와 함께 이범진, 이완용 등의 정동파가 3차 내각에서 핵심적 역할을 하게 되었다.[38] 나아가 고종은 민영준, 조병식, 민영주, 민형식 등 갑오개혁과 함께 부정부패한 혐의로 정계에서 축출당했던 민씨 일족을 사면해 권력 기반을 공고히 하려는 노력을 다시 기울였다.[39]

따라서 고종 주변의 민씨 일파가 정치적으로 부활했음은 물론, 친일적 인사보다 친미·친러적인 정동파 인물들이 등장하는 상황이었다. 때문에 신보에서는 대원군이 등장함으로써 국왕의 눈과 귀를 막는 척족 세력을 견제하고 부정부패한 분위기를 일소할 것이라는 희망의 메시지를 전하는 데 일차적 목표를 두었던 것으로 보인다. 이와 동시에 대원군은 상대적으로 청렴한 정치인, 부정과 부패를 몰아내는 깨끗하고 과단성 있는 정치인의 이미지를 쌓아갈 수 있게 되는 셈이었다.

'사변'이 일어나던 날 대원군이 경복궁에 들어가게 된 것은 대원군 스스로의 의지와 뜻에 의한 것은 아니었다. 이는 오카모토가 대원군을 호위하러 갔을 때 대원군이 짧게는 1시간, 길게는 2시간 반 가까이 지체하며 완강하게 동행을 거부한 사실에서 파악할 수 있다. 대원군이 궁궐에 들어간 직후 반강제적으로 강녕전에 유폐되다시피 했던 것을 보면 그의 입궐이 자의적이라고 판단하기는 더욱 어렵다. 그럼에도 불구하고 그가 종국에는 입궐했다는 것 때문에 권력에 대한 욕심이 있었을 것이라는 혐의에서 벗어나기 어려운 측면도 있다.[40]

대원군 입궐 문제와 관련해 염두에 둘 것은 일본이 황후와 대원군의 갈등 관계를 이용하고자 한 부분이다. 일본은 황후 시해 사건의 전모를 애당초 대원군과 훈련대에 뒤집어씌우려 했다. 그에 따라 대원군을 앞세웠던 것이고, 그의 존재가 필요했을 뿐이다.[41] 여기에 대원군이 철저하게 이용당한 것이다.

이보다 먼저 갑오개혁이 한창 진행되기 시작할 때 일본의 도움으로 정치 일선에 복귀했던 대원군은 일본과 더불어 황후 주변의 척족을 제일 먼저 척결했다. 좌찬성 민영준과 전 통제사 민형식은 탐욕스럽고 백성들을 착취한다는 이유로 원악도(遠惡島)로, 민응식은 군영 설치 후 세금을 과다 징수했다는 이유로 절도(絶島)에, 경주부윤 민치헌은 수령 재직 당시 지나치게 탐오했다는 이유로 원지(遠地)에 각각 귀양을 갔었다.[42] 당시 사회 분위기는 "민족(閔族)의 세력을 일망타진하니 조야가 모두 기뻐 어쩔 줄 몰라 하는 형세가 되었다"[43]라고 전해진다.

고종 일가. 가운데 고종을 중심으로 왼편에 순종과 영친왕이, 오른편에 순정효황후와 덕혜옹주가
앉아 있다.

그 후 민영준은 재기를 도모했으나 조선의 기강을 문란하게 한
죄가 워낙 커서 쉽게 정계 복귀를 하지 못하고 시기가 도래하기만 기
다릴 뿐이었다.[44] 이러한 분위기를 의식해 신보에서는 "세상의 유언
비어를 들으니 누구는 장차 잡히기를 당할 터이오, 누구는 장차 죽이
기를 당하리라 하며 불안한 마음을 가지지 않는 자 없으나 대원군은
도량이 크고 넓어 공명정대하게 일 처리를 할 것이니 풍설을 믿지 말
것이라"[45] 하며 정치보복이 있을까 두려워하는 사회 분위기를 진정시
킨다.

이처럼 한성신보에서 서술한 대원군의 모습은 도량도 넓고 마음
이 넓은 인물로 그려지고 있다. 공명정대하여 법과 규정에 어그러지는

순종의 제1황후인 순명효황후의
아버지 민태호

일을 할 리 없는 인물로도 묘사했다. 나아가 대원군이 입궐 후 고종을 보좌하면서 정치의 면면을 일신, 쇄신, 혁신할 것이라는 기대도 하고 있다.[46] 신보는 이를 통해 부정과 부패, 간신들에게 둘러싸인 무능력한 정치 지도자라는 고종의 이미지와 공명정대하게 개혁을 추구하며 조선을 반석 위에 올려놓을 위대한 개혁가로서의 대원군 이미지를 대비시켰던 것이다.

한편 시해당한 명성황후에 대해서는 시해 사실을 명확하게 보도도 하지 않고, 죽음도 제대로 밝히지 않는 채로 '사변'에 대한 일방적이고 왜곡된 보도를 하고 있다. 임오군란 때와 마찬가지로 발 빠르게 피신해 살아 있을 것이라는, 허황되게 만들어낸 이야기에 더해 황후의 부덕함과 황후답지 않은 처신을 은근히 비난하는 태도로 일관하고 있다. 나아가 신보는 애당초 여흥 민씨 일족과 황후를 하나로 묶어서 황후를 부정부패를 일삼는 무리의 영수로 묘사했다.[47]

신보에서는 황후가 고종과 가례를 올리고 순종까지 여흥 민씨를 부인으로 맞아들이게 함으로써 가문의 권세가 더욱 커졌다고 보고 있다. 순종은 1882년 2월 19일 민태호(閔台鎬)의 딸 순명효황후와 혼인했다. 황후는 1904년 34세의 나이로 후사 없이 죽었고,[48] 민영익의 부친이기도 한 민태호는 갑신정변의 와중에 김옥균 일파에게 죽임을 당

했다. 고종과 순종 모두 여흥 민씨 집안과 혼
인 관계를 맺은 데 대해 신보에서는 이를 민씨
가문의 세력을 키우고자 한 행위로 간주했다.
황후가 가문을 배경으로 정권을 장악해나가고
자 한 것에 대해 반민 세력이 미움과 증오의 감
정을 표출시킨 것으로 보았다. 황후 세력이 득
세하면 대원군을 구심점으로 하는 이씨 일족
이 약세하게 되는 것으로도 보았다. 이로써 두
집안이 갈등을 일으킬 수밖에 없는 구도로 몰
아간 것이다.

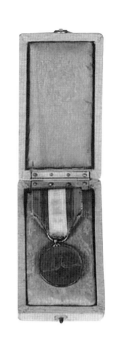

순종의 결혼을 축하하여
제작된 기념물

실제로 여흥 민씨가 정계의 실세로 등장
한 계기나 두 집안의 갈등과 대립 문제, 민씨
일족이 일으키는 부정과 탐학 등에 대해서는
당대의 대표적 야사집인『매천야록』에 익히
전해져 내려온다.[49] 그런데 신보에서는 이를
악의적으로 확대 유포시키면서 ‘사변’의 원인을 찾는 동시에 정당성을
설파하고자 했다는 점이 눈에 띈다.

시해 사건 직후 일본은 김홍집 일파를 사주하여 고종으로 하여금
황후를 폐비 조치하고 서인으로 삼는다는 조칙을 내리게 했다.[50] 폐비
의 명분은 “왕후 민씨가 친당을 끌어들여 국왕의 총명을 옹폐하여 인
민을 헐벗기며 관작을 매매하여 탐학이 지방까지 두루 미쳐 도적이 사
방에서 일어났다”라는 것이었다. 민씨 일족을 끌어들여 매관매작을
일삼고 탐학한 중심인물로 황후를 지목한 것이다. 도처에서 도적이 일

1907년 순종의 황제 즉위를 기념하기 위해
제작된 은장

어난 이유와 모든 사회 혼란의
주범으로 몰아가고 있다. 곧이
어 '하루라도 왕후의 자리가 비
어 있으면 안 된다'는 명분을 내
세워 새로운 왕후를 간택할 것
을 강요했다.[51] 이는 곧 황후의
존재를 빨리 지워버림으로써
망각되기를 원하는 일본의 조
바심 어린 책동으로 볼 수 있
다. 그래야만 황후 시해와 관련

한 잡음이나 일본의 책임론이 빨리 수그러들 것이기 때문이었다.

황후뿐만 아니라 민씨 일족의 존재는 대원군 측에게도 일본 측에
게도 요주의 대상이었다. 황후가 갑오개혁 당시 정계에서 멀어진 민씨
일족을 다시 끌어들이는 것에 대해서 일본 정계에서도 촉각을 곤두세
우며 사태의 추이를 예의 주시하고 있었다.[52] 민씨 일족은 고종이 왕권
회복 운동을 시도하면서 유배에서 해제된 후 숨죽이고 있는 상태였다.
시해 사건 이후 이들의 동태 또한 정가에서 초미의 관심사였다.

신보에서는 '사변'이 일어나던 날 대궐로 들어가려던 민영준이 형
세가 변하자 춘천으로 황급히 돌아간 사실을 시작으로,[53] 여러 민씨의
동정을 수시로 보도했다. "민족(閔族)의 소재지를 살피는 것은 조선 정
계 관찰법의 하나의 첩경"[54]이라고까지 표현할 정도로 이들의 동태는
주목거리였다.

민영달은 교하에, 민영환은 가평, 민응식은 여주, 민영돈은 죽산, 민영주는 유근, 민영소는 안산, 민영규는 용인에 칩거하여 움직이는 모양이고, 민영준만 지난날의 사변 이래 춘천을 거쳐 모처로 갔다는 풍설이 있으나 현재 경성 부근에 있는 것으로 전한다.[55]

결국 신보를 통해 보면 민씨 일족은 시해 사건이 일어난 직후 경기 각처로 퍼져서 숨죽이며 시세를 엿보고 있었음을 알 수 있다. 민씨 일족의 상징적 인물이자 구심적 역할을 하고 있던 황후는 민씨 일족이 저지른 여러 가지 부정과 탐학의 근원으로서, 일족의 원죄를 동시에 짊어져야 할 부정적인 이미지로 자리매김되고 있었다. 이와 더불어 신보는 '사변'의 과정을 거치면서 당연히 사라져야 할 '원흉'으로서 한층 조작된 황후의 이미지를 만들어 퍼뜨리고 있었던 것이다.

### 조선 사회의 동요와 혼란의 최소화

황후 시해 사건이 일어났지만 정작 '사변'의 정확한 내용은 알려지지 않은 상태에서 사회적 동요는 커지고 있었다. 한성 내 포성을 듣고 무슨 큰 사건이 발생했음을 직감한 정부 관리들과 학생들, 일반 민중은 저마다 시골로 도주하거나, 한가로이 학업을 할 때가 아니라며 학교에 나가지 않는 사례가 속출했다. 『하재일기(荷齋日記)』에도 인민들의 다양한 동태가 실려 있다. 『하재일기』는 궁궐과 관청에 각종 그릇을 납품하던 공인 지규식이 1891년부터 1911년까지 20여 년간에 걸쳐 쓴 일기이다.[56] 전체 9책의 일기 속에는 서울과 양근 분원을 오가면서 활

1. 축소, 은폐, 조작으로 얼룩진 명성황후 시해 사건    145

일본군 수비대와 낭인들에 의해 무참히 살해된 명성황후 시해도

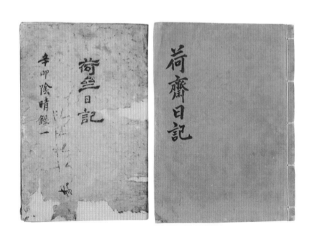

궁궐과 관청에 각종 그릇을 납품하던 공인 지규식이 쓴 『하재일기』 표지
출처: 규장각 한국학연구원

동한 내용이 담겨 있다. 서울의 물가와 사회 변화, 생활 풍속 등을 살피는 데 주요한 자료가 되기도 한다. 일기 속에서 지규식 지인들의 움직임은 서울의 급박했던 분위기를 여실히 보여주고 있다.

일기에 따르면 서울에서 이원춘이 내려와 "오늘 날이 밝기 전에 일병(日兵)이 궁궐에 침입해 야료를 부리고 총을 쏘아 사람을 다치게 했다. 위세가 너무 대단해 앞뒤를 돌아보지 않고 도망쳐 내려왔다"[57] 라고 하는 내용이 보인다. 또 장성화가 서울에서 내려와 "궐 안의 화변이 망측해 말로 이루 형용할 수 없다"[58]라고 전하고 있다. 두 사람 모두 일기를 쓴 지규식의 지인으로 난리를 피해 시골로 내려간 것으로 파악된다. 일기에서는 "국모가 살해되어 석유를 뿌려 태워서 재가 되었다"[59]라고도 전하고 있어 황후 시해와 관련한 소문은 거의 사실대로 퍼져나가고 있었음을 알 수 있다.

일본은 동요하는 조선 사회를 어떻게든 진정시켜야 했다. 황후 시해에 대한 은밀한 소문이 퍼져나가거나 이야기가 덧붙어 풍설이 확대되면 곤란할 뿐이었다. 이에 신보에서 취한 태도는 '사변'이 일어나고 3일 만에 "사변이 진정되매 도주했던 자가 점점 가재를 짊어지고 돌아온다 한다"[60]라며 시세가 안정되었음을 급히 알리는 것이었다. 이어서 인민의 동요를 사전에 방어하려 애썼다.

> 법관양성소와 사범학교 생도들이 사변이 일어난 후에 한가로이 교수를 받을 때가 아니라며 학교에 나가지 아니한 자가 있다면서 정부에서 정치를 하는 것이 평상시와 다름이 없으니 학교에 나가지 않을 이유가 없다.[61]

건청궁 주변 녹원 옆에서 시신을 소각당한 명성황후를 기리기 위해 세운 비석. 비문은 황후가 조난을 당한 곳이라는 의미의 '명성황후 조난지지(明成皇后 遭難之地)'. 비석 글씨는 이승만의 친필. 이승만에 대한 부정적 평가가 거세지는 속에서 비석마저 제자리를 못 찾고 현재는 고궁박물관 지하 수장고에 보관되어 있다.

나아가 '사변'은 "훈련대와 시위대가 조그맣게 다투는 데 지나지 않는 것"이라며 사건을 축소 은폐했다. 또한 황후가 어디로 갔는지 알지 못하는 것은 신하들에게 두렵고 황망한 일이나, 조칙도 이미 밝혀져 있으니 전혀 걱정할 일이 아니라는 것이다.

대원군의 입궐과 관련해서는 "임오년과 갑신년의 난리와 같을 줄알고 벼슬을 버리고 시골로 도망하거나 외국 영·공사관으로 들어가는 자도 있으나 모두 풍설에 의혹한"[62] 것으로 치부했다. "민씨 일족 중에서 특히 민영달은 장차 내각에서 크게 기용해서 쓸 것"이라면서 대원군에 의한 정치적 보복 또한 일어나지 않을 것임을 은근히 강조하고 있다. 요동치는 민심과 사회 분위기는 "오늘의 공평무사한 실상을 제대로 알지 못하고" 유언비어에서 비롯된 것이라고 애써 설명하고 있다.

황후 시해 사건이 일어남과 동시에 한양 일원에서 자취를 감춘 민씨 일족은 그 혈연적 분파와 각자의 정치적 이익에 따라 이합집산하고 있었다. 이들을 단일한 성격의 정치 세력이라 보기는 어려운 측면이 있는 것이다. 황후 사후 이들에게는 더더욱 권력의 구심점 역할을 할 만한 중심인물이 없었다. 그들 내부에서도 국왕을 좀 더 근거리에서 호위하려는 권력 쟁탈전을 전개할 정도였다. 대한제국기에 들어서의 일례를 들면, 민영기는 한때 황제를 경복궁으로 환어시키려는 계획을 도모했다.[63] 민영기의 계획은 떠돌아다니는 무리를 고용해 고종의 홍릉 행행(行幸)에 맞춰 종묘사직에 방화하고 병정 순검들이 불을 끄러 간 사이 황제를 경복궁으로 모시겠다는 것이었다. 안경수 등 일본 망명자들과 독립협회 세력이 합세하여 난을 일으킬 경우를 대비한 계획이었다.

이 계획은 결과적으로 안경수 측에 국왕 거동(擧動)에 관한 정보를 제공하는 빌미가 되었다. 그에 따라 민영기는 15년형을 선고받고 유배되었으나, 특별 사면된 후 화려하게 요직에 복귀했다. 이 계획을 도모할 당시 민영기가 포함된 내각을 탈취하려 한 인물은 민영주였고, 민영기의 자리를 대신한 인물은 민종묵이었다.[64] 이와는 별도로 고종은 정치적 망명으로 일본을 떠도는 인물들에 대한 문제를 자주 상의했는데, 그때마다 민영준과 민영환을 따로 불러 논의했다.[65] 이들의 정치 노선과 성향이 단일하지 않은 것을 고종도 인식하고 있었던 것이다. 고종은 이들을 번갈아 등용해 서로 경쟁시키는 속에서 적절하게 배후 세력으로 활용하려 했다.

고종은 처가 쪽 친족인 민씨 일족이 "왕실과 가까운 일가로서 국가의 중대한 일에 항상 동참하여 어려운 일도 마다하지 않는 것을 당연한 도리로 여겨야 한다"[66]라고 생각했다. 고종 스스로 여흥 민씨를 왕가의 친척으로서 국가가 위태로울 때마다 의지하고 국정을 함께 논의할 수 있는 정치적 배후 세력으로 여기고 있었다. 여흥 민씨의 활용은 곧 왕가의 인척 가문으로서의 능력과 정권 유지 차원의 필요성이 상보적으로 어우러져서 나온 결과였던 것이다.

민씨 일족이 황후 시해 직후 두문불출한 것은 급박한 시세를 파악하고 다른 분파의 정황을 분석하는 데 필요한 시간을 벌기 위한 의도였을 것이다. 신보에서는 민씨 일족에게 정치적 보복보다 오히려 이들을 향해 손을 내미는 화해 제스처를 구사했다. 한편으로는 민씨 일족의 복잡한 셈법을 헤아리기보다 이들이 두려움 속에서 정치적 보복을 겁내어 일제히 시골로 숨어들어 간 것으로 과장 보도했다. 민씨 일족의 동향을 무시할 수 없는 일본의 불안한 심리를 화해와 감시라는 이중적인 태도 속에 감추며 사회적 혼란과 동요를 최소화하려 한 것이다.

시해 사건 이후 김홍집 내각에서는 곧바로 사태를 수습하기 위한 훈령을 내렸다. 관리들 가운데 의혹을 품고 직무에 복귀하지 않거나 임관하라는 명이 내려도 수칙을 하지 않으면 엄벌에 처할 것이라고 경고하는 내용도 함께 덧붙였다.[67] 훈령이 발포된 이후 신보에서는 또 다른 사회 분위기와 여론을 조성하려고 애쓰는 모습이 보인다. 바로 며칠 전까지만 하더라도 한성을 떠나 지방으로 피신하려던 사람들이 한성으로 돌아오고 있다는 기사를 연이어 보도했던 것이다.[68]

신보는 보도를 통해 사회가 급속도로 안정을 되찾아가고 있다는 것, 쓸데없는 풍설을 믿지 말라는 것, 더 이상 의심하지 말고 돌아와 각자의 업에 힘쓰라는 것, 끝까지 의심해 숨어 지내면 나중에 비웃음을 사게 될 것이라는 등등을 유포시키고 있었다. 그럼에도 불구하고 일본 유학생 절반이 불안해하며 귀국하자 "수학의 효험을 보기 위해서는 근면하여 인내하기를 바란다"[69]라며 다독이는 기사를 내보냈다.

이처럼 신보에서는 '사변'이 훈련대와 시위대 사이의 단순한 다툼에 지나지 않은 것으로 축소하려 했다. 사건 이후 정부 훈령도 게재하면서 사회 저변으로 퍼져나가는 두려움과 불안 심리를 막아보고자 다각적인 노력을 기울였다. 그런데 10월 17일 자의 경우를 보면 같은 날짜의 신문 지면에서조차 사회적으로 안정되어가고 있다는 보도를 내는 한편, 더 이상 웃음거리가 되지 않도록 빨리 귀경할 것을 종용하는 상반된 기사가 게재되었다. 실상은 생도들의 학교 복귀도, 시골로 피난 간 사람들의 귀경도 빨리 이루어지지 못했음을 시사한다.

신보 기사의 내용이 서로 상반되면서 실제 분위기를 담아내지 못한 경우는 비일비재하다. 바로 전 일자에서는 예전과 같이 나라가 태평해져서 생도들이 안도하여 학교에 간다고 소개했다.[70] 뒤이은 날짜에서는 '사변' 이후 생도의 출석이 적어 휴업 중이라는 기사가 실렸다.[71] 즉, '사변' 이후 신보에서는 사회적 혼란과 동요를 최소화하기 위해 정부의 훈령을 고시하기도 하고, '사변'을 축소하기도 하며, 풍문에 속아 넘어가지 말 것을 주문하는 등 다양한 고육책을 쓰고 있었다.

그러나 '사변'의 사회적 파장을 빨리 잠재우기 위해 거짓된 내용을 보도하면서 상반된 기사 내용을 게재하는 등 정작 신보 자체가 불안정한 모습을 보였다. 이는 관보격인 신보가 일본 정부와 마찬가지로 사회적 파장과 불안한 정황의 확산을 방지하기 위해 급급했던 측면을 있는 그대로 보여주는 것이라 할 수 있다.[72]

## 2. 야만적인 하등 국가의 징표가 된 김홍집 살해 사건

### 일본이 관심을 보인 김홍집 살해 사건

갑오·을미개혁이 진행되던 당시 내각의 총리대신으로서 개혁을 총괄하던 김홍집이 고종의 밀명으로 살해되었다. 살해된 후에는 인민들의 손에 의해 시체가 유린되기도 했다. 일본은 야만국에서나 일어날 법한 일대 사건이라면서 한성신보를 통해 세세한 보도를 이어가며 대대적으로 다루었다. 조선 사회를 법과 질서가 실종된 하등 국가로 몰아가는 데 이 이상 좋은 소재가 없었다. 김홍집은 한때 고종의 총애를 한 몸에 받았으나 일본의 앞잡이라는 의혹 속에 죽음으로 내몰렸다. 1842년에 태어나 1896년에 비명에 갔으니 55세라는 비교적 짧은 인생을 살다가 숨을 거둔 셈이다.

그는 고종의 경연 스승인 강관 김영작(金永爵)의 아들이다. 김홍집이 1867년 진사시에 합격하자 고종이 축하연에 특별히 악공을 보내주면서[73] 국왕과의 인연이 시작되었다. 김영작은 여러 경연관 중에 특히 "정조가 학문에 힘쓰는 것을 정사의 근본으로 삼아 『홍재전서(弘齋全書)』가 있게 되었으니, 선왕들 가운데 정조의 학문 연구 태도를 본받을 것"[74]을 고종에게 주장한 인물이다. 기회가 있을 때마다 학문에 대한 정조의 남다른 열성을 강조한 그의 영향으로 고종은 정조를 늘 마음에 새기며 개혁 정신과 철학을 계승하겠다는 의지를 여러 차례 밝히기도 하면서 정치적 전거로 삼고자 했다.[75]

이처럼 자신에게 평생의 롤 모델을 만들어준 스승의 아들인 김홍

고종의 스승인 김영작의 아들로
국왕의 총애를 한 몸에 받았으나
고종의 밀명으로 무참히 살해된
김홍집

집이 1년 뒤인 1868년에 26세의 나이
로 대과에 합격하자 고종은 그의 출사
에 보다 많은 관심을 두게 되었던 것으
로 보인다. 그래서인지 김홍집은 한림
권점을 통해 예문관 검열이 된 후[76] 규
장각 대교와 직각을 거치면서 예조참
판, 통리기무아문 통상당상, 조일수호
조규 속약과 조미수호통상조약의 전
권부관, 조독수호통상조약의 전권대신
등 서구와의 관계 개선을 위한 최전선
에서 활약했다.

　　　1873년 고종이 친정을 시작한 이
후 부국강병을 모토로 하는 동도서기 정책을 구현할 당시에 김홍집은
일선에서 쌓은 실무 경험을 토대로 후일 영의정과 좌·우의정에 오르
기도 했다. 이어서 갑오개혁기에는 실질적인 최고위직인 의정부 총리
대신의 자리에까지 올라 일본과 함께 한국의 개혁을 주도하게 되었다.
어느 모로 보나 개화기 한국에서 중요한 역할을 수행한 중심적 인물이
었음이 틀림없다.

　　　그런데 고종의 총애 속에 자질과 기량을 발휘하던 김홍집은 아
관파천 후 고종이 내린 밀명에 따라 정식 재판을 거치지도 않은 채 경
무청 순사들에 의해 무참하게 살해당했다. 윤효정이 쓴 『한말비사(韓
末秘史)』에 따르면, "고종은 러시아 공사관에 이어한 그날 밤 3품 경무
관 안환(安桓)을 불러 총리대신 이하 현 내각의 역당을 모두 잡아들이

라는 칙명을 내렸다."[77] 윤효정은 이른바 친국왕 세력의 한 사람으로 탁지부 협판과 경무사를 역임한 김재풍과 절친한 사이였다.[78] 그는 고종이 친위 세력에게 밀명을 내린 경위를 김재풍으로부터 전해 듣고 책에 옮겨 서술했다. 따라서 당시 고종이 내린 명령은 공식적인 칙명이 아니라 '밀명'에 가까운 것임을 알 수 있다.

경기도 용인에 세워진 **김홍집 영세불망비**

김홍집이 살해당한 후 군중은 그의 시신에 차마 글로 옮길 수 없을 정도의 능욕을 가했다. 한성신보에서는 이 사건을 확대 보도하면서 한국을 비문명의 국가로 홍보하고 낙인찍는 계기로 삼으려 했다. 특히 한성신보는 일본 정부가 러시아와 경쟁하는 상황에서 조선에서 유리한 고지를 확보하기 위해 조선의 개혁을 선제적으로 지원하는 관변 언론이었기에[79] 이들의 여론 조성 움직임을 주목할 필요가 있다.

지금까지 김홍집에 관한 연구는 그의 일생의 관력과 활동을 소개한 연구와[80] 제2차 수신사로서의 활동을 조명한 연구,[81] 갑오개혁의 성과와 의의를 살피면서 제2차 김홍집 내각을 함께 고찰한 경우[82] 등이 있다. 김홍집의 죽음과 관련해 문제의식을 확대한 경우는 별로 보이지 않는다. 다만 이선근과[83] 유영익의 연구에서 김홍집의 최후가 비교적 상세하게 거론되고 있을 뿐이다. 그만큼 그의 죽음의 경위와 사후 처리에 대한 문제는 조심스러우면서도 다루기 곤란한 소재였을 수 있다. 반면, 일본은 매우 적극적으로, 때로는 지나치게 세세하고 과장된 묘사로 사건을 널리 보도하려고 했다. 그 이유는 무엇일까? 한 나라의 총리를 여러 차례 역임하고도 불명예스럽게 죽음을 맞이한 김홍집은 어떤 인물이었는가?

## 고종과 김홍집 내각의 관계

김홍집은 갑오·을미개혁이 진행되는 동안 총 네 차례 내각총리대신으로 활약했다. 1894년 7월 27일 제1차 내각, 1894년 12월 17일 제2차 김홍집·박영효 연립 내각, 1895년 8월 24일 제3차 내각, 1895년 12월 30일 제4차 김홍집·유길준 내각으로[84] 이어지는 속에서 네 차례나 총리를 역임한 것이다. 갑오개혁은 행정과 사법 기구를 비롯하여 정치, 사회, 경제 등 국정 전반에 걸쳐서 개혁 안건이 약 50여 건에 달했다.[85] 우리 사회에 일대 혁신을 가져올 정도로 개혁의 폭은 넓었고, 많은 내용을 담고 있었다. 그중에서 제1, 2차 내각이 바뀌는 동안 국왕과 심하게 대립한 부분은 군주권의 제약과 관련한 것이다.

　1894년 11월 24일 조선 주재 일본 공사로 서울에 들어온 이노우에 가오루가 부임한 지 한 달이 채 안 된 12월 17일의 어전회의를 통해 20개 조에 달하는 내정개혁안을[86] 제시한 데서 문제는 시작되었다. 이노우에의 개혁안 가운데 군주권의 범위와 운용에 관한 것으로 제시된 것은 '대군주는 정무 친재의 권을 가짐과 동시에 법령을 준수할 의무를 진다'는 것과 '왕실 사무를 국정과 분리시킨다'는 것이었다.

고종은 개혁이 진행되더라도 자신이 군주로서 예전처럼 정무를 자유로이 주재할 수 있으리라 생각했다. 의정부를 통해 회의를 주관하고 주재할 수 있는 권한을 갖는 것으로 생각한 것이다. 반면, 일본을 비롯한 개혁 추진 세력은 군주권을 법률로 제한함은 물론 국회를 개설하여 국정 사무에 대해 인민의 승낙을 받는 것으로 생각했다.[87] 결국 개혁 후에는 법령 제정권과 관료 인사권, 세입·세출과 관련한 재정권, 외국과의 조약 문제 등이 내각으로 바뀐 의정부 회의를 통해 다뤄지게 되었다.

의정부를 내각으로 명명하고 규장각은 더 이상 내각으로 부르지 말라는 조칙이 내려진 후[88] 의정부는 입헌군주제에서의 내각처럼 되었다. 의정부를 중추 기구로 만들고 6조를 폐지한 후 내무·외무·탁지·법무·학무·공무·군무·농상아문, 8개 아문을 설치하여 내각제를 실시하는 내각 관제가 반포되었다.[89] 군주는 모든 사안에서 내각이 의논하여 내린 결정에 대해 재가만 할 뿐이었다. 국왕이 상주문에 대해 인가하지 않거나 특별한 명령을 내려도 총리대신 등이 이의를 달아 국왕의 뜻대로 봉행하지 않을 수 있었다.[90] 국왕의 인사권과 재정권을 비롯한 군권은 심각하게 손상되었다. 고종은 자신의 군권을 내각에 빼앗긴 것으로 받아들였다. 그러한 내각의 중심에 김홍집이 있었다.

김홍집은 개혁의 요체라 할 수 있는 왕정과 국정을 분리하는 작업을 추진했다. 그 결과 왕실 관련 기구는 모두 궁내부로 개편되었다. 잡다한 궁중의 여러 일을 맡아서 하던 승선원, 경연청, 규장각, 통례원 등 모두 15개의 부처는 궁내부로 통합되었다. 통합된 후에도 승선원을 통한 국왕의 정무 관여는 가능했기에 승선원을 아예 폐지하고 국왕의 정무 관여 통로를 완전히 봉쇄했다. 개혁의 여파는 컸다. 승선원의 좌우 내관도 없어져 12월의 추운 날씨에 방에 불을 지피는 것마저 불편을 겪을 정도였다. 고종은 이노우에를 접견하는 자리에서 국왕으로서의 권위와 품위가 실추된 데에 대해 예민한 태도를 보였다. 10명 정도의 내관이 있으면 국왕다운 체면이 서고 편리하겠다는 의견도 제시했다.[91]

고종은 김홍집이 뵙기를 청한 자리에서도 "승선원을 없앴으니 별도로 시종하는 관원을 두어야 할 것임"을 밝혔다. 그러자 김홍집은 궁내부의 직제를 개정했으므로 시종은 당분간 궁내부 참의가 겸행하는 것이 낫겠다는 답변을 하는 것에 그쳤다.[92] 국왕 곁에 서 있던 승선 신병휴가 "승선원은 임금의 명령을 출납하는 곳으로서 국가가 생긴 이후로 반드시 승지와 사관이 곁에서 시종해왔는데, 이번에 갑자기 혁파해버리니 서글퍼서 답답한 마음을 견딜 수가 없습니다"라고 하자 김홍집은 별다른 대꾸도 없이 이를 무시하는 만용을 부리기도 했다.

새로운 정부 관제의 변화가 군주권의 제한을 의미한다는 것을 명확히 인식하지 못했던 고종은 실제 군권이 축소되자 김홍집을 비롯한 친일 개화파 세력을 약화시킬 기회를 엿보았다. 삼국간섭은 그런 고종에게 호기로 작용했다. 떠오르는 러시아에 새로운 기대감을 가지며 고종은 박정양, 안경수, 서광범, 이완용, 이범진 등 친미·친러파에 속하는 인물 중심으로 3차 개각을 단행했다.[93] 개각 직전 박영효가 국왕 주변의 호위병을 훈련대로 교체하려 하자 그에게 불궤음모 혐의를 씌워 면직시킨 것도[94] 친일 개화파 세력을 멀리하는 계기가 되었다. 고종은 군주권을 회복하기 위해 근시인(近侍人)을 러시아와 미국 공사관에 파견하여 조력을 구하려 했다. 이에 박영효는 국왕이 싫어함에도 불구하고 왕궁 근위병을 일본 교관의 지도를 받은 훈련대로 교체하려다가 사표를 제출한 것이다. 박영효 사건은 가뜩이나 일본이 추진하는 개혁에 위기감을 느끼고 있던 고종을 격노하게 했다. 김홍집 이하 개혁 주체 세력을 더욱 불신하게 하는 요인도 되었다.[95]

고종은 민영준, 민영주, 민형식 등 갑오개혁과 함께 정계에서 축출당했던 민씨 척족을 사면하면서 권력 기반을 다시 공고히 하려는 노력을 기울이기 시작했다.[96] 이로써 국왕과 왕실의 권한을 축소하고 내각 중심의 국정 운영을 도모한 김홍집의 개혁은 고종의 반발로 벽에 부딪히게 되었다. 고종은 급기야 자신이 국정에 직접 관여하겠다는 의사를 표명하면서[97] 국정 장악력을 높여나가려 했고 개혁의 중심에 서고자 했다.

고종이 급격하게 노선을 바꾼 이면에는 조선 정부에 신뢰감을 주지 못한 일본의 태도 변화도 한 요인이 되었음을 알 수 있다. 일본은 삼국간섭 후 조선 정계에서 일어나는 미묘한 변화의 움직임을 감지하고 청일전쟁 배상금 가운데 300만 엔을 조선 왕실과 정부에 주어 우호적인 관계를 지속하고자 했다. 당시 이노우에 공사가 일본 외무대신 임시 대리였던 사이온지 긴모치(西園寺公望)에게 보낸 문서에서는 조선에 대한 원조의 절박함을 주장하는 내용이 확인된다.[98] 문서에 의하면 청일전쟁이 조선 내지에서 일어남으로 인해 조선이 엄청난 피해를 입었고, 그에 따라 조선의 재정은 매우 곤궁하고 피폐해 있다는 것, 일본 상인들이 전쟁 전보다 더한층 조선인을 학대하여 일본인에 대한 혐오 감정이 대단하다는 것이었다.

이노우에는 이러한 정황을 보고하면서 일본 정부가 청국의 배상금 가운데 어느 정도를 조선 왕실에 혜여(惠與)해줄 것을 간곡히 요청했던 것이다. 곧이어 이노우에 후임으로 미우라 고로를 발탁하고 조선에서 일본의 국익을 극대화하려 했다. 이노우에는 사임 인사차 고종과 황후를 일현하는 자리에시 고가의 선물을 바치면서 일본은 앞으로 조선 왕실을 보호할 것이며, 배상금 가운데 300만 엔을 헤아려 줄 것이며, 민영준 등의 민씨 척족 인사들을 복직시키고 황후가 예전처럼 정치에 관여하는 것이 좋겠다는 요지로 건의했다. 더불어 김홍집을 총리대신으로 재기용해줄 것도 잊지 않고 당부했다.[99]

그런데 300만 엔을 조건 없이 주겠다고 큰소리치던 일본이 약속을 지키지 않자 고종은 민씨 척족의 복권을 서두르면서 친미·친러파로 3차 내각을 구성했다. 김홍집을 그대로 유임시킨 것은 일본과의 관계를 고려한 결과로 보인다. 여기서 더 나아가 고종은 일본인 교관의 훈련을 받고 있어 신뢰할 수 없던 훈련대를 어떻게든 혁파하려 했다.[100] 박영효의 불궤 음모와 약속을 지키지 않은 일본에 대한 배신감, 이에 대해 아무런 대책과 해명을 내놓지 않고 있는 김홍집에 대한 불신감이 증폭되는 가운데 훈련대는 더 이상 궁궐을 수비하는 병력이 될 수 없었다. 새로운 군병으로 시위대를 조직하여 고종 자신을 호위하게 하는 방도 외에는 달리 길이 없다고 판단했다.[101] 즉, 훈련대를 혁파한다는 구상은 이러한 상황에서 나온 것이니만큼 이는 고종의 왕권 수호와 거일(拒日)의 의지를 나타낸 것으로 볼 수 있다.

훈련대를 혁파하려던 또 다른 이유는 가뜩이나 못마땅하게 여기던 훈련대가 경무청 소속 순검과 잦은 다툼과 충돌을 일으키고 있었다는 점이다. 이는 사실 훈련대를 혁파할 것이라는 소문이 퍼지면서 소속 병정들이 예민해 있던 정황을 일본이 적극 이용한 데서 유발된 측면이 크다. 일본은 명성황후를 시해할 계획을 세우고, 대원군과 해산 위기에 직면한 훈련대가 모의하여 일으킨 쿠데타로 위장하기 위해 그 전 단계로 훈련대와 순검의 다툼을 조장하고 있었다. 훈련대 병사들과 순검의 다툼이 한성신보를 통해 10월 3일부터 보도되고 있었던 것은 이미 서술한 대로이다. 일본 정부는

갑오개혁 당시 이노우에 가오루 공사와 조선 문제를 두고 긴밀히 서신을 주고받았던 사이온지 긴모치 외무대신

명성황후 시해 계획을 세움에 따라 훈련대가 순검을 상대로 고의로 충돌을 일으키게 하고, 이를 한성신보를 통해 연일 보도하면서 훈련대의 불만을 확대하려 한 것이다. 이러한 상황에서 일본 측은 10월 7일 새벽에 훈련대 해산 명령에 대한 소문을 확산시켰다. 조선 정국의 변화를 예의 주시하면서 왕비 시해라는 과격하고도 무도한 방침을 정하고 있던 일본의 계획을 앞당기는 환경이 조성된 것이다.

결국 일본은 훈련대 해산 명령 소문을 기정사실화하면서 이튿날인 10월 8일 미우라의 지휘 아래 명성황후 시해 사건을 일으켰다. 국왕과 황후가 합심하여 러시아 세력을 끌어들이려 하고 조선 내 친미·친러 내각의 등장과 친일 개화파의 퇴조로 인해 조선 내 일본의 영향력이 열세적 국면을 면치 못하게 되자 이를 전환하기 위해 초강경

대응책을 결행한 것이다. 사건 직후 일본은 사변의 주요 원인이 10월 7일의 갑작스러운 훈련대 혁파와 이에 격분한 훈련대가 대원군과 연락을 취해 8일 아침 거사를 일으켰다는 일관된 주장을 펼쳤다.[102] 실제로 23일 뒤인 10월 30일에 가서야 훈련대 폐지 조칙이 내려졌지만, 일본은 사전 각본대로 주장을 펼치며 일본 정부 개입설을 전적으로 부인하고 나선 것이다.

황후 시해 이후 일본의 영향력 아래 재구성된 내각에서 김홍집은 외부대신 김윤식과 함께 총리대신에 그대로 유임되었다. 곧이어 12월 30일에 내부대신 유길준, 법부대신 장박, 농상공부대신 정병하가 임명되면서 이듬해 1월 29일에 임명된[103] 군부대신 조희연과 함께 제4차 내각을 구성하게 된다. 김홍집은 내각의 총리대신으로서 국가적 재난에 가까운 엄청난 비극적 사태를 해결할 의무가 있었다. 위로는 국왕을 더욱 보듬어 받들고, 아래로는 인민을 위로하는 역할을 해야 했다. 일본이 호도하고 있는 사태의 진실을 밝히고 각종 의혹들을 해소해야 했다.

그런데 김홍집은 친일 장교들이 거느린 훈련대로 경복궁을 에워싸고 국왕의 모든 행동을 감시하게 하면서 고종을 연금 상태에 빠뜨렸다. 이를 시작으로 김홍집은 사건 이튿날에 내린 '내부 고시'를 통해 훈련대 소속 병정과 순검들 간의 분쟁만을 밝히고 황후가 시해되었다는 사실은 은폐했다.[104] 나아가 10일에는 '왕후가 국왕의 위에서 국정을 농단하고 죄악이 차고 넘친다'는 이유로 왕비 폐위 조칙까지 반포했다.[105] 곧이어 12월 30일 단발령까지 내리자[106] 이는 곧 왕비 시해로 인해 분격한 마음을 가눌 길이 없던 인민의 울분이 극대화되는 매개가

되었다. 유생들의 상소가 쇄도하는 가운데 김홍집 정권은 인민의 극심한 반발에 부딪히게 되었다. 곧 친일 정권과 일본 타도를 목표로 하는 을미의병이 거세게 일어나기 시작했다.

당시 반일 감정의 격화로 일어난 의병운동의 여파로 무수한 일본인이 다치고 살상당했다. 이에 조난을 당하거나 전몰한 일인들을 위한 추도회가 본원사에서 열리기도 했다.[107] 의병운동으로 전국에 퍼져 있던 일본인이 입는 피해는 날로 커지고 있었다. 특히 북방의 함흥과 길주 지역에서는 일본인을 향한 폭행이 더욱 심해지고 일본인을 경멸하는 분위기가 고조되어 많은 일본인이 불안에 떨었다.[108] 일본은 자국 인민의 보호를 위해 의병의 동태와 관련한 기사를 꾸준히 내보냈다. 일본과 친일 개화파에 대한 사회적 불만은 이렇듯 을미의병으로 번져나갔고, 이는 결국 김홍집 내각의 붕괴로 이어지는 전조가 되었다.

## 김홍집 살해 사건의 전말과 보도

김홍집 내각이 내부 고시를 통해 단발령을 내리면서 실시 이유로 든 것은 '단발이 양생에 유익하고 일하는 데 편리하다'는 것이었다. 그러나 단발령을 공포하자 바로 그 이튿날 학부대신 이도재의 "단군 기자 이래 중시해온 머리 기르는 풍습을 무시하고 단발을 행하면 변란을 초래할 것"[109]이라는 상소를 시초로 엄청난 저항이 일기 시작했다. 특히 유인석은 단발령 소식을 듣고 '처의삼사(處義三事)'를 논하고 각자의 처지에 따라 행동할 것을 제시했다. 그는 유생 이필희(李弼熙), 서상열(徐相烈), 이춘영(李春永), 안승우(安承禹) 등이 의병을 일으켰다는 소식을 듣고 편지를 보내 격려했다. 「격고내외백관(檄告內外百官)」 및 「격고팔

도열읍(橄告八道列邑)」이라는 격문을 지어 거의(擧義)를 독려하기도 했다.[110] 이른바 내외 관료들과 조선 팔도 모든 읍지에 글을 띄워 알림으로써 의병을 부추긴 것이다.

전국 각지에서 의병이 봉기하는 등 소요가 일어나자 고종은 이를 기회로 아관(俄館)으로의 파천을 단행했다.[111] 곧이어 친일 내각의 김홍집, 김윤식, 유길준, 어윤중, 조희연, 장박, 정병하 등 대신들을 모두 면직했다. 아울러 내각총리대신에 김병시, 궁내부대신에 이재순, 내부대신에 박정양, 외부대신에 이완용, 군부대신에 이윤용, 탁지부대신에 윤용구를 임명하는 등[112] 친미·친러 내각을 새롭게 구성했다. 같은 날 "도망 중인 유길준, 조희연, 이두황, 우범선 등을 체포하라"[113]라는 조칙이 이어졌다. 조칙 가운데 이미 '반역의 괴수가 복주(伏誅)되었다'는 표현이 있는 것으로 보아 김홍집과 정병하는 조칙이 나오기 전에 고종의 밀명으로 살해당한 것을 알 수 있다.

그러면 반역의 괴수로 지명 수배된 김홍집은 어떤 과정을 거쳐 즉살되었을까? 윤효정이 남긴『한말비사』의 기록을 보면 고종은 이미 아관파천을 결행한 2월 11일 밤에 3품 경무관 안환을 불러 총리대신 이하 현 내각의 역적 무리를 일일이 잡아들이라는 칙명을 내렸음을 알 수 있다. 사건의 경과를 보면[114] 당일은 궁내대신 이재면이 숙직 당번이었다. 이재면은 숙직을 서다가 시침여관(侍寢女官)으로부터 국왕이 출궁하고 안 계시다는 말을 듣고 안색이 창백한 채 떨면서 경복궁 수정전에 이르렀다. 당시 개화파 관료 가운데 아무도 일어나지 않았다는 것으로 보아 왕실 종친에 대한 태도가 어떠했는지 짐작할 수 있다.

이재면이 곧바로 임금이 없어진 사실을 알리자 내부대신 유길준은 이재면을 질책하며 "이 개자식 놈아! 임금을 찾아놓지 않으면 당장에 목을 베리라" 하며 언성을 높였다. 이재면 또한 "궁문 파수를 맡은 자는 내부대신이 아니냐"라며 서로 싸우고 헐뜯기 시작했다.[115] 당시 유길준은 오른손을 높이 들어 이재면의 왼쪽 뺨을 소리 나게 때리면서 호통친 것으로 기록되어 있다. 기록만으로 보면 유길준과 김홍집 등 친일 개화파가 일본의 세력을 믿고 국왕과 종친을 무시할 정도로 거만한 행동을 했던 것으로 여겨진다.

이때 안환이 들어와 칙령을 전하고 총리 김홍집, 농상대신 정병하를 먼저 잡아 가마에 태우고 순사 7~8인이 수행하여 경무청으로 향했다. 곧이어 김, 정, 두 사람을 잡아들였다고 러시아 공사관에 알리자 즉각 경무문 밖에서 참형을 거행하라는 칙명이 내려졌다. 안환이 두 사람을 단단히 결박해 경청 문밖에 꿇어앉힌 뒤 칙령을 알리고 승자수(僧子手)를 부를 사이 없이 순사 여러 명이 참형을 집행하려 했다. 여기서 승자수란 조선시대 각 군문에서 사형을 집행하던 회자수(劊子手)를 의미하는 것으로 보인다. 그런데 순사는 원래 참형을 집행한 일이 없어서 경부(頸部)를 단칼에 베기 어려웠다. 때문에 두 사람의 어깨나 뇌수를 닥치는 대로 베어 절명하게 했다.

도성 안의 모든 사람이 겹겹이 둘러싸고 통쾌해하며 육지형(六支刑)을 시행하지 않는 것에 오히려 불만을 표출하고 있었다. 이런 가운데 러시아 공사관에서 종로에다 시체를 폭시(曝屍)하라는 명령을 내렸다. 폭시는 시체를 효수하기보다 길가에 그대로 내버려 둔다는 의미이다. 이들에 대한 국왕의 분노를 짐작할 수 있는 대목이다. 순사들은 두 시체의 허리띠를 풀고 바지를 뒤집어 호령관 씌운 것같이 해서 시신을 노상에 눕혔다. 그러고는 시체마다 3~4인의 순사가 붙어서 바지를 끌고 앞서 달리고 좌우전후에는 칼을 빼어 든 순사가 이를 쫓아 종로에 다다랐다. 큰길에 통행하는 사람들은 수백 명씩 모여들어 뒤를 따라갔다. 종로 십자도상에 이르러 피범벅이 된 시체를 꺼내어 그것을 보는 것은 허락하되 가까이 가는 것은 불허했다.

여기까지는 김홍집이 고종의 밀명을 받고 순사들이 휘두른 칼을 맞아 죽게 된 경위를 자세히 살펴본 것이다. 문제는 김홍집이 죽고 난 다음부터이다. 『한말비사』에는 다음과 같이 기록되어 있다.

> 그날 종로에서 시체를 폭시(暴屍)하는 말을 듣고 즉시 러시아
> 공사관에 가서 아뢰니 … 종로 폭시 중에 인민이 공분과 개인적
> 원수를 갚으려 잔혹하게 굴어 오늘 경성에 외국인 이목이 많아
> 이를 보는 자가 국가의 문명과 야만의 정도를 논의할 듯하니
> 각기 가족에게 시체를 거두게 하심이 어떠하올지 문의하자
> 국왕이 그날 밤으로 그 가족에게 시신을 치우라 명하였다.[116]

윤효정의 이 기록을 통해서는 인민들이 김홍집의 시체에 구체적으로 어떤 행동을 했는지 알 수 없다. 다만 군중심리가 발동하면서 돌팔매질을 하거나 발로 차는 정도의 분풀이를 하지 않았을까 추정해볼 수 있다.

다음은 정교가 쓴 『대한계년사』에 나오는 기록이다.

11일 아침 여러 장교와 경관 및 병졸과 순검이 모두 러시아

공사관으로 가서 국왕을 호위했다. 국왕은 곧 경관에게
김홍집과 정병하를 체포하고, 경무관 안환으로 하여금 빨리 가서
그들을 베어 죽이도록 하였다. 안환이 명을 받들어 경무청 문 앞에
도착하자 두 사람이 때마침 당도했다. 총순 소홍문(이완용의 심복)이
경무청 문 앞 소석교 위에서 칼로 김홍집을 찔러 죽였고,
정병하도 베어 죽였다. <u>종로 거리에 두 사람의 시체를 내버려 두자
격분한 인민들이 돌로 시체를 때리기도 하여 팔다리와 몸통이
파열되었다.</u>[117]

두 사람을 체포하여 참형을 집행하는 과정은 윤효정의 세밀한 기
록에 비해 상당 부분 소략되어 있다. 다만 윤효정의 기록에서는 '시체
를 폭시하는 중에 인민이 잔혹하게 군다'는 다소 은유적인 서술만 되
어 있다. 이에 비해 정교의 기록에는 인민이 시체에 돌팔매질을 하여
시체가 손상되었다고 구체적으로 기술하고 있다. 이러한 정황은 황현
의『매천야록』을 통해서도 엿볼 수 있다. 황현은 두 사람의 참형 순간
을 자세히 기록하지는 않았다. 그런데 법부대신 조병식이 두 사람에게
반역죄를 적용해야 한다고 주장하는 가운데 "두 역적이 사망하던 날
너무도 경황이 없어 성토를 결행하지 못했으니 법부에서 그 죄를 바
로 다스려줄 것을"[118] 주청한 사실을 서술한 데서 일단을 엿볼 수 있다.
즉, 두 사람의 경우 체포도 참형도 황급하게 진행되었다는 사실이다.
시체 훼손을 막을 겨를이 없을 정도로 경황없는 가운데 진행되었음을
유추할 수 있다.

조선변리공사 고무라 주타로(小村壽太郞)가 사건 직후 본국 외무

대신 임시 대리 사이온지 긴모치에게 보낸 기밀 문서에는 김홍집과 정병하가 체포되던 과정과 참살되던 순간이 조금 다르게 기술되어 있다. 그에 따르면 사건이 일어나던 날 김홍집과 김윤식, 유길준, 이재면 등은 내각에 모여 국왕이 러시아 공사관으로 옮겨 간 소식을 접하게 되었다. 이에 유길준이 총사직서를 내고 각자 처신을 도모하자고 제의하자 김홍집은 "나는 먼저 폐하께 알현해서 폐하가 마음을 돌리실 것을 촉구하고 성사가 되지 않으면 일사보국(一死報國)하는 길밖에 없다"라며 내각을 나섰다. 이때 이미 경무청에서 파견된 순검이 즉시 김홍집을 압송해서 경무청에 구인했다.

한편 순검 수십 명은 정병하의 집으로 가서 그를 붙잡아 경무청에 구인했다. 경관들이 김홍집을 경무청 문 앞으로 끌어냈는데 인민이 모여들자 칼을 뽑아 들고 인민을 해산시켰다. 그런 다음 김홍집을 차서 쓰러뜨리자마자 경관 수 명이 일제히 난도질하여 가슴과 잔등을 내리쳤다. 정병하 역시 한 칼에 참살하고 두 시체의 다리 부분을 거친 새끼줄로 결박해서 종로로 끌고 와서 시신을 드러내고 거기에 '대역무도 김홍집 정병하(大逆無道 金弘集 鄭秉夏)'라고 쓴 휘장을 붙였다. 그러자 큰길가에 있던 보부상들이 각기 시체를 향해서 큰 돌을 던지기도 하고 발로 짓이겨서 시체를 온전한 곳이 한 군데도 없도록 만들었다.[119]

이처럼 일본 공사관의 문서에는 총사직서를 내자고 한 유길준의 말과 국왕을 뵙고 마음을 돌려보겠다는, 확인되지 않은 김홍집의 언사가 기록되어 있다. 윤효정의 기록에서는 김홍집이 정병하와 함께 경무청에 도착한 후 총순(總巡) 방에 잠시 구류되어 있을 때를 다음과 같이 묘사하고 있다.

정병하가 좌불안석하고
다리를 떨며 초조해하는 모양을
보이자 김홍집은 두 눈을 감고
한마디도 안 하더니 정병하를
질책하면서 "생사는 천명을
따를 뿐이지 그렇듯 초조하여
장차 어디에 쓰겠는가.
다만 체면을 잃을 뿐이다"라고
했다.[120]

조선변리공사로 김홍집 살해
사건을 본국에 시시각각 보고한
고무라 주타로

이로 보면 김홍집은 위급한 상황에서도 의연한 태도로 상황을 모색하려 했던 것으로 짐작해볼 수 있다.

또한 윤효정은 참형을 해보지 못한 순사들이 어렵게 두 사람의 어깨와 머리를 여러 번 내리쳐 절명에 이르게 했다고 기록하고 있다. 반면, 공사관 문서에는 경관 여러 명이 일제히 달려들어 난도질했다고 되어 있다. 나아가 정병하가 자신의 집에서 잡혀 경무청으로 구인되었다는 점도, '대역무도 김홍집 정병하'라 쓴 휘장이 걸렸다는 점도, 돌을 던진 주체가 보부상이란 점도, 이들이 시체를 발로 짓이겼다는 구체적인 표현도 공사관 기록에만 등장한다.

여기서 한 걸음 더 나아가 이 사건을 대하는 일본의 인식과 태도를 보여주는 한성신보에서는 아예 호외를 발행해 국왕의 러시아 공사관 이어와 김홍집·정병하 살해 사건을 대서특필하고 있다.

전 총리대신 김홍집, 전 농상공부대신 정병하 양 씨는
금일에 내각에서 결박하고 경무청으로 구인하여 오후 3시쯤에
동 청문(同 廳門) 내에서 순검에게 살육되어 사체(死体)는
문밖에서 옷을 벗겨 두 발을 삼끈으로 매어 노상에서 끌어
종로 대도로 와서 그냥 시체를 왕래인에게 버려놓고 경부는
타쇄하고 신체는 아주 손상되고 그 참혹함이 차마 볼 수
없는지라. 양 씨 외에도 또한 십수 명이 살육되었다더라.[121]

이 기사에서는 살해 과정, 살해당한 뒤 종로 큰길에서 시체가 손
상된 내용 등이 크게 과장되어 있지는 않다. 다만 친일 내각 구성원들
에게 체포령만 내려진 상황인데도 십수 명이 살육되었다고 전함으로
써 공포스러운 분위기를 자아내려 하고 있음을 알 수 있다.

이 날짜의 호외 신문 일문 기사를 보면 종로 큰길까지 시체를 끌
어온 과정에 대한 묘사는 동일하다. 다만 시체를 왕래가 빈번한 사거
리에 헤쳐놓고 머리 부분은 때려 부수고 몸은 발로 밟아 시체가 완전
히 이지러졌다고 기사화했다.[122] 일본 공사관 기록처럼 '시체를 발로
짓이겨 온전한 곳이 한 군데도 없도록 만들었다'는 표현에서 나아가
'시체의 모양이 완전히 이지러진' 것으로 묘사되었다. 점점 구체적이
고 사실적으로 인민의 과격함과 참상을 드러낸 것이다.

다음 호에서는 '참인지살륙(慘忍之殺戮)'이란 제목으로 11일의 참
사를 더욱 구체적으로 묘사하면서 근거를 찾기 어려운 온갖 풍설을 과
장되게 기사화했다.

전 내각총리대신 김홍집, 전 농상공부대신 정병하 양 씨는
참혹하게 죽었다는 대강 일은 그날 호외로 내어 두었으되
금기상세(今其詳細)를 올리니, 그때 경무관 소흥문(蘇興文)은
발검(拔劍)하고 문밖에 있어서 △△일에 극진히 진력하며
경무관 안환(安桓)은 발검하여 순검을 지휘하여 죽일 때
양인의 언행이 악귀야차(惡鬼夜叉)와 같고 경무청 앞 문안에
끌려와서 도창(刀槍)을 가지고 수두(首頭)에 구별 없이
난타하여 죽이고, 두 다리에 마승(麻繩)으로 매어 문 앞으로
나와서 아주 옷을 벗겨 순검이 이백 명만 발검으로 경계하여
종로까지 대도(大道)를 끌어왔는데 구경꾼이 그 시체의 머리로
돌을 던지며 막대기로 때리고 그 참상이 지필(紙筆)로 말할
수 없는지라. 곧이어 종로 십자 큰길 위에 폭시(暴屍)하여
두니 군중이 그 시체를 난타하여 오줌을 방익(放溺)하며
김홍집의 음부에 석유를 부어 불지르며 음낭을 베어 가져가며
또 그 인육을 베어 먹던 사람도 있고 분신쇄골 모양이 되니
오호라 형불상대부고지예야(刑不上大夫古之禮也)라. 이러한데
하물며 천자의 대신이 아니오. 또 만일 죄 있다고 하면
정법살지(正法殺之)함이 옳은지라 … 외국인의 눈으로
이 짓을 본즉 그 야만국이라는 일을 표명하던 것이라고
할밖에 없는지라….[123]

11일의 기사에서는 간략하게 그날의 참상만을 보도했다면 곧이
어 발행한 14일 자 기사에서는 근거를 알 수 없는 풍설로 구성되어 있

음을 볼 수 있다. 특히 밑줄 친 부분을 보면 인간으로서 도저히 할 수 없는 일을 아무렇지도 않게 저지른 것처럼 묘사하고 있다. 이를 통해 조선 인민이 잔인하고, 난폭하며, 인륜이라고는 찾아보기 어려운 짐 승만도 못한 존재들이라는 것을 우회적으로 드러내고 있다. 더욱이 옛 예법에 형벌은 대부에게 행하지 않는다 하였고, 죄가 있으면 법에 따라 죽이면 되는데 일국의 대신에게 법을 무시하고 윤리에 어긋난 짓을 저 질렀다는 것이다. 일본인의 시각에서 볼 때 이런 행동을 거리낌 없이 한 조선인들은 야만인이며, 야만국임을 보여주는 것이라고 단언했다.

같은 날짜 일문 기사에서는 시체를 훼손하고 팔다리 자른 것을 심지어 먹기까지 했다며 그 잔인하고 잔혹한 것이 인간계에 사는 사람 이 하는 일이라고는 생각되지 않는다고 보도했다.[124] 결국 인간으로서 도저히 할 수 없는 일을 저지른 조선 인민은 문명한 국민의 위치에 있 지도 않으며 실로 야만적 상태에 놓여 있다는 것을 적나라하게 보여주 는 서술인 것이다.

또한 유길준의 경우에는 윤효정이 당시에 들은 바를 다음과 같이 적고 있다.

> 유길준, 조희연, 장박, 권영진도 함께 잡아 가마에 탈 것을
> 재촉하였다. 유길준은 칙명을 받든 죄인이니 가마를 탈 수 없다
> 하여 순사 수십 인이 포위해서 걸어가던 중, 광화문을 나가
> 해태 앞에 이르렀는데 이때 삼군부 문 앞에 파수하는 일본 군병을
> 보고 유길준이 도망가는 토끼처럼 몸을 날려 일병을 향해 소리를
> 크게 지르며 "구원을 청하노라" 하니 일병이 와서 그를 삼군부

안으로 들이고 영문(營門)을 닫아걸어 목숨을 구할 수 있었다. 또한 일병의 도움으로 나머지 사람도 군부로, 법부로 들이게 한 후 피신할 수 있게 하였다.[125]

이에 대해 한성신보에서는 『The Korean Repository』에 잘못된 기사가 실렸다면서 해명하는 기사를 게재했다.

내부대신 유길준 씨가 순검에게 잡혔다가 일본 병정의
영문 앞으로 지나갈 때 영문 안에서 일본 병정이 빨리 와서
뺏어갔다는 말은 크게 틀리는 말이다. 동 대신은 그날 예전과
같이 순검이 호위를 하고 광화문을 나간즉 많은 순검이
갑자기 동 대신을 둘러싸고 잡으려 하므로 대신은 그 이유를
알지 못하매 무례한 짓을 한다고 서로 다투었을 때 우연히
일본 사람 둘이 지나가다 이를 보고 일이 급해 그 이치도
물어볼 사이 없이 남의 위난을 구하는 의로움으로 군집해 있던
순검 속으로 들어가서 말리자 동 대신은 그냥 어디로 갔거나,
도망한 일인데 해당 기자가 일본 병정이 유 씨를 뺏어갔더라는
말은 경망함이 심한 말이다.[126]

이를 보면 『The Korean Repository』나 윤효정의 기록에서 유길준은 일본 병정 쪽으로 달아난 것이 분명하고 일본 측이 재빨리 그를 보호해준 것으로 보인다. 그럼에도 일본은 한성신보를 통해 어려움에 처한 대신을 의로움으로 구해준 것인 양 포장하고 있는 것이다.

영국 일간지 『The Times』에서는 이날의 사건에 대해 국왕이 러시아 공사관에 피난한 사실과 대신들을 죽이라고 명령한 사실만을 보도했다.[127] 또한 국왕이 대신들의 반역죄를 선언했다는 것, 두 명의 대신들이 체포되어 살해되었다는 것, 다른 대신들은 달아났다는 사실 정도만 보다 자세하게 보도했을 뿐이다.[128] 『The Times』의 경우, 한국 내정에 깊숙이 발을 들여놓은 일본과는 달리 서양 매체로서 한계는 있었을 것이다. 이를 감안하더라도 사실 확인이 제대로 안 되거나 과장된 보도를 일삼은 일본 언론의 보도 태도와는 매우 달랐음을 알 수 있다.

**미개한 야만의 나라**

김홍집 살해 사건을 바라보고 기사화하는 과정을 보면 한성신보가 그동안 한국 사회에 대해 얼마나 부정적 인식을 가지고 이를 노골적으로 묘사하려 했는지가 엿보인다. 한편으로는 그와 같이 야만의 상태에 놓인 한국을 일본이 인도하고 보호해줘야 한다는 당위성을 시사하기 위한 측면도 있었다. 오랫동안 쇄국 상태에 있던 조선을 일본이 개방으로 이끌어 근대로 나아가는 결정적 전환점을 맞게 해주었다는 것이 그들이 주장하는 바였다. 흥선대원군의 '쇄국완고론'은 무익한 것이며, 일본의 평화주의를 따라 '개국문명론'을 숭상해 개국하게 된 것이 조선에 유리한 선택이었다는 것을 끊임없이 주지시킨 바도 있었다.[129] 쇄국과 개국, 완고와 문명을 대비하며 문명국으로 나아가기 위해 일본의 계도가 더욱 필요하다는 논리를 구사하는 소재로도 삼고 있었다.

한성신보의 이러한 태도는 두 가지 방향으로 드러난다. 인류 보편적 시각의 문명 사회와 한국 사회를 비교하는 것과, 일본의 사회 수준과 한국을 비교하는 것이다. 동시에 세계 보편적 수준에 한참 못 미치는 한국을 우월한 문명 국가인 일본이 도움을 주고 이끌어준다는 시혜론적 논리로 접근하는 것이다.

일례로 세계 보편적 시각에서 지극히 당연한 논리를 다음과 같이 설파하고도 있다.

국가를 경영하려고 하면 국가의 실체를 공고히 해야 하고
국가의 실체를 공고히 하려면 국민의 정신이 국가 실체의 재료가
되므로 무형한 체를 발휘하여 결합 일치함으로써 상하가 하나로
꿰어져야 한다. 그렇지 않으면 백번 개혁한들 사상누각이
될 것이다.[130]

그런 수준에 비춰 봤을 때 한국 사회는 1882년 임오군란 이후로 생긴 각종 변란이 국왕의 측근에서 일어나 신료들을 믿을 수 없는 상황이라는 것이다. 당시 러시아 공사관으로 이어한 것도 서너 사람의 신하들에 의한 것이고, 신하들이 서로 꺼리고 분열하여 충군애국할 마음이 없으니 누구를 신임할 수 있겠느냐는 것이다.[131] 국왕 주변에 친일파, 친러파, 친미파 관료가 서로 갈리어 상하가 호응하지 못하는 한국의 실정과 관료들의 행태로 미루어 볼 때 인민들의 실정이야 언급할 필요조차 없는 한국 사회의 수준을 드러내 보이려 한 것이다.

또한 한성신보에서는 일본이 미국에 나라 문호를 연 것은 어쩔 수 없는 운명으로 보았다. 반면, "조선은 일찍이 중국 문화에 속하여 다른 나라에 정복도 되고 통치도 받아왔기에 백성들의 정신이 비굴하

고 순종적이어서 문명이 발달할 인연이 없었다"[132]라고 한다. 일본의 개항은 운명적 결단인 것으로, 중국과 한국은 결국 서양의 침략에 저항하지 못하는 지경에 이른 것으로 객관적인 논리도 없이 도식화했다. 동양 삼국 가운데 자신들이 가장 먼저 서양과 교류하면서 서양 문명을 흡수하여 문명 국가의 대열에 들어섰음을 자부하고 있는 것이다.

이러한 일본의 시선으로 볼 때 한국은 정치, 경제, 교육 등 모든 면에서 부족하고 뒤떨어진 나라였다. 특히 정치는 워낙 부패했기 때문에 혁신을 기대하는 것은 백년하청이나 마찬가지라는 시각이었다. 한성신보에서는 고종을 "혁신하는 이름은 있고 혁신하는 실상은 없으며, 개화의 뜻은 있고 변화시킬 과단성은 없으니 아전에게도 백성에게도 미덥지 못하여 상하가 주저하는 듯이 있다"[133]라고 보았다. 국왕의 결단력과 과단성의 부재를 만사의 원인으로 본 것이다. 그래서 오히려 "경제 기관을 일으켜 경제를 발달시킴으로써 그 세력으로 정부에 압력을 가하여 정치의 혁신을 촉진할 수 있을 것"[134]이라는 충고를 하기도 했다.

한성신보에서는 교육 부분에서도 일본과 조선을 비교하는 방식으로 조선의 부족함을 광고했다. 일본은 이미 명치유신을 통해 개혁을 단행했지만, 조선의 개혁은 밑바닥부터 만들어나가고 육성해야 하는 수준이라는 것이었다. "나라 개혁은 계도에 있는데 국가의 계도는 개인의 교육을 먼저 시행하는 것이 필요하다. 그런 점에서 조선의 개혁은 시작하지 아니한 것과 마찬가지"[135]라는 입장이었다. 보편적 문명 국가에서는 국가 교육이 제일 중요한데 조선은 갈 길이 멀다는 것이었다.

그런데 1895년 경성에 사범학교와 소학교가 설립된 이후 생도들이 늘면서 이들이 졸업 후에 각 지방 학교에서 교사로 제 역할을 해준다면 완고한 지방 사람들에게 문명 개화한 학업을 베풀 수 있을 것이라며 고무적인 태도를 취하기도 했다. 또한 일본으로 유학 간 생도들이 돌아오면 매사가 크게 바뀌고 개혁될 것이라고 전망했다.[136] 결국 갑오개혁의 영향으로 신식 학교가 설립되고 문명한 국가인 일본의 교육 수혜를 입은 유학생들이 돌아오면 교육 분야에서의 개혁도, 문명 개화도 가능할 것이라는 주장이었다.

일본은 갑오정권을 추동하여 신식 학교를 건립하고 유학생을 파견하는 데서 그친 것이 아니라 직접 학당을 설립하기까지 한 자신들의 조선 사회에 대한 공헌을 한성신보를 통해 광고하기도 했다. 한성신보에서는 국가가 부강하고 문명하기 위해서는 백성을 가르쳐야 한다는 점을 강조하면서 일본의 경성학당 창설의 취지를 설명하기도 했다.

조선의 풍속이 구차하고 게으르며 기강이 해이하고 안일하여
일본의 뜻있는 인사들이 조선을 도와 동양의 화평을 보전하기
위해 경성학당을 창설하였다.[137]

특히 일본 조야의 지사들이 대일본 해외교육회를 결성해 조선의 지사들을 도와서 이끌어주려는 뜻이 있었음도 밝히고 있다. 결국 한성신보 보도를 통해 이 같은 사실을 기사화함으로써 일본의 교육적 시혜를 널리 알리고자 하는 것이 주요한 골자였음을 짐작할 수 있다.

실제 경성학당 개학식에서는 "입학생이 50~60명이요, 교사는 5명

인데 체조술이 없어서 일본 수비대의 위관 여러 명이 생도에게 체조수로서 가르쳤다"[138]는 풍경도 전하고 있다. 체조 수업은 그렇게 시작했다고 하니 학교 설립에서 학과목 운영까지 일본의 영향을 받지 않은 것이 없을 정도였다. 이처럼 신문 보도를 통해 일본은 일본 정부나 사회단체가 한국 사회를 위해 기여하는 점을 강조하면서 문명국과 비문명국, 시혜국과 수혜국의 이분법적 구도로 한국 사회를 바라보았다.

한성신보에서는 조선이 법을 운용하는 체계나 질서에도 정해진 기준이 없고 관리들의 부패 속에 고무줄처럼 운용되고 있는 사실도 지적했다. 명성황후 시해 사건 이후 황후의 정신적 지주 역할을 해왔던 진령군이 재판을 받는 과정을 소상히 게재한 데서 이 같은 인식과 태도를 엿볼 수 있다. 진령군은 임오군란기에 충주로 피난해 간 황후에게 접근하여 뛰어난 예지력을 발휘하면서 황후와의 인연을 만들어나간 무당이다. 그녀는 황후의 최측근이 되어 관우에 대한 기복신앙이 퍼져 있는 사회 분위기 속에서 스스로를 용맹함과 영험함의 표상인 관우의 딸로 둔갑시키며 숭배의 대상이 되어갔다. 국왕 내외의 절대적 신임 속에서 진령군은 점차 국정을 농단하는 실세가 되었고, 관직 알선과 뇌물 등 부정과 부패의 중심에 있었다.

진령군을 대표로 하는 무속 문화는 일본이 조선을 비문명국으로 평가하는 한 요소가 되기도 했다. 진령군은 재판을 받으면서 주변 권력자들에게 수십만금의 재산을 써서 동리 밖으로 내쫓김을 당하는, 방축전리(放逐田里) 형벌에 그쳤다는 것이다. 이에 "조선의 법률은 돈으로 움직이니 그 가벼움이 추호(秋毫)와 같다"[139]라면서 우리의 사법 풍토를 조롱했다. 이러한 분위기에서 김홍집 살해 사건은 일본이 지금껏 하등 국가로 보아온 한국을 더욱 미개하고 야만적인 국가로 무시하며 세계만방에 알리는 좋은 호재가 되었을 것이다.

한성신보에서는 한국의 정치, 법률, 교육 분야에만 그치지 않고 사회풍속이나 자연과학적 현상을 바라보는 시각에서도 한국이 문명국의 범주에 한참 못 미치는 수준임을 우회적으로 드러냈다. 이를테면 서방의 보편적 문명 국가에서 서로 친밀한 관계인 사람들이 만나면 입맞춤 즉, 접문(接吻)하는 예를 소개하면서 "접문은 곧 친애라. 만일 조선 사람이 이런 거동을 보면 변괴로 여기고 이로 인해 병이 전염된다고 여기니 한심하다"[140]라며 기사화하는 식이다. 나아가 자못 조롱하는 식의 기사를 게재하곤 했다.

> 하늘의 빛깔이 흰 무지개를 보고도 괴이한 일이라고 말들이 많다.
> 물기운이 올라가 위에 닿아 하늘에 차면 모두 엉기어 해를 가려
> 비추므로 백홍을 이루나니 이는 겨울에 항상 있는 일이오
> 괴이함이 아닌데 세상 사람이 그릇된 말을 하니 어리석은 사람이
> 꿈을 말함이라. 안타깝다. 물리에 깊은 자 계몽함을 말할 길이
> 없다.[141]

이는 한성순보에서 일반 물리학의 기초와 과학 상식을 소개하는 내용이나, 독립신문에서 인민에게 사회적 습속이나 의식을 계몽하는 취지에서 쓴 글과 비교가 된다. 우등한 자가 열등한 자를 내려다보는 시선으로 조롱 섞인 험담을 담고 있지 않았다는 점에서도 그러하다. 한성순보 1883년 11월 10일 자에 게재한 '지구(地球)의 운전(運轉)에

대한 논(論)'을 비롯해 1884년 5월 5일 자의 '행성론(行星論)'과 1884년 6월 4일 자의 항성동론('恒星動論')'을 비롯한 과학 상식 기사, 독립신문 1896년 5월 19일 자의 위생을 중시하자는 취지의 논설, 1896년 6월 6일 자에서 조혼의 폐단과 부부간 예법의 문제를 다룬 논설 등 일일이 제시하기 어려울 정도로 많은 글들이 있다. 이러한 논설들은 과학의 기초적 지식을 소개하면서 인민을 계몽하고자 하는 데 1차적인 목표를 둔 것이다.

그런데 한성신보는 기자들 자체가 낭인 출신으로 일본의 한국 침략을 도모하기 위해 전위적으로 활동하는 집단이었기에[142] 조롱과 하대를 일삼는 보도 태도는 이미 예견되었던 일이라고 할 수 있다. 일본은 한성신보를 통해 일본 거류민의 이해를 대변함은 물론, 한국을 문명국으로 이끌어주는 계도자로서 스스로를 포장하며 침략을 정당화해왔던 것이다.

당시 한국 사회의 수준은 근대화의 길로 접어든 일본과 차이가 있었음은 사실이다. 그럼에도 불구하고 한국 사회를 필요 이상으로 저급하고 우매하며 야만의 상태로 묘사한 데에는 한국이 문명국인 일본이 보호하고 인도해야 할 처지에 놓여 있음을 극적으로 몰고 가려는 기도였다. 김홍집 살해 사건을 과도하게 묘사하고 보도한 데에는 친일 개화파의 죽음과 개혁의 좌초를 아쉬워하는 이면에 일본의 이와 같은 의도와 계산이 작동하고 있었다.

## 3. 무사부일체(巫師父一體)로서의 명성황후와 진령군

### 무속 = 국고 탕진 = 황후라는 등식

한말의 정치적 격변기를 살다 간 명성황후에게서는 다양한 모습을 볼 수 있다. 남편인 고종을 가장 가까운 거리에서 보필한 아내 및 왕비로서의 황후와 하나밖에 없는 병약한 아들인 순종을 보살피고 양육한 평범한 어머니로서의 모습이다. 반면, 민씨 일파의 중심에서 시아버지인 흥선대원군과 정쟁을 일으키면서 고종을 보좌한 데서는 야심에 찬 여성 정치인으로서의 황후가 그려진다. 황후에게서 이처럼 다양한 모습이 보이는 것은 그녀의 삶이 그만큼 복잡하고 다양했으며 조선 말기 정치의 중심에 서 있었음을 의미하는 것이다.

이러한 여러 모습 속에서도 황후는 특히 TV, 드라마, 영화 속에서 '권력욕에 불타는 사악한 여인', '집안을 망친 암탉' 등으로 묘사되어왔다. 즉, '광범위한 민씨 일족의 구심점으로서 고종을 능가해 국정을 농단했으며 권력을 사이에 두고 대원군과 갈등을 빚다가 나라를 망친 여인'[143]이라는 종래의 인식 틀 속에서 주로 해석되어왔다. 이는 1980년 정비석의 소설, 『민비전』이 출간될 때까지 문화 콘텐츠 속에 보이는 황후의 공통된 이미지였다.

그런데 1990년대부터 각종 문화 콘텐츠 속에서의 황후는 개화의 선각자, 고종을 정치적으로 보필한 총명한 여성, 조선의 독립을 위해 애쓴 외교 책략가로서 적극적으로 자리매김되기 시작했다. 앞에서 살펴본 바와 같이 명성황후와 관련된 연구에서도 황후가 똑똑하고 총명하다는 점을 바탕으로 조선 말기 정치사에서 차지하는 위치와 비중이 재평가되기 시작했다. 고종이 자신의 집권 기반을 공고히 하기 위해 민씨 일족을 주체적으로 활용했고, 황후는 탁월한 외교적 역량으로 정치적 활동 폭을 넓혀나갔다는 평가도 받게 되었다. 그에 따라 황후는 고종에게 가장 가까운 조언자요, 같은 목적과 이상을 향해 나아간 정치적 동반자로 자리매김되었던 것이다. 이처럼 그녀에 대한 평가와 인식의 추이는 긍정적이고 호의적인 방향으로 전환되어왔다.

황후에 대한 시각과 인식의 변화는 고종에 대한 재평가와 아울러 황후의 정치적 역할과 고종과의 관계를 새롭게 정립하려는 연구 분위기 속에서 자연스럽게 나오게 된 것이다. 또한 여성들의 사회활동이 적극적으로 이루어지고, 정치·경제·사회적으로 능력을 발휘하는 여성들이 증가하는 사회 분위기 속에서 황후의 정치적 역량과 역할에 대한 평가가 긍정적이고 능동적인 방향으로 진행되어온 측면도 있다.

이러한 시각의 변화 속에서도 황후를 일관되게 부정적으로 인식하게 하는 요소가 있다. 이는 곧 황후를 무속과 관련지어 매도하고 저평가하는 것이다. '무속에 빠져 국고를 탕진한 여인', '낭비와 부패의 원흉' 등의 평가를 받으며 황후는 야만의 표상으로서의 무속과 등치되어왔다. 조선을 낙후하고 후진적인 사회로 머물게 한 원흉으로도 인식되어왔다. 무속은 황후의 부정적 이미지를 고착화하는 데 악영향을 미쳐온 요소가 되었던 것이다. 그 중심에는 황후를 무속의 세계로 인도한 진령군이 있었다. 진령군은 역사의 전면에 등장한 이후 비선 실세로서 국정을 농단했다. 그 결과 황후에게 부정의 이미지를 덧씌우는 데 일정한 영향을 미쳤다. 무속에 빠진 조선의 낙후한 이미지, 부정부패한 황후의 이미지를 만들어나가는 데 있어서 진령군은 거의 필수적인 요소로도 활용되었다.

## 문화 콘텐츠 속 황후의 이미지 형성과 변화

명성황후를 주요 소재로 하는 역사 문화 콘텐츠 속에서는 황후가 다양한 이미지로 묘사되어왔고 시대적 정서에 따라 변화해왔다. 황후에 대한 기록이나 평가와 관련된 내용을 정사류(正史類)에서는 거의 찾기가 어렵다. 고종 친정 이후에 국왕을 보좌하며 정치에 개입한 부분이 있다고 할지라도 정부의 공식 기록에서 정치의 주역은 단연 국왕이었기 때문이다. 황후에 대한 기록은 그녀가 직접 관계된 임오군란과 을미사변 등에서나 간략하게 언급되고 있을 뿐이다. 따라서 황후의 개인적인 품성과 특성에 대한 평가나 기록은 야사나 개인 기록물, 서양인의 기록물 등에서만 보이는 정도이다. 여기에 더해 한성신보와 같은 언론 매체에서도 황후에 대한 비방과 소문을 의도적이고 악의적으로 확대 제조하며 선전하고 있었다.

이 가운데 황후에 대한 풍문들을 가장 폭넓게 담아내고 있는 자료는 황현이 저술한 『매천야록』이라고 할 수 있다. 황현은 잘 알려진 바와 같이 재야의 학자이자 우국지사로서 한말의 혼란한 정치 사회적 정황에 대한 견문을 기록해 후대에 남긴 인물이다. 그의 황후에 대한 평가는 다음과 같은 거의 부정적 내용으로 일관되어 있다.

왕후가 전국의 용하다는 점쟁이들을 찾아다니고, 명산대천에 수만 냥의 거금을 써가며 세자를 위해 기도를 드리느라 돈을 낭비했다.[144]

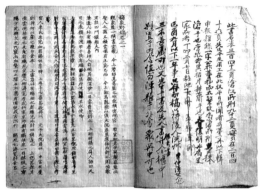

한말의 우국지사 황현이 남긴 『매천집』 표지와 『매천야록』 본문

　　무속신앙과 관련한 기록은 임오군란기에 장호원에 피신해 있던
왕후가 환궁한 후, "예지력이 뛰어난 진령군이라는 무녀를 대궐까지
불러들여 국가에 대소 사건이 있을 때마다 의견을 물으며 점치기를 좋
아하였다"[145]라고 하는 데서 절정을 이룬다.

　　이러한 기록은 황후가 점술에 빠져 국고를 낭비하고 부패 타락해
있었다는 세간의 소문을 그대로 담아낸 것이다. 소문은 그 자체로 황
후의 부정적 이미지에 덧칠되면서 확산되었다. 세계적 여행가인 이사
벨라 비숍 여사도 황후가 무속신앙에 지나치게 의존하면서 국가의 질
서까지 어지럽힌 측면이 있었음을 지적한 바 있다. 한말의 학자이자
애국계몽운동가인 정교는 『대한계년사』를 통해 임오군란 당시 화가
난 군병들이 "민후가 불공을 드리며 구복 행위를 하던 여러 사찰을 불
태웠다"[146]라는 기록을 남겼다. 황후의 원찰이 한두 곳이 아니었음을
짐작하게 하는 대목이다.

황후가 무속에 빠지게 된 계기는 하나밖에 없는 순종이 병약한 데 원인이 있었다. 순종은 어려서 천연두와 홍역을 앓아 대소 신료들은 물론 왕실이 근심에 휩싸이기도 했다.[147] 부인은 민태호의 딸인 민씨와 윤택영의 딸인 계비 윤씨를 두었으나 후사는 보지 못했다. 남성으로서 생식 기능에도 문제가 있었던 것으로 보인다. 성장하면서 임오군란과 갑신정변, 을미사변 등 여러 정치적 변란을 겪으면서 받은 정신적 충격 또한 컸으리라 생각된다. 이처럼 정신적·육체적으로 건강하지 못한 순종을 치료하기 위해 황후는 무속이라는 전통 종교에 의존해 있었던 것으로 여겨진다. 이 점은 유학자들의 입장에서 결코 호의적으로 보이지는 않았을 것이다.

앞에서 언급했듯이 당시 조선에 들어와서 활동했던 외국인들은 왕비를 냉정하고 침착하며 정치적인 인물로 평가하면서도 이지적인 여성으로 인식하고 있었다. 이들은 선교사를 비롯해서 외교 고문, 의사 등 직군이 다양했다. 이들의 황후에 대한 부정적인 평가는 그토록 이지적인 여성이 무속이라는 종교를 맹신한다는 점에 있었다. 황후로서 의외의 면모이며 후진적이라는 것이다.

무속에 빠진 황후의 비문명적이고 세속적인 이미지는 그녀가 민씨 일족의 영수로서 일가붙이를 정계로 끌어들이면서 '부패', '타락'한 이미지를 더한층 고착화하게 한 것으로 보인다. 민씨 일족의 부정하고 탐학한 면면은 곧 황후가 저지른 잘못으로 인식되는 분위기였기 때문이다. 황현의 책에 따르면 민승호에 이어 민규호 역시 재물을 탐하고 교활하여 착취하는 기풍이 날로 심했다. 민겸호는 재물을 탐내고 무식한 사람으로 고종에게 관직 매매, 옥사(獄事), 수뢰 등을 이끌기도

했다.[148]

이들 외에도 좌찬성 민영준과 전 통제사 민형식, 경주부윤 민치헌 등이 백성을 괴롭히고 탐오하다는 이유로 원악도로 귀양을 갔던 사실,[149] 갑오개혁 당시 부정부패에 연루된 민씨 일족을 정계에서 몰아내자 조야가 모두 기뻐 어쩔 줄 몰라 했다는 기록,[150] 민영준은 재기를 도모했으나 기강을 문란하게 한 죄가 워낙 커서 정계 복귀를 하지 못하고 있다는 기록으로[151] 미루어 볼 때 민씨 일족의 부정부패와 그에 대한 민중의 저항과 반발이 어느 정도였는지 짐작할 수 있다. 따라서 민씨 일족에 대한 항간의 부정적 인식은 일족의 구심점인 황후에게 직접적으로 전가되는 측면이 있었을 것으로 보인다.

황후가 세속에 빠져 궁궐을 어지럽힌다는 세간의 인식은 임오군란기에 그 절정에 달하였음을 다음의 기록을 통해 엿볼 수 있다. 구식 군인들에 대한 차별 대우와 선혜청을 관리하던 민겸호에 대한 불만으로 야기된 임오군란을 피해 황후가 광주 일대로 피신할 때 일어난 일이다. 황후가 일행과 함께 강을 건너려고 할 때 어느 노파가 다가와서 한성에서 피난하는 부녀자인 줄 알고 "음란한 중전 때문에 난리가 나서 낭자가 이곳까지 피난해 온 것이다"라며 큰 소리로 떠들었다. 황후는 아무런 말도 못 하다가 환궁 후 그 노파가 있던 마을을 없애버렸다.[152] 이를 보면 황후에 대한 악의적 소문은 한성 일원에만 퍼져 있던 것이 아님을 알 수 있다. 또한 백성은 자신들의 생활을 힘겹고 혼란스럽게 만드는 원흉으로 민씨 일족의 구심점인 황후를 지목하고 있었음을 볼 수 있다.

그런데 황후에 대한 부정적 인식이 퍼져 있음에도 그녀가 매우 똑똑하고 총명한 여성이라는 점에 대해서는 별다른 이견이 없는 듯하다. 황현 역시 황후가 일찍이 "제가문(諸家文)과 사기(史記)를 통달하여 백관의 장주(章奏)를 친히 보았고, 『팔가문초(八家文抄)』도 읽기 좋아하여 북경에서 새 서적을 구입하였다"[153]라며 그녀의 총명함과 독서열에 대해 언급하고 있다. 황후는 송나라의 이름난 문장가 8인의 글을 실은 『팔가문초』를 구입해서 볼 정도로 독서할 책을 고르는 수준이 매우 높았던 것이다. 이는 그녀에 대한 황현의 다른 평가와 비교해볼 때 매우 파격적인 언급이라 할 만하다. 비숍이나 어의로 활동한 언더우드 여사 등도 황후를 '이지적이며 우아한 지성미를 갖춘 여성', '기지가 뛰어난 명석한 여성'으로 회고했다는 점은 널리 알려진 내용이다.

황후의 총명함은 그녀가 국왕보다 더 기민하게 현실 정치를 파악하고 대처했다는 평가로 자연스럽게 귀결되었다. 프랑뎅은 황후가 표면에 직접 나서지는 않았지만 부분적으로 국사에 참견한 것으로 회고했다.[154] 동양학 연구자인 그리피스도 황후가 국왕을 유능하게 보좌했다고 평가할 정도로[155] 그녀가 현실 정치에 개입하고 있었음을 시사했다. 윤치호 역시 그의 일기에서 다음과 같이 쓰고 있다.

왕후는 교묘한 음모로 내각 대신을 서로 대립하게 하였고,
그녀의 무기는 비방이다. 이런 수단을 통해 모든 사람이
그녀를 위해 헌신하지만 그의 동료들에게는 적대적이 되도록
했다.[156]

나아가 그녀의 정치적 감각과 능력 또한 높이 평가했다.

왕후는 대원군을 연금시키는 데 박영효를 이용했다.

김홍집과 그 무리를 전복시키는 데도 그를 이용했고,

최종적으로 박영효를 축출하는 데 김홍집을 이용했다.[157] …

왕후는 대원군이든 박영효든 이노우에든 굴복시키지 못할

상대가 없었다.[158]

갑오개혁기 2차 김홍집 내각 당시 일본과의 원만한 관계 유지를
위해 국왕 내외는 박영효의 복작을 논의하면서 옷감과 저택을 하사한
적이 있었다. 몰수했던 재산도 되돌려주며 갑신정변 전의 신뢰 관계를
회복하려 노력했는데[159] 이를 염두에 두고 기록한 것으로 보인다. 당시
황후는 일본과 함께 개혁에 동참하고 있던 대원군에게 박영효가 붙어
서 합세할 것을 염려해 적극 저지하고 있었다. 또한 1894년 9월 신임
공사로 부임한 이노우에 가오루는 11월에 내정개혁안을 제시하면서
국왕 내외를 국무에서 배제하는 등 왕권을 축소해나갔다.[160] 황후는 러
시아 정부와의 친선을 도모하는 가운데 국왕으로 하여금 친러 노선을
걷게 해 위기에서 벗어나고자 했다.

국내에 친러파를 키우려 하는 최고 정점에서 일어난 사건이 왕후
시해를 계획했다는 역적 음모 혐의를 씌워 고종이 박영효를 면직한 불
궤 음모 사건[161]이라 할 수 있다. 그 결과 박영효는 두 번째 일본 망명
을 서둘렀다. 윤치호는 황후가 이러한 사건을 일으키면서 정적들을 서
로 비방하게 하고 수시로 이용할 정도로 정치적 감각이 예민했다고 본
것이다. 실제로 정치적 상황을 기민하게 파악하는 황후의 능력은 국왕
보다 더 빠른 편이었다. 단적인 예로 김옥균 등이 1884년 갑신정변을

일으킬 당시 방어가 쉬운 경우궁으로 피신할 것을 요청하는 김옥균을 향해 "이 난이 청으로부터 나왔는가? 일본으로부터 나왔는가?"[162]를 물어본 이는 다름 아닌 황후였다. 그만큼 그녀는 상황을 파악하고 정세를 인식하는 능력이 고종보다 앞서 있었다.

황후는 똑똑함과 총명함에서 연유한 빠른 판단력으로 현실 정치에 종종 개입했다. 그 결과 고종은 "황후가 훌륭한 공덕으로 곁에서 도와주었기에 정사를 잘 다스릴 수 있었다. 황후가 대궐에 있으면서 정사를 도와준 것이 30년…"[163]이라는 말로 그녀의 정치적 보필의 공을 인정했다. 윤치호는 '왕후의 집권 기간'[164]이라는 표현을 쓰는 것도 주저하지 않았다. 그 정도로 그녀의 정치적 주도권을 인정하는 편이었다. 당대 대부분은 황후의 정치 참여를 기정사실화하고 있었다.

황후가 정치적 개입의 폭을 넓힘에 따라 권력을 사이에 두고 대원군과 충돌하지 않을 수 없었다. 양자 간의 대립은 민씨 일족으로까지 확대되면서 두 집안의 반목과 대립으로 이어지게 되었고,[165] 결국 세간의 입에 오르내리게 되었다. '왕후와 대원군은 조선에서 가장 거대한 정치적 분규의 진원지'[166]라는 표현이 나올 정도로 두 사람의 정치적 알력과 갈등은 정도 이상으로 커졌다. 삼국간섭 이후 친러 정책으로 인해 조선 내 친일 개화파 세력이 약화되고 친러파가 확대되는 과정에서 왕후 시해 사건을 일으킨 일본의 입장에서는 이를 악의적으로 재생산할 필요가 있었다. 때문에 시해 사건 당시 일본 수비대장은 부하들을 모아놓고 연설하는 자리에서 다음과 같이 왕비 시해의 당위성을 설파해나갔던 것이다.

지금 조선 왕후 민씨는 전횡을 일삼고 조정의 권력을 천단하여 새로운 정치가 망가져 조선의 윤리는 망함이 있을 뿐이다. … 민후는 조선 500년 종사의 죄인이요, 일본제국의 죄인이며 동양의 큰 형세의 죄인이다.[167]

시해 사건에 행동대원으로 활동한 아다치 겐조가 주필 겸 사장으로 있던 한성신보에서도 왕후는 '부정과 부패를 일삼는 무리들의 영수'[168]로 묘사되었다. 또한 "궁중에 온갖 폐단이 난무하고, 매관매직이 성행하며, 혁신의 기운도 막아서 당장 쇄신하지 않으면 장래를 장담하지 못할 형세"[169]라면서 황후를 중죄인으로 몰아가는 데 앞장섰다.

이를 보면 황후의 총명함과 똑똑함은 그녀와 적대적 관계자들의 시각이 개입되면서 더 이상 개인의 장점으로 평가되지 않았다. 그보다는 여성의 몸으로 바깥 정치에 개입하여 국정을 어지럽히고 시아버지와 갈등을 빚어낸, '집안을 망하게 한 암탉'이 되는 데 일조한 요소로 해석되었을 뿐이다. 결국 무속신앙에 빠진 데서 비롯된 저속하고 낭비적이며 부패한 황후의 이미지는 민씨 일족의 부정과 탐학이 더해지면서 부정적 이미지를 배가시켜나가게 되었다. 더불어 황후가 가진 장점마저도 조선의 정치 현실을 후퇴시키는 방향으로 작용된 것으로 보고 있었다.

황후에 대한 이와 같은 평가와 기록은 현대에 들어와 소설과 드라마, 뮤지컬 등의 문화 콘텐츠 속에서 황후를 묘사하고 재탄생시키는 데 중요한 근거 자료로 활용되었다. 초기의 몇몇 작품들에 나타난 황후의 이미지는 한말의 내외 지식인들이 남긴 기록물에서 형성된 부정

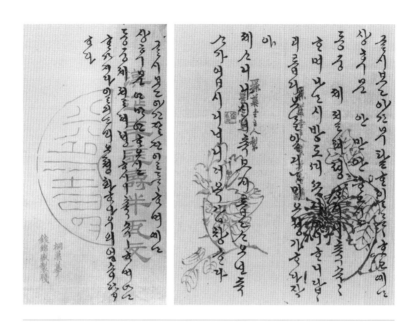

명성황후가 일가 친척에게 보낸 한글 편지

이미지를 거의 그대로 내포하고 있는 편이다. 영화에서 처음으로 황후를 조명한 〈청일전쟁과 여걸 민비〉[170]에서는 황후가 대원군과 정치적 대결은 이어가지만 개국을 주도하고 신식 군대를 양성해 국력을 강화하려는 근대화에 대한 열망을 담아내고자 했다. 이는 고종에 대해서 존재는 했으나 통치력은 발휘하지 못한 무능력한 군주로 묘사하고 한국 근대사의 전개를 황후와 대원군의 갈등 구도로 해석해온 식민사학의 연장선상에서 그려낸 것이라 볼 수 있다.

　하야시 다이스케(林泰輔)가 쓴 『조선통사(朝鮮通史)』(富山山房, 1912)나, 다보하시 기요시(田保橋潔)의 『근대일선관계의 연구(近代日鮮關係の研究)』(조선총독부, 1940)는 한국의 근대사 부분을 서술하면서 고종의 주체적 역할을 생략한 대표적인 역사서이다. 이들 역사서에서는 왕후와 민씨 일족이 연합해 대원군과 권력 다툼을 벌인 것으로 서술하고 있다. 고종이 추진한 개화 정책마저도 왕후와 민씨 일족이 시행한 것으로 서술하면서 국왕의 역할을 인정하지 않는 입장을 취하고 있다. 언론인으로서 정통 역사가는 아닌 기쿠치 겐조(菊池謙讓) 역시『근대조선사(近代朝鮮史)』(鷄鳴社, 1938)와『대원군전(大院君傳)』(日韓書房, 1910)에서 동일한 인식을 보이고 있다. 이러한 식민사학의 영향 속에 '무능한' 고종과 '집안을 망친' 황후의 이미지가 고착되어온 것이다.

소설 속에서 황후의 일생을 처음으로 다룬 정비석의 소설 〈민비전〉(고려원, 1987)[171]에서는 고종의 승은을 입은 영보당 이씨와 장상궁을 시기하고 질투하는 한편으로 기백이 넘치고 과감한 성품의 황후를 그려냈다. 또한 점성술에 빠져 국고를 탕진하고 낭비벽이 심한 여성으로, 호랑이보다도 더 무서운 대원군을 상대로 정치 싸움을 벌이다 시해된 여걸로 묘사했다. 따라서 황후의 질투, 시기, 낭비벽, 시아버지와의 정치적 갈등 등 부정의 이미지는 소설을 통해 계속적으로 확대 재생되어 왔음을 알 수 있다.

소설 〈민비전〉에서는 또한 시아버지와 권력 쟁탈을 일삼으면서 일본의 장애물이 된 황후가 처절하게 시해되는 정치적 좌절 과정도 그려냈다. 이 부분에 대해 일본의 소설가인 쓰노다 후사코(角田房子)가 쓴 〈민비암살〉(김은숙 역, 조선일보사, 1988)에서는 '왕을 통해 자신의 뜻대로 국가를, 국민을 지배하고 군림해온' 실체로서의 황후의 정치적 적극성을 묘사했다. 또한 시아버지와의 사이에서 '암룡과 수룡이 권력이라는 황금의 구슬을 빼앗듯이 사투를 전개해나간' 측면을 부각시키면서, 일본에게 방해가 된 황후가 시해당하게 된 과정을 세밀하게 그려냈다. 이 과정에서 작가는 그동안의 연구를 통해 황후 시해가 일본이 저지른 국가적 범죄였음이 밝혀졌음에도 불구하고 미우라 고로 공사의 단순 범죄라는 해석을 도출해내고 있다.

이처럼 황후가 총명하고 기민한 정치적 자질로 외교적 수완을 발휘함으로써 시해당했다는 구도가 나오기 시작하면서 그녀는 점차 정치적 희생양으로 자리매김되었다. '집안을 망하게 한 암탉'에서 뛰어난 정치 외교적 감각을 지닌 여성으로 당당하게 재탄생하기 시작한 것이다. 그 결정적 계기가 된 것은 희곡 형식으로 황후의 일생을 묘사한 이문열의 〈여우사냥〉(도서출판 살림, 1995)이라 할 수 있다.

작품에서는 민비 시해 사건을 중심에 두고 고종은 개화파와 수구파 사이에서 고뇌하는 우유부단한 인물로, 황후는 주체적이고 독립적이며 의지가 강한 여성으로 그려지고 있다. 청일전쟁에서 승리한 일본이 노골적인 침탈 행위를 자행하자 황후가 이에 맞서 항거하며 조선의 국운을 다시 일으키려다가 일본 제국주의의 표적이 된 것으로 묘사한 것이다. 그 결과 황후는 희곡 속에서 조선을 끝까지 수호하며 강적 일본을 물리치려 한 강렬한 민족주의자로 환생하게 되었다. 이 희곡은 뮤지컬 〈명성황후〉의 저본이 되면서 일반인들의 뇌리에 황후를 강인한 여성이자 조선을 수호하다 처절한 죽음을 맞이한 비극적 희생양으로 각인시키는 데 영향을 미쳤다고 볼 수 있다.

뮤지컬 〈명성황후〉는 이문열의 희곡을 원작으로 극작가 김광림이 각색하고, 윤호진이 연출을 맡아 1995년 예술의전당 오페라극장에서 처음 개막되었다. 이후 전국은 물론 전 세계를 무대로 공연되고 있는 작품이다. 그러나 황후 자신을 당대에 언급되지도 않았던 '조선의 국모'로 표상할 정도로 과장되게 역할을 상정함으로써 다른 한편으로는 고종의 이미지를 더욱 왜곡시키는 결과를 초래하기도 했다.

다큐멘터리 기법을 활용하면서 소설적 접근을 시도한 유홍종의 〈다큐멘터리 소설 명성황후〉(현대문학북스, 2001)에서는 보다 다양한 측면이 부각되었다. 황후가 민씨 일족을 요직에 앉히며 왕의 친위 세력을 구축하여 왕권을 보위한 측면, 청과 일본의 각축 속에서 다양한 외교가와 선교사들의 도움을 이끌어내며 자주독립국을 유지해나가려 노력한 측면을 그동안의 연구 성과에 의거하여 세밀히 묘사한 것이다. 이 과정에서 왕비는 정치적으로 판단이 빠르고 민첩하며, 총명하고 결단력 있는 지도자로서 국정에 적극적으로 개입한 여걸로 묘사되었다. 이러한 해석은 드라마 〈명성황후〉(KBS, 2001)에까지 이어지면서 고종보다 황후가 오히려 정치적 주체였던 것으로 인식되게 하는 데 일정한 영향을 미치기도 했다.

이처럼 최근 들어서는 황후가 총명하고 주체적인 태도로 정치에 개입하여 열강을 이용해 외세를 방어하려 했던 측면을 적극적으로 해석해내고 있다. 이를 통해 황후는 남성에 결코 뒤지지 않는 탁월한 정치적 역량을 가진 여걸로 재탄생하게 되었다. 고종을 정치적으로 보필하며 외교적 수완을 발휘하여 조선의 독립을 위해 애쓴 외교 책략가로까지 거듭나게 된 것이다. 이는 황후의 정치적 역할을 적극적으로 평가해온 그동안의 연구 성과가 사회에 확산되고 각종 문화 콘텐츠에 활용되면서 나타나게 된 변화로 보인다. 또한 여성의 정치 사회적 활동을 긍정적으로 평가하고 인식하는 사회적 시선과 결합되면서 새로운 이미지의 창출로 이어진 결과라고 생각된다.

## 황후와 진령군의 잘못된 만남

이렇듯 문화 콘텐츠에 담긴 황후에 대한 시각과 인식은 최근 들어 보다 긍정적인 방향으로 바뀌고 있다. 그럼에도 불구하고 황후가 무속에 빠져 국고를 낭비했으며 세속적인 구복 행위를 이어갔다는 사실은 거의 빠지지 않고 등장하고 있다. 나아가 무속과 관련한 이야기는 황후의 적극적이고 긍정적인 이미지를 훼손하는 중심 역할을 하면서 지속적으로 재생되고 있다. 여기에 황후와 거취를 거의 함께한 진령군의 존재는 현재까지도 황후의 품위와 인성을 평가하는 데 부정적 영향을 미치는 요소라고 볼 수 있다. 즉, 황후에 대한 부정의 이미지는 그녀의 과다한 무속신앙 생활로 비롯되었으나 그 증폭점은 진령군에서 기인한다고 할 수 있는 것이다.

애당초 황후와 진령군의 인연이 어디서부터 연유하고 있는지를 추적해보면 1882년 일어난 임오군란 시기로 거슬러 올라간다. 당시 고종은 개항 이후 일본에 수신사를, 청나라에는 영선사를 파견하면서 신문물을 배우게 하고 이를 들여오는 개화 정책을 추진하고 있었다. 그런데 부국강병을 목표로 한 개화 정책은 일반 민중에게 선의의 결과만을 가져다주지는 않았다. 특히 개항 후 대규모 자본과 기술을 바탕으로 생산된 서구 상품의 유입은 국내의 영세한 수공업자들을 몰락시켰다. 일본으로의 쌀의 대량 유출은 국내의 곡물 수급 구조를 교란하고 곡물가를 폭등시켜 도시와 농촌의 임노동층과 빈농층의 반발을 초래했다. 곡물가의 등귀로 인한 물가 상승은 도시민과 일반 하층민들에게 심각한 피해를 주었던 것이다. 여기에 정부의 재정 확보를 위한 악화 남발까지 이어지면서 곡물 가격을 비롯한 각종 물가의 인플레이션 현상까지 빚게 되는 등 개항 이후 제국주의의 경제적 침탈은 사회 모순을 격화시키고 있었다.[172]

이런 상황에서 조정을 비롯한 정부 관리들의 부정부패는 생활이 극도로 궁핍해진 백성들의 감정을 더욱 자극했다. 특히 황후의 경우 병약한 세자를 위해 유명 사찰을 두루 돌아다니며 과다한 종교 행사를 벌인다는 소문이 무성했다.[173] 절에 바치는 시주도 점점 늘려갔다. 약낭을 메고 다니던 자칭 의사인 남원의 최석두(崔錫斗)라는 자가 황후의 대하증을 치료해주자 그를 고산군수로, 남원부사로 선임해주었다는 소문도 있었다.[174] 무당들에게 참판 혹은 승지의 벼슬을 마음대로 주기도 하여 낭비와 부패에 앞장서는 인물로도 지목되고 있었다.[175] 이러한 기록은 개인의 간접적인 풍문에 의존한 것이기는 하지만, 황후가 진령군과 인연을 맺기 전에 이미 무속에 빠져 있었던 정황을 짐작하게 한다.

봉급미를 제대로 받지 못해 불만이 쌓여가던 구식 군인들과 백성들은 자신들의 생활이 곤궁해진 원인이 이러한 국고 낭비와 부정부패에 있다고 생각했다. 여기에 더하여 개화 비용이 증대되면서 국가 재정이 어려워지자 정부가 구식 군인들의 급료를 제때 지급하지 못하는 일이 되풀이되었다. 결국 13개월이나 급료가 밀려 있는 상황에서 1개월분으로 받은 쌀에 겨와 모래가 섞여 있고 양도 규정에 못 미치자 격분한 군병들이 임오군란을 일으키게 된 것이다.

민중과 합세한 난병들은 황후와 같은 여흥 민씨로 선혜청 당상을

서대문구 천연동에 있던 최초의 일본공사관

맡고 있던 민겸호와 그의 손자 민창식, 대원군의 형으로 고종 정권에서 재상을 하고 있던 이최응 등을 보는 대로 죽였다. 창덕궁 안으로 들어가 대신과 내시들도 닥치는 대로 죽였다. 이들의 최종 공격 목표는 황후였다. 황후는 민씨들의 상징적 존재였기에 군민들은 민씨 일족을 향한 증오까지 얹어서 중전이 자신들을 못살게 하는 원흉이라고 생각한 것이다. 군민들은 황후를 찾으려고 사방을 수색하고 다녔다. 대궐 안은 난장판이 되었다.[176]

황후는 난리가 나자마자 미복 차림으로 무예별감 홍계훈의 도움을 받아 대궐 밖으로 피신했다. 이때 난병들이 황후가 탄 가마를 막아서며 수색하려 하자, 홍계훈은 상궁으로 있는 자신의 여동생이라며 큰소리를 치고 황급히 빠져나갔다.[177] 당시 황후를 모셨던 민응식이 쓴 『임오유월일기』에 따르면 황후는 6월 10일 화개동 윤태준의 집을 시작으로 7월 13일 민영위의 집에서 머물다가 8월 1일 환궁하기까지 며

임오군란 당시 일본공사관을 공격하는 군병들을 그린 삽화

칠 간격으로 피난 생활을 한 것으로 되어 있다. 그만큼 황후의 처지는
절박했고, 민중들의 눈에 비친 황후는 중죄인이었다.

　민응식의 충주 장호원 시골집으로 옮긴 황후는 피신 초기에는 자
신의 존재가 드러날까 불안했지만 특별히 할 일이 없었다. 점차 무료
해지면서 궁궐이 걱정되기도 했다. 언제쯤 궁궐에 돌아가 국왕과 세자
를 다시 만날 수 있을까 궁금하고 염려스러웠다. 참다못한 황후는 민
응식에게 부탁해 근처의 용한 점쟁이를 수소문하게 했다. 그때 "호서
지역의 이온(李媼)이 찾아와서 스스로 관왕의 딸이라고 하고 모월 모
일에 궁궐로 돌아갈 수 있다고 장담하였다. 황후는 기이하게 여기면서

임오군란 때 장호원 일대로 피난했던 명성황후의 당시 생활을 엿볼 수 있는 『임오유월일기』.
현재 대전시 향토사료관에 소장되어 있다.

도 곧 환궁하게 되어 무녀의 영험함이 입증되자 이후 온(媼)의 말이라면 무조건 따랐다. 이내 궁성 동북쪽 모퉁이에 북관왕묘를 세워서 그녀를 진령군이라 불렀다."[178]

이처럼 황후와 진령군은 충주 시골집에서부터 인연을 맺기 시작한 것으로 보인다. 김택영이 남긴 문집에서 진령군을 '김씨의 처'라고 하고, 정교의 책에서는 '김창석(金昌錫)의 모(母)'라고 하였으니[179] 김씨와의 사이에서 아들 하나를 둔 기혼녀였음을 알 수 있다. 후일 조선총독부 기관지 역할을 한 경성일보 기사에 따르면 진령군은 충주에서 농사를 짓던 김모의 과부로도 나온다.

열거한 자료들에 따르면 진령군은 공손하고 단정한 태도로 황후를 섬겼으며, 황후의 말 상대가 됨으로써 황후의 적막함과 무료함을 달래주었다. 또한 황후가 고종의 연락을 받고 궁궐로 돌아간 때는 8월 1일이었는데, 진령군이 그 날짜를 '8월 초하루'라고 예언함으로써 정확하게 맞혔다는 것이다.[180] 진령군의 신통력에 놀란 황후는 입궐 후 곧바로 그녀를 대궐로까지 불러들이면서 정신적 의지처로 삼기 시작했는데, 이는 여러 자료에서 동일하게 엿보이는 내용이다. 진령군에 대한 경성일보 기사는 떠돌던 여러 소문을 기쿠치 겐조가 장풍산인(長風山人)이라는 필명으로 후대에 취합해서 게재한 것이다. 그는 이 외에도 정사(正史)가 아닌 야사 수준으로 조선의 이면사를 흥미롭게 구성해 경성일보에 연속 게재했다.

## 비선 실세가 된 진령군

황후의 신뢰를 얻은 진령군은 궁궐에 무시로 출입했다. 그녀의 요사한 감언이설을 철저하게 믿은 황후는 전국에 기운이 좋다는 산천을 두루 찾아다니며 기도를 올렸다. 황후가 무슨 질병을 앓을 때마다 진령군이 손으로 아픈 곳을 어루만지면 증세가 말끔히 사라졌다고 하니[181] 정신적으로 의존하는 정도가 점점 깊어진 것으로 보인다. 황후가 무속에 빠지게 된 것은 순종이 태어날 때부터 병약한 데 기인하는 바가 컸다. 황후는 병약한 아들을 보고만 있을 수 없어 전국의 유명하다는 무당들을 수소문하여 궁궐로 불러들였다. 점쟁이에게 세자를 맡기기도 하고, 절에 바치는 시주도 점점 늘려갔다. 세자가 좀 나아졌다 싶으면 사례를 하지 않을 수 없었다. 참판 혹은 승지의 벼슬을 받기도 한 무당들이 생겨났고, 진령군은 그중 대표적인 무녀라 할 수 있다.

이들은 황후 아래에서 일종의 특권을 누리고 있었다. 진령군이 궁을 수시로 드나들게 되자 궁궐에 무당이 상주한다는 소문이 돌기 시작했다. 소문을 의식한 진령군은 궁궐에 있기보다 궁궐 가까운 곳으로 나올 계획을 세웠던 것으로 보인다. 이내 자신이 한나라 명장 관우의 딸이라며 국왕 내외에게 관왕묘를 건립해줄 것을 희망했다. 기쿠치는 『조선왕국』에서 황후가 "민씨 일족이 흩어지고 정치적 부침 등의 변화를 겪을까 우려하여 무당에 의지했다"[182]라고 서술하고 있다. 나아가 경복궁을 드나든 무녀가 무려 60여 명에 이른다고도 했다. 항간에 떠도는 소문을 악의적으로 확대 서술한 것으로 보인다. 그는 진령군을 '신령군(神靈君)'이라 칭하기도 하여 신점에 의거한 '무속 정치'로 비하하려고도 했다.

조선에서 관우를 숭상하는 분위기는 임진왜란 당시 명나라 원군의 신앙생활에서 영향을 받아 시작되었다. 관우는 중국 역사상 수많은 무장 중에서 특히 순수한 충성심, 의리, 뛰어난 용맹, 기묘한 무예, 당당한 성품 등으로 사람들에게 신으로 숭배되고 있었다. 공자와 함께 '문무이성(文武二聖)'으로 불릴 정도로 중국에서는 이미 관우 숭배 신앙이 폭넓게 퍼져 있었다.[183] 중국은 관우의 영령이 지속적으로 도와주었기 때문에 왜군을 물리칠 수 있었다며 관우 신앙을 조선에까지 강권했다. 사헌부에서 "동관왕묘를 건립하는 일은 중국의 분부에서 나온 것이어서 부득이한 조처였다"[184]라는 계문을 올린 데서 동관왕묘 설치가 초기에는 중국의 강요로 시작된 것임을 알 수 있다.

이에 조선에서도 1598년에 남묘를 건립했다. 『선조실록』에는 선조 31년(1598) 4월 25일 관왕묘를 세우고 소상을 설치했지만 공역은

경상북도 안동에 설치된 관왕묘

아직 완료되지 않았다는 기록이 나온다. 이를 보면 마무리 작업 과정을 거쳐 그해에 설치된 것으로 파악된다. 1601년에는 동대문 밖에 동묘를 세워 관우 숭배 신앙을 이어나갔다. 『선조실록』 선조 34년(1601) 6월 19일 자 기록에는 기해년(1599) 8월부터 동관왕묘 건립을 시작해 20개월이 지났고 한 달 역군이 200여 명에 이를 정도로 역사가 방대하여 끝나는 일자를 알 수 없다는 보고가 올라와 있다. 또한 그해 7월 5일에 사관이 "동관왕묘는 긴요하지 않은 역사를 일으켜 적지 않은 비용을 낭비한 결과를 초래하였다"라고 논하고 있어 1601년 7월경에는 마무리된 것으로 보인다. 그러나 관왕묘에 대해 언급하고 있는 〈북묘묘정비(北廟廟庭碑)〉를 보면 남묘는 1598년에, 동묘는 1600년에 완공은 아니나 건립되어간 것으로 파악하고 있었음을 알 수 있다.

곧이어 경성에서 540리 떨어진 경상도 안동, 경성에서 600리 떨어진 성주와 다대도(多大島)에서까지 해마다 관우에 대한 제사를 지냈다.[185] 관우는 경성 일원뿐만 아니라 조선 내 거의 모든 지역에서 기복 신앙의 대상이 되고 있었던 것이다. 진령군은 이러한 사회 분위기 속에서 자신을 용맹함과 영험함의 표상인 관우의 딸로 둔갑시키며 숭배의 대상이 되고자 했다.

고종과 황후는 자칭 관우의 딸인 무녀의 요청에 따라 창덕궁에서 가까운 명륜동 산기슭에 북묘라 불리는 관왕묘를 지어주었다. 곧이어 무녀에게 '진령군'이라는 호를 내려주었다. 북묘를 지어준 후 고종 24년(1887)에 건립한 〈북묘묘정비〉(현재 국립중앙박물관 야외 전시장 소재)를 보면 고종과 황후는 관우를 한층 경외하면서 받들었음을 알 수 있다. 관우는 국왕 내외의 꿈에도 현몽함으로써 자신들을 지성스럽게 돌보아준다는 생각을 하게 되었다. 이에 1883년 숭교방(崇敎坊) 모서리 송동(宋洞)의 '증주벽립(曾朱壁立)'이라 새긴 바위벽 아래에 북묘를 세우게 되었다는 것이다. 여기서 송동은 노론의 영수인 송시열의 집터로 북한산 기슭에서 가장 깊고 조용한 곳이다.[186] '증주벽립'은 송시열이 성리학의 대가인 증자와 주자를 계승하겠다는 의지를 밝힌 것으로 보인다.

북묘를 세운 후 고종은 관우를 모신 덕분에 임오군란을 무사히 진압했고, 갑신정변 당시에도 북묘로 피신해 무사할 수 있었다며[187] 지극한 숭배감을 드러냈다. 이는 결국 관우를 모신 덕분에 두 차례의 환난을 견뎌낼 수 있었다는 심정을 밝힌 것이기도 하다. 확대하면 관우의 딸로 자처하던 진령군에 대한 숭배감을 내포하고 있다고도 볼 수 있

진령군에게 북묘라 일컫는 관왕묘를 지어주고 국왕 내외가 지극히 숭배했음을 엿볼 수 있는 북묘묘정비. 현재 국립중앙박물관 야외 전시장에 있다.

다. 황후뿐만 아니라 고종 또한 진령군으로 대표되는 무속에 의지하며 신뢰감을 보인 것이다.

고종 내외의 절대적 신임에 힘입어 진령군은 점차 국정을 농단하는 실세가 되어갔다. 황후의 친정아버지 민치록의 무덤을 네 번이나 이장하게 했으며, 그의 말 한마디로 수령과 변장들이 결정되기도 했다. 염치없는 자들이 그에게 아부해 간혹 자매를 맺기도 하고 혹은 양아들을 맺자고도 했다.[188] 가난한 무뢰배였던 이유인은 진령군이 점을 잘 쳐서 국정을 뒤흔든다는 말을 듣고 그녀에게 접근해 누이니 아우니 하는 관계로 지내기도 했다.[189] 그녀의 소개로 양주목사가 된 후에는 경상북도 관찰사와 경무사까지 올랐다. 이후 진령군이 "이유인을 수양아들로 삼고 북묘에서 함께 살기도 해 두 사람 간에는 추문이 끊이지 않았다"[190]라고도 한다.

형조참의와 동래부사를 지내고 이 땅에 종두법을 들여온 지석영은 억만 백성들의 입을 대신해 진술한다며 상소문을 올리기도 했다. 그는 "신령의 힘을 빙자해 임금을 현혹시키고 기도한다는 구실로 재물을 축내며 요직을 차지하고 농간을 부린 요사스러운 계집 진령군(眞靈

君)에 대해 온 세상 사람들이 그의 살점을 씹어 먹으려고 한다"[191]라는 과격한 표현을 통해 진령군에 대한 세상인심의 험악함을 드러냈다. 나아가 진령군을 효수하여 백성들의 원통함을 풀어줄 것을 호소하기도 했다.

성균관 전적과 정언을 거친 안효제 역시 진령군이 온갖 위세와 권력을 천단하는 행태를 두고 볼 수 없다며 국왕에게 상소를 올려 그녀를 벨 것을 주장한 적이 있다. 상소문을 통해 안효제는 "요즘 괴이한 귀신이 성제(聖帝)의 딸이라고 거짓말을 하며 스스로 북관왕묘의 주인이 되어 요사스럽고 황당한 말로 사람들을 속이고 임금의 총애를 가로채려 한다"[192]라면서 진령군을 맹렬히 성토했다. 그는 진령군이 권세를 부려 수령이나 감사도 왕왕 선발한다면서 그녀로 인해 "창고의 재정이 궁색하며, 관청 준직과 관리 추천이 난잡하게 되고, 대궐 안이 엄숙하지 못하며, 형벌과 표창도 공명정대하지 못하고, 백성은 곤궁에 빠지며, 조정의 정사 또한 문란하게 된다"라고 공격했다. 고종은 이에 크게 분노하여 안효제를 추자도로 귀양 보내라는 명령을 내리기도 했다.[193]

훗날 김택영은 문집에서 안효제가 진령군을 참함으로써 백성들에게 용서를 구하라는 상소를 올린 사실을 소개했다. 안효제가 홍해군수를 지내며 기아에 허덕이는 백성을 구제한 치적과 함께 부정과 불의에 맞서 용기 있는 목소리를 낸 그를 칭송하는 글을 남긴 것이다.[194] 이를 통해 비선 실세인 진령군은 물론 그에 빌붙어 관직을 차지하고 권력을 농간한 사람들에 대한 백성들의 분노와 원망이 어느 정도였는지를 짐작할 수 있다. 그에 반해 진령군에 대한 국왕 내외의 절대적인 신임과 의존도는 점점 높아가고 있었던 측면도 살필 수 있다. 그럼에도 대부분의 사람들이 신령함과 영험함을 무기로 관료들을 좌지우지하는 진령군을 제어하지 못하는 가운데 그녀를 참하라는 상소는 지속적으로 올라오고 있었다.

## 진령군의 몰락과 후유증

비선 실세였던 진령군이 몰락하게 된 계기는 단연 명성황후의 죽음과 관련이 있다. 1895년 삼국간섭 이후 고종과 황후가 친일 개화파 대신에 친러파를 확대 등용하자 일본은 이와 같은 움직임의 배후에 황후가 있는 것으로 판단해 황후 시해 사건을 일으켰다. 박영효 등의 친일 개화파를 통해 조선 침략의 발판을 마련하려던 일본 측으로서는 국왕 내외의 친러 정책에 위기감과 불만을 느낄 수밖에 없었다. 결국 강경한 방법으로 친러 정책에 제동을 건 후 일본은 사건을 호도하기 위해 황후를 부정부패의 원흉이자 청산해야 할 대상으로 몰아갔다.

일본 정부는 앞장서서 시해 사건을 왜곡하며 사건의 본질을 흐리고 있었다. 주한 일본 공사관에서는 시해 사건과 관련하여 각별한 주의도 당부하고 있었다. 앞서 언급했듯 일본 정부는 일본인이 개입하지 않았다는 문서를 조선 관리들에게 받아서 이를 외국 공사들에게 보여 주면 거짓으로 꾸민 것이 드러날지도 모른다며 우려하는[195] 식이었다. 이러한 일본 정부의 움직임에 절대적으로 추종하면서 활동한 매체가 바로 한성신보이다.

한성신보에서는 국정 혼란의 주범인 황후가 친당을 끌어들이고, 국왕의 총명을 옹폐하며, 관작을 매매하는 등 탐학한 행위를 한 것으로 몰아갔다. 특히 민씨 일족의 부패 탐학과 더불어 황후가 무속에 빠져 국왕을 현혹시키고 국가 재정을 낭비한 행위를 비중 있게 보도했다. 나아가 신보는 황후의 사교(邪敎) 행위를 뒷받침해준 인물인 진령군과 황후를 거의 동일시하면서 비판했다.

> 진령군이라는 자는 하나의 늙은 무당이라. 나이는 육십에
> 가깝고 자칭 관제의 딸이라 하고 신위를 빌려 요술을 부려서
> 길흉화복으로써 경향 남녀를 혹하게 한 지 여러 해라.
> 상하남녀가 두려워하기를 천신 같으며 성중의 무녀와 맹인 등은
> 모두 그 명령을 받아 수족이 되지 아니하는 자가 없으니 …
> 무릇 음사란 것은 성인이 금한 것이요, 요술이란 것은 국왕이
> 배척하는 것이라. 오직 야만에서 깨어나지 못해 그런 무리의
> 혹하는 바가 되는지라. 이제 조선은 바야흐로 문명의 운수를
> 향하는 지점에서 그런 요악한 무녀배의 횡행을 용납지 못하게
> 할 것이어늘 … 어찌 다시 성중에 들어와서 그 요술을 부릴 수
> 있으리오.[196]

진령군으로 대표되는 무속이나 미신, 사교를 철저히 타파해나갈 것임을 경고한 것이다. 조선이 음사에 빠지게 된 것은 야만 상태에 있기 때문이라며 조선을 멸시하는 논조 또한 드러내고 있다. 더불어 문명한 일본이 야만국 조선을 계도해나가겠다면서 한편으로는 진령군과 황후를 거의 동일시하는 가운데 황후를 청산의 대상으로 몰아가고 있었다.

한성신보는 여기서 그치지 않고 진령군이 홍천과 충주, 양주를

두루 옮겨 다닌다고 그녀의 동태를 자세히 추적 보도하면서 "앞으로 다시는 요술을 부리지 못하게 할 것"[197]이라 으름장을 놓고 있다. 진령군에 대한 동태를 보도하고 '요망', '요사' 운운하며 척결해나가겠다는 기사는 을미사변이 일어나기 전인 9월 9일과 19일 자에 실려 있다. 따라서 황후 시해 사건(양력 10월 8일)이 일어나기 전부터 이미 진령군과 황후를 동일시하면서 타도의 대상으로 몰아가고 있었던 것이다.

또한 "작년 6월의 궁중에서는 그 간사함을 깨닫고 조정에서 장차 잡아 죽일 의논을 하였더니 스스로 겁을 내고 의심하여 먼 시골로 도망해 숨었다가 이제 장차 돌아오려 한다 하니…"[198]라는 내용으로 보아 진령군은 갑오개혁이 진행되던 시기에 재빠르게 종적을 감췄다가 간혹 모습을 드러내기도 했던 것으로 보인다. 황후 시해 사건이 발생한 직후에는 진령군이 경성에 잠시 들어왔다는 소문과 양주 및 풍양에 있었지만 작은 변란에 두려워한다는 소식,[199] 몇 개월 뒤 진령군을 붙잡았다는 것,[200] 재판에 회부되어 법관의 실사를 받는 중이지만 제아무리 관우의 딸이라고 해도 법관에게는 신술을 부리지 못할 것이며 곧 판결이 날 것이라는 것,[201] 그 후 마을 밖으로 쫓아냈다는 것[202] 등과 같은 기사를 연속적으로 게재하고 있다.

그러나 그녀의 최후는 지금껏 제대로 알려진 바가 없다. 요사스러운 술사로 국정의 한가운데서 한 시대를 풍미했던 무녀 진령군은 이렇듯 아무도 모르게 역사의 뒤안길로 사라졌다. 다만 그녀의 동태를 끝까지 추적 보도하면서 황후와 진령군을 일체화하려 한 일본의 움직임이 있었을 뿐이다. 그 속에서 진령군은 황후에 대한 부정의 이미지를 배가하는 요소가 되어 오늘날까지 우리에게 박제된 기억으로 남게

기쿠치 겐조는 '장풍산인(長風山人)'이라는 필명으로 경성일보에 조선의 야사를 연재했다. 사진은 진령군을 6단에서 다룬 경성일보 1933년 10월 14일 자 신문

되었다.

이후 진령군과 관련한 이야기는 신문의 야사란을 장식하는 주요 소재가 되면서 세인의 입에 오르내리게 된다. 한성신보를 이어받은 일제 시기 경성일보에서는 기쿠치 겐조가 조선 왕실을 희화화하는 소재로 진령군을 지속적으로 다루었다.

> 왕궁의 일은 진령군을 중심에 두고 제사를 모시고 점복을 행하며
> 기원과 가무를 벌였고 정치는 모두 제사와 기도로써 진령군에
> 의해 행해지는 광경이었다.[203]

조선 왕실의 모습을 극단적으로 부패하고 정부의 권위가 땅에 떨어진 모양으로 언급하면서 조선을 비하하는 수단으로 진령군을 활용한 것이다.

일본이 언론을 통해 진령군의 국정 농단에 대한 비판을 이어간 것은 이를 허용해온 조선 왕실의 허술한 관리 체계에 대한 지적이나 다름없다. 또한 무당과 무속에 기대어 왕실의 위기, 나아가 국가의 안위를 도모하려 한 점을 강조하면서 전근대적이고 비문명화 상태인 조선을 무시하려는 의도도 내포하고 있다. 비록 황후에게서 기인한 문제이긴 했어도, 우리 내부의 부정적인 평가에다 일본의 의도가 더해지면서 진령군에 대한 추문과 악평은 황후에 대한 인식으로 전이되어 나타나게 되었던 것이다. 이러한 구조 속에서 진령군은 오늘날까지 부정적 유산으로 남아 황후에 대한 평가와 인식에 영향을 미치게 된 것으로 보인다.

# 4. 이분법적 접근과 여론 호도

한성신보에서 활동한 주요 인물인 아다치 겐조 사장과 구니토모 시게아키 주필 두 사람은 명성황후 시해에 깊이 관여한 인물들이다. 시해 당일 미우라의 명령에 따라 일본 공사관 부무관인 오카모토 류노스케와 함께 대원군을 호위하여 궁궐에 들어가는 임무를 맡았다. 일본은 대원군 호송을 통해 자신들의 사건 개입을 정당화하는 명분으로 삼으려 했다. 따라서 매우 중요하고 핵심적인 역할을 두 사람이 맡은 셈이었다. 두 사람은 신보를 실질적으로 운영한 주체이기도 해서 명성황후 시해 사건을 축소, 은폐, 조작, 왜곡해 보도하리라는 것은 자명한 사실이었다. 이와 더불어 김홍집 살해 사건에 대한 보도 역시 사실 그대로의 공정한 보도를 기대하기는 어려운 측면이 있었다.

한성신보에서는 황후 시해 사건을 시종일관 '사변'이라 보도했다. 대원군이 궁궐에 입궐한 사실과 관련해서도 고종이 국정 운영에 무능했기 때문에 이를 쇄신하기 위한 것으로 꾸몄다. '사변'을 보도하면서 신보는 고종과 명성황후를 비롯하여 대원군에 대한 이미지 조작을 시도해나갔다. 고종은 부정과 부패, 간신들에게 둘러싸인 무능력한 정치 지도자라는 이미지를, 대원군은 공명정대하게 개혁을 추구하면서 조선을 반석 위에 올려놓을 위대한 개혁가의 이미지를 만들어나갔다. 시해당한 명성황후에 대해서는 임오군란 때와 마찬가지로 발 빠르게 피신해 살아 있을 것이라는, 허황되게 만들어낸 서사 속에서 황후의 부덕함과 황후답지 않은 처신을 은근히 비난하는 태도로 일관했다. 나아가 민씨 일족이 저지른 여러 가지 부정과 탐학의 근원으로서, 일족의 원죄를 동시에 짊어져야 할 부정적인 이미지로 자리매김했다. 때문에 '사변'의 과정을 거치면서는 당연히 없어져야 할, 사라져야 할 '원흉'으로 한층 조작된 이미지를 퍼뜨려나갔다.

'사변' 이후 조선은 관리들과 민중은 물론, 조선에 거주하던 일본인들까지도 지방으로 숨어들어 가고 각급 학교가 휴교하는 등의 사회적 혼란에 직면하게 되었다. 김홍집 내각은 정부의 훈령을 고시하면서 동요를 최소화하기 위한 노력을 기울였지만 흉흉한 민심을 잠재우기는 역부족이었다. 한성신보에서도 '사변'을 축소하며 풍문에 속아 넘어가지 말 것을 주문하면서 다양한 고육책을 쏟아냈다. 사회적 파장을 잠재우기 위해 때로는 거짓된 내용과 상반된 기사를 게재하기도 하며 불안정한 모습을 보이기도 했다.

고종 집권 초반기부터 갑오개혁기까지 정부의 주요 직책을 도맡았던 김홍집 총리대신이 고종의 밀명으로 무참하게 살해된 사실에 대한 확대 보도 또한 한성신보의 의도를 되짚어보게 하는 사안이다. 김홍집이 무참하게 살해된 배경에는 개혁 진행 과정에서 벌어진 김홍집과 고종의 관계 악화, 친일 관료에 대한 고종의 반감 등이 큰 이유가 되었다. 개혁이 진행되는 동안 고종은 자신이 군주로서 정무를 주재할 수 있으리라 생각했으나 일본을 비롯한 개혁 추진 세력은 군주권을 법률로 제한하려 했다. 고종은 자신의 군권을 내각에 빼앗긴 것으로 생각했고, 내각의 중심에는 김홍집이 있었다.

실제 군권이 법률에 의해 제한받게 되자 고종은 삼국간섭을 호기로 삼아 김홍집을 비롯한 친일 개화파 세력을 약화시키고 친미·친러파 위주로 3차 개각을 단행했다. 여기에는 훈련대를 동원해 궁궐을 수비하려 한 박영효에 대한 불신과 재정적 원조를 약속했던 일본에 대한 배신감도 배경으로 작용했다. 고종은 새로운 군병으로 시위대를 조직하여 자신을 호위하게 하는 방도를 구상하면서 훈련대를 혁파하려는 의지를 표출했다. 훈련대 혁파를 통해 고종이 왕권을 수호하고 일본에 항거하려는 의지를 드러내자 일본은 조선 정국의 변화를 예의 주시하면서 왕비 시해라는 천인공노할 악행을 저질렀다.

왕비 시해 후 김홍집은 일본의 사주 아래 고종을 연금 상태로 만들고 왕비 시해의 진실을 은폐함은 물론, 왕비 폐위 조칙까지 반포해 국왕의 원망을 샀다. 곧이어 단발령을 강제로 실시해 전국 각지에서 의병이 봉기하는 등 민중의 엄청난 저항에 직면하게 되었다. 이에 고종은 아관으로 이어하자마자 김홍집을 비롯한 친일 내각의 역적 무리를 체포하라는 밀명을 내렸다. 그 결과 김홍집과 정병하는 정식 조칙이 나오기 전에 고종의 밀명으로 살해당하게 되었다. 종로에서 이들의 시체를 방기하는 동안 공분한 인민이 돌로 시체를 쳐서 팔다리와 몸통이 파열되는 등 잔혹한 장면이 연출되었다. 일본에 대한 적개심, 김홍집 정권에 대한 민중의 폭발적인 분노, 이에 힘입은 고종의 분격한 마음이 복수 형태로 표출되면서 이러한 결과로 이어진 것으로 보인다.

그런데 이들이 살해당한 과정에 대한 자료를 비교해보면 국내 여러 문헌에서는 경무청 순사들이 어렵게 두 사람의 어깨와 머리를 여러 번 내리쳐 절명에 이르게 했다는 점, 시체를 방기하는 과정에서 군중이 돌을 던져 팔다리가 파열되었다는 정도만 기록되어 있다. 이에 비해 일본 공사관 문서에는 경관 여러 명이 일제히 달려들어 난도질했으

궁궐 호위를 담당하던 시위대 정문

며, 정병하가 자신의 집에서 잡혀 경무청으로 구인되었다는 것, 종로
거리에 '대역무도 김홍집 정병하'라 쓴 휘장이 걸렸다는 것, 돌을 던진
주체가 보부상이라는 것, 이들이 시체를 발로 짓이겼다는 구체적인
표현이 등장한다. 한성신보는 여기서 한 걸음 더 나아가 인민이 시체
를 훼손하고 팔다리를 자른 것을 심지어 먹기까지 했다고 과장해 보
도했다.

　한성신보는 이러한 보도를 통해 조선 인민이 잔인하고, 난폭하며,
인류이라고는 찾아보기 어려운 짐승만도 못한 존재들이라는 것을 드
러내고자 했다. 김홍집 살해 사건을 바라보고 기사화하는 과정 속에서
신보는 그동안 한국 사회에 대해 가졌던 부정적 인식을 더욱 노골화했
다. 신보의 보도는 인류 보편적 입장에서 문명 사회와 한국 사회를 대

비시키고 일본의 사회 수준과 한국을 대비시키면서 진행되었다. 동시에 세계 보편적 수준에 못 미치는 한국을 우월한 문명 국가인 일본이 도움을 주고 이끌어준다는 시혜론적 논리로 접근했다. 문명국과 비문명국, 시혜국과 수혜국의 이분법적 구도 속에서 기사를 작성해 보도했던 것이다.

명성황후를 시해한 일본 낭인 가운데 주역급인 구니토모 시게아키의 외손자 가와노 다쓰미(河野龍巳) 씨가 '명성황후를 생각하는 모임'을 결성, 사건 110년 만에 사죄의 뜻을 전하려고 방한해 남양주시 홍릉에서 참배하는 모습(2005년 5월 10일)

일본의 시선으로 보았을 때 한국은 정치, 경제, 교육 등 모든 면에서 부족하고 뒤떨어진 나라였다. 이러한 분위기에서 김홍집 살해 사건은 일본이 지금껏 하등 국가로 보아온 한국을 더욱 미개하고 야만적인 국가로 무시하며 국제사회에 알리는 좋은 소재가 되었을 것이다. 그렇게 정도 이상으로 저급하고 우매하며 야만의 상태로 묘사한 것은 한국 사회가 문명국인 일본이 보호하고 인도해야 할 처지에 놓여 있음을 극적으로 몰고 가려는 기도였다. 김홍집 살해 사건을 과도하게 묘사하고 보도한 데에는 이와 같은 일본의 의도와 계산이 작동하고 있었다.

이와 더불어 진령군의 동향을 끝까지 추적하면서 황후와 동일시하며 부정적 이미지를 구축한 점도 한성신보의 계산된 의도 가운데 하나로 볼 수 있다. 일본은 황후가 무속에 빠져 국고를 낭비하고 부패했으며 시아버지와 권력을 두고 대립한 '집안을 망하게 한 암탉'이라는 인식을 확대하려 했다. 고종은 존재는 했으나 통치력을 발휘하지 못한 무능력한 군주로 묘사했는데, 이는 한국 근대사의 전개를 황후와 대원군의 갈등 구도로 해석해온 시민사학의 연장선상에 있는 것이다.

그런데 이문열의 희곡 〈여우사냥〉을 분기점으로 해 만들어진 각종 문화 콘텐츠 속의 황후는 총명하고 주체적인 태도로 정치에 개입하여 열강을 이용해 외세를 방어하려 한 인물로 재해석되었다. 또한 남성에 결코 뒤지지 않는 탁월한 정치적 역량이 있는 여걸로 재탄생되었다. 나아가 고종을 정치적으로 보필하며 외교적 수완을 발휘해 조선의 독립을 위해 애쓴 외교 책략가로까지 거듭나고 있다.

이렇듯 황후의 이미지와 인식이 긍정적인 방향으로 바뀌었음에도 불구하고 그녀의 무속 행위와 관련한 부패, 타락의 이미지는 시대를 초월하여 지금까지도 남아 있는 요소이다. 황후의 무속 생활을 이끈 진령군은 존재 자체로 부정적 평판의 진원지가 되었다. 진령군은 임오군란기 충주로 피난한 황후에게 접근해 뛰어난 예지력을 발휘하면서 황후와의 인연을 만들어나갔다. 황후의 최측근이 된 진령군은 관우에 대한 기복 신앙이 퍼져 있는 사회 분위기 속에서 스스로를 용맹함과 영험함의 표상인 관우의 딸로 둔갑시키며 숭배의 대상이 되어갔다. 고종 내외의 절대적 신임 속에서 진령군은 점차 국정을 농단하는 실세가 되었고, 관직 알선과 뇌물 수수 등 부정과 부패의 중심에 있었다.

진령군의 목을 베어 국정 질서를 바로잡을 것과 백성들의 원통함을 풀어줄 것을 호소하는 상소가 빗발치는 속에서도 건재하던 그녀는 황후의 죽음과 함께 역사의 뒤안길로 사라져갔다. 조선에서 약화된 세력을 만회하고자 을미사변을 일으킨 일본은 황후 시해의 본질을 호도하기 위해 황후를 진령군과 동일시하면서 타도와 척결의 대상으로 재빠르게 몰아갔다. 특히 우익 성향의 언론인 한성신보를 통해 진령군의 국정 농단과 조선의 허술한 정부 관리 체계를 비난했다. 조선을 무당과 무속에 기대어 국가의 안위를 도모하는 전근대적이고 비문명화 상태에 있는 나라로 묘사하며 무시하는 논조를 고조해나갔다.

결국 우리 내부에 형성되어온 부정적 인식과 외부의 악의적인 시도가 결합되면서 무속에 빠진 황후에 대한 비난 여론과 평판은 고착화되고 배가되었다. 진령군에 대한 추문과 악평도 황후에 대한 인식으로 전이되는 결과로 이어지게 되었다. 이러한 구조 속에서 진령군은 오늘날까지 부정적 유산으로 남아 황후에 대한 평가와 인식에 악영향을 미치게 된 것으로 보인다. 이처럼 한성신보는 관변 언론으로서 일본 정부의 기획과 음모에 따라 움직이며 자국에 유리한 방향으로 사실을 호도하는 데 앞장서고 있었다. 다른 측면으로 일본 정부는 조선 침략과 사회 혼란을 야기하는 수단과 방편의 하나로서 한성신보를 활용하고 있었다.

4장

러일 개전으로의 길과
한성신보의 언론 활동

# 1. 러일 개전의 길목에서 한성신보의 역할

## 일본 정부의 은밀한 조응자

러일전쟁은 동북아의 세력 구도를 변화시킨 20세기 초의 가장 획기적인 사건이라 할 만하다. 이 전쟁을 계기로 일본은 동북아에서 절대 강자의 지위를 차지하면서 한국을 식민지로 삼고, 일약 제국주의 강국으로 부상했다. 러시아는 영국과의 패권 경쟁 속에서도 극동 지역으로의 진출을 호시탐탐 노리고 있다가 중국에서 일어난 의화단 사건을 계기로 자국 세력을 더욱 확장해나가려 했다. 의화단 사건 발생 후 만주를 점령한 러시아는 이 지역의 긴장을 고조시키는 원흉으로 인식되었고, 일본을 비롯한 열강의 견제 대상이 되었다.

러시아는 1903년 5월 새로운 대외정책이 담긴 '신노선'을 결정했다. '신노선'은 1902년 11월부터 논의되기 시작하여 1903년 5월 20일 차르 주재로 열린 특별회의를 통해 공식으로 출범한 새로운 동아시아 정책이다.[1] 이는 만주에서의 러시아 권익을 위해 만주와 한국에 대한 적극적 행동을 전제로 한 것이다. 러시아가 새로운 정책으로 만주와 접한 압록강 연안을 적극적으로 경영하면서 이 지역은 점차 동북아의 화약고가 되었다. 러시아의 압록강 연안 진출은 1896년 획득한 압록강 연안의 삼림 이권 계약을 근거로 하고 있었다. 고종은 1896년 9월, 러시아에 압록강 유역 및 울릉도 지역에서의 벌목과 양목(養木)의 권한을 허락했던 것이다.[2] 이를 빌미로 러시아는 남하정책을 추진하면서 압록강과 두만강 연안 지역에서 자국민을 동원해 벌목 작업을 시작

했다.[3]

　나아가 러시아는 남하정책 추진을 가속화하면서 대한제국을 설득하여 용암포 조차 협정을 협의하는 한편 용암포에 포대와 망루를 설치하고, 14문의 대포와 40여 명의 병사까지 주둔시켰다. 이를 파악하고 위기감을 느낀 일본은 영국을 비롯한 열강의 공조 속에서 세력 균형과 문호 개방 원칙을 내세우며 압록강 연안의 개방을 요구하고 나섰다.[4] 다른 한편으로 일본은 경제적인 권익뿐만 아니라 한반도에서의 세력 범위를 확대하기 위해 경의철도부설권을 획득하려 했다. 경의선 철도 부설은 일본의 입장에서 볼 때 한반도 북부 지역에서의 세력 범위를 확대할 수 있는 절호의 기회였다. 반면, 러시아에게는 한반도 북부 지역의 기득권 상실로 이어질 수 있는 문제였다. 또한 러일 간에 구축되어온 세력 균형 판도를 손상시킬 수 있는 중대한 위협이기도 했다.[5]

　이처럼 압록강 연안에서의 러시아의 삼림 채벌에서 비롯하여 용암포 조차 요구, 세력 균형을 앞세운 일본의 압록강 연안 개방 요구, 경의철도부설권 요구 등으로 파생된 러일 양국의 긴장과 대립은 급기야 러일전쟁으로 비화되었다. 그동안 러일전쟁에 대한 연구는 일본의 대륙 진출 정책과 러시아의 극동 정책, 대한제국의 대외정책과 관련하여 많은 연구가 진행되어왔다.[6] 특히 일본과 러시아의 대외정책이 만주 일대에서 부딪치게 되면서 압록강 연안의 위기가 전쟁으로 격화되었다고 보는 가운데, 위기의 발원지인 용암포 지역을 둘러싼 러일 간의 분쟁을 주목하는 연구가 많다.[7]

　그런데 러일 개전으로 가는 길목에서 한성신보 또한 전쟁 위기론을 확산시키면서 일본 정부의 정책과 노선을 뒷받침하는 언론 활동을 이어갔다는 점에서 주목해볼 필요가 있다. 신보에서는 러시아 위협론을 확산시키며, 일본 정부의 세력균형론에 동조해 만주를 점령한 러시아 군대의 철병을 주장했다. 만주 철병이 무산된 후에는 압록강 연안의 위기감을 고조시키며 대한제국의 무능론을 유포했다. 또한 무력한 한국의 독립을 지원하고, 동양 평화를 위해 희생적으로 솔선수범하는 일본의 역할을 부각시키기도 했다. 이는 곧 러일전쟁의 필연성과 당위성을 고무하는 길로 이어졌으나 이에 대한 연구는 거의 이루어지지 않은 상태이다.

특히 1902년 7월부터 러일전쟁이 발발하기 직전인 1904년 1월까지의 논설, 사설, 기고문 등에는 용암포를 둘러싼 러일 간의 대립 속에 한성신보가 일본 정부와 호응하며 여론을 주도한 양상이 소상하게 드러나 있다. 한국인 관료들과 인민은 물론 한국 내 일본 거류민들을 의식한 언론 정보 활동의 연장선상에서 전개한 일이었다. 신보 차원에서 일본 정부와 조응하면서 대한제국 내외에 일정한 영향을 미치고자 한 것이다. 영일동맹 체결 이후 러일 간의 위기가 점차 고조되는 1902년 1월부터 1902년 7월 9일까지의 한성신보는 아쉽게도 결호로 되어 있다. 제한된 범주이긴 하지만 그 이후부터 러일전쟁 발발 직전까지의 신문 자료를 통해 전쟁으로 비화하는 시기의 한성신보의 역할상을 구체화할 수 있을 것이다.

## 러시아 위협론과 세력균형론 강조

러시아와 일본은 두 차례의 협정, 즉 1896년 6월의 야마가타-로바노

프 협정과 1898년 4월의 니시-로젠 협정을 거치면서 한국 및 만주에서 상호 대등한 관계를 유지하는 듯 보였다. 1896년 협정에서는 한국의 재정 문제와 관련하여 러일 양국이 공동으로 대응하고, 양국이 같은 수의 군대를 한국에 주둔시키는 내용을 담아냈다. 곧이은 1898년 협정에서는 일본이 대련과 여순 지역에서 러시아의 조치를 인정히는 대신, 러시아는 한국에서 일본의 경제적 우위를 승인하는 이른바 '만한교환론'을 제안했다. 이를 통해 일본은 러시아를 상대로 만주와 한국 문제를 서로 대등하게 교환할 수 있다는 입장을 지녔던 것으로 파악할 수 있다.[8] 일본이 제기한 만한교환론은 러시아에 의해 결과적으로 거부되었지만, 두 협정이 체결될 당시만 하더라도 양국 사이에는 세력 균형이 어느 정도 이루어진 것으로 인식되고 있었다.

잠정적인 평화의 시간이 깨지고 양국 간의 긴장이 고조되기 시작한 것은 의화단 사건을 계기로 러시아가 만주 지역을 점령하면서부터이다. 러시아의 만주 점령은 의화단이 러시아의 동청철도를 파괴하는 등 기세가 격렬해지자 철도 보호를 명목으로 군사를 집결시키면서 비롯되었다. 만주는 호시탐탐 남하를 목표로 하고 있던 러시아에게 전략적으로 중요한 지역이었다. 일본은 한반도와 대륙을 잇는 교량이요 자원의 보고로서 이 지역을 중요한 투자처로 인식하고 있었다. 따라서 일본 정부는 러시아의 만주 점령이 자국의 이익에 매우 심각한 피해를 주는 행동이라 여겼다.

이러한 가운데 러시아는 만주를 점령한 후 이 지역을 자국의 보호령으로 하는 내용을 포함한 12개조의 요구안을 담은 '아청밀약(俄淸密約)'을 체결하려 했다. 이른바 '만주조약'으로 알려진 밀약을 밀어붙

이면서 러시아는 여순구에 있는 영국은행을 핍박하며 업무를 못 하게 하고 스스로 이 지역의 은행업을 독점할 것을 선언하는 등 전횡을 일삼았다.[9] 호광성 총독 장지동을 비롯한 중국의 뜻있는 인사들은 이 조약이 청의 분할을 의미하는 것과 같다며 체결될 수 없음을 표명했다. 각 성도 이에 동조할 것을 강력하게 요구했다.[10]

러시아가 만주 점령 이후 점차 동쪽으로 영역을 넓히려 하자 청은 러시아와의 접경 지역인 훈춘에 관리를 보내 병비(兵備)를 엄히 했다. 당시 한성신보에서는 만주가 함경도 6진 등지의 메마른 땅과는 비옥함의 정도가 크게 다르다면서 간도 지역이 포함된 만주의 동향을 내외에 환기시켰다.[11] 이를테면 두만강구의 녹도는 본래 조선의 영토였으나 조선인이 이를 돌아보지 않았고, 러시아와 청이 국경분쟁을 겪으면서 한탄스럽게도 러시아가 점령하게 되었다는[12] 경위를 설명하는 식이었다. 간도에 대해서는 조선 인민이 땅을 개척하고 터전을 이루고 살아온 역사성을 부각시켰다. 한편으로 후일 청과 영토분쟁을 겪게 될 것에 대한 우려를 드러내기도 했다.[13] 한성신보가 만주 일대의 역사성과 국경 문제를 지속적으로 기사화한 것은 이 지역 일대가 러시아의 손아귀에 놓인 것에 대한 일본 정부의 위기의식을 반영해 여론의 관심을 유도하려 한 것으로 파악된다.

일본은 러시아의 만주 점령을 예의 주시하면서 러시아를 보다 적극적으로 견제하기 위해 동일한 목적을 가지고 있던 영국과 제1차 영일동맹을 맺었다. 영국과 일본의 움직임을 자국에 대한 압박으로 여긴 러시아는 1902년 4월에 중국과 만주 철병 협정을 체결했다. 그에 따르면 러시아는 6개월 이내에 성경성(盛京省)에서 군대를 철수해야 했

고, 그 후 6개월 이내에 길림성에서, 그 후 6개월 이내에는 흑룡성에서 군대를 철수해야 했다.[14]

그런데 일본이 외교적으로 러시아를 견제하는 가운데 러시아의 만주 철병이 조속히 이루어지지 않자 한성신보는 빠른 결단을 촉구하는 사설을 싣기도 했다. 즉, "러시아가 만주에서 철병하기는커녕 오히려 4대대 병력을 더 주둔케 하여 분란을 크게 만들고 있고, 한국이 만주 지역과 경계를 삼고 있기 때문에 러시아 군대의 오랜 주둔은 한국의 평화를 위험하게 하는 것"[15]이라는 입장을 나타냈다. 아울러 "한국 인민이 태평을 간절히 원하나 태평한 상태는 아직 오지 않았다."[16]라면서 한국이 외환의 위기 앞에서 원기를 보일 수 있을지 자못 염려하는 태도를 비치기도 했다. 러시아가 한국의 평화를 실제적으로 위협하고 있는 주체임을 은근히 드러내면서 일본에 대한 신뢰감을 상대적으로 높이고자 한 것으로 보인다.[17]

국제사회의 움직임과 중국 내부의 저항을 의식한 러시아가 1902년 10월 1차로 만주 철병을 한 이후에도 한성신보에서는 만주에서의 러시아의 동태를 지속적으로 보도했다. '러시아와 만주'라는 제목의 기고문을 통해 5년 전만 하더라도 청과 몽골에 속했던 만주 일대 지역이 지금은 러시아인의 상점과 여관과 병원을 구비한 러시아 시가지가 되었다는 점, 국경과 가까운 벌판은 인적이 드문 곳이었는데 지금은 연기가 나는 집들이 들어섰고 전등 및 수도와 공원 등이 조성되었다는 점, 동청철도의 모든 노선이 개통되었다는 점, 열차가 통과하는 넓은 시가지 연로에는 러시아 조계가 있고 러시아인의 거류지를 건설 중이라는 점, 철도수비병은 없으나 국경수비병 3만을 배치하고 있

으며 필요시 이보다 더 많은 군대를 배치할 것은 명확한 일이라는 점 등을 연이어 보도했다.[18]

이 기고문은 신문 상태가 좋지 않아 기고자를 알 수는 없으나 기고자가 러시아 정부의 허가 아래 2개월 동안 만주 지방을 여행할 수 있게 되었다며 만주의 변화된 모습에 대한 원고를 써 보내 게재한 것이다. 신문지상에는 기고문 표시가 없지만, 내용상 기고문으로 분류할 수 있다. 제3편은 '노국(露國)'이 '아국(俄國)'으로 쓰여 있다. 1900년대 초 일본에서는 만주 일대를 시찰하고 답사하는 붐이 일어나고 있었다.[19] 이 답사 원고도 그러한 흐름 속에서 생산된 것으로 보인다. 러시아가 만주 지역을 경영하고 있는 면면을 보여주기 위한 구성으로 되어 있다. 이러한 내용의 기고문을 게재한 것은 러시아가 만주 지역을 영구적으로 점령할 수도 있다는 두려움과 위기감을 대한제국 내외에 증폭시키려는 데 목적이 있었다고 볼 수 있다.

이러한 와중에 러시아는 돌연 만주 철병 계획을 철회하고 만주를 병합하거나 종속시키려는 적극적인 남하정책으로 선회했다.[20] 러시아의 태도 변화로 만주에 대한 권익 추구에 심대한 지장을 받은 일본은 다각도로 방법을 모색했다.[21] 애당초 러시아의 독주를 막고자 영일동맹을 체결했으나, 더 강력하게 열강 간의 세력균형론을 주지시키는 것도 필요했다. 이즈음 한성신보에서는 대한제국 정부의 외교 방침에 대한 강도 높은 훈수는 물론, 열강의 세력균형의 중요성을 연속적으로 거론하기 시작했다.

사설에서는 의화단 사건 이후 대한제국에서 고종과 정부 관료들 사이에서 논의되던 중립화론에 대해 적극적으로 반대하는 의견을 게재했다. 당시 대한제국은 만주를 둘러싼 러일의 대립이 점점 심각해져 가자 프랑스, 독일, 벨기에, 이탈리아, 미국 등의 열강들과 긴밀한 관계를 맺으며 열강의 지지 속에 중립국의 지위를 보장받으려 했다.[22] 이를 기반으로 러일의 대립에서 오는 피해를 최소화하고, 자주독립국의 지위를 유지해나갈 수 있으리라 기대했다. 이러한 입장에 대해 한성신보는 "한국이 균세 외교술을 이용하여 어려움을 극복하고자 하나, 자국의 부강지술을 강구하지 않은 채 외교술에만 의지하려 든다면 국제간 서로 은밀히 맹약하고 밀모하기 때문에 외세의 침입을 받게 될 것"[23]이라며 경고했다.

일본은 이미 내부적으로 "한국의 문화적 정도가 낮아 국외 중립의 위치에 두기가 불가능하다"[24]라고 판단하고 있었다. 구체적인 이유로 문화적 수준이 매우 비루하고 낮아 자치와 독립의 희망이 없고 특히 중앙정부의 부패, 사법제도의 문란과 더불어 지방행정의 악습 등을 들었다. 미국 공사 알렌 또한 러시아의 파블로프(Pavlov)와 주일 공사 이즈볼스키(Isvolsky)가 미국으로 하여금 한국을 중립국으로 만드는 제안을 하도록 할 것이라는 소식을 듣고, 이 상황에서 미국이 개입하는 것은 큰 실수가 될 것이라며 반대했다.[25] 알렌은 일본이 한국을 중립국으로 만드는 제안에 크게 반대하고 있으며, 러시아가 만주를 장악하기 위한 책략으로 여기고 있다고 보았다.[26] 미국은 알렌의 의견을 받아들여 대한제국의 중립화 움직임에 동조하지 않는 상태였다.

사실 러시아는 만주를 독점하기 위한 선수 조치로 1901년 주일 러시아 공사 이즈볼스키를 통해 '한국중립안'을 제기하여 자국의 만주 병합을 기정사실화하려 했다. 이에 일본은 그때까지의 만한교환론

1884년 북장로회 의료 선교사로 입국한 후 무려 21년간 한국에서 생활하면서
미국 공사의 직에까지 올랐던 알렌(오른쪽)과 그의 부인

을 지양하고 고무라 공사의 만한불가분일체론을 바탕으로 만주에 대
해 보다 적극적으로 발언권을 행사하면서 한국을 차지하려는 정책으
로 전환했다. 그러나 러시아 역시 대한제국이 중립을 고수할 만한 실
력을 갖추지 못한 것으로 판단하고, 종국에는 중립화 움직임에 반대했
다. 이처럼 당시 논의되던 중립화안과 관련하여 한성신보에서는 일본
정부의 판단과 입장을 반영해 사설을 내보낸 것으로 파악된다.

일본은 대한제국이 열강에 호소해 독립을 보전하고자 하는 움직
임의 중심에 친러파인 이용익이 모종의 역할을 하고 있는 것으로 간주
했다. 한성신보 또한 "권신이 이익을 빙자하고 탐하여 정부로 하여금

물과 불로 인한 난리에 빠져들게 하는 악운"[27]이라며 경종을 울리는 사설을 게재했다. 이용익이 개인적 야심과 이익을 추구하기 위해 친러시아적 입장으로 기울어 러시아의 사주를 받아 균세를 논의하고 있다고 보고, 이에 대한 경계심을 피력했던 것이다.[28]

> 지금의 평화는 무장된 아래에서의 평화요 한국이 평화와 독립을 유지하고 있는 것은 열강의 이익이 서로 작동되어 권력 평형이 유지되고 있기 때문이다. 권력 평형은 권리균점의 의(義)가 아니라 열국 이해의 균형한 의를 나타냄이니 이해와 후박을 논함은 열국이 각기 다르기 때문에 한국이 그 후박을 계산한 후에야 평형을 얻을 수 있다. 장차 러시아에게 서북철도 권리를 허여해주면 이러한 평형은 즉시 깨지고 평화 또한 깨질 것이다.[29]

일본이 제기한 세력균형론은 열강에 의지한 대한제국의 균세 외교나 중립화가 아니라, 또한 열강이 이익을 고르게 분점하는 형태가 아니라, 대한제국이 이해를 따져서 외교를 달리해야 한다는 점을 강조한 것이다. 즉, 대한제국이 일본을 대하는 것과 러시아를 대하는 것의 유불리를 따져가며 외교 정책을 결정하라는 메시지를 내고 있었다. 러시아에 대한 이권 허여와 러시아의 만주 지역 장악을 막고자 한 일본 정부의 입장을 시시각각 반영하여 언론 활동을 전개해나간 것이다.

### 압록강 연안의 위기감 고조와 무능한 한정론(韓廷論) 생산

러시아는 만주 철병 철회 후 압록강 지역과 만주 방어를 위해 전진 정

책의 일환으로 압록강 연안을 경영하
기 시작했다. 압록강과 두만강 변에서
의 벌목 작업을 시작으로 압록강 연안
에 대한 적극적인 경영과 진출 정책을
실행해나간 것이다. 곧이어 용암포를
점령하고 대한제국을 상대로 용암포
조차 문제를 협의해나가기도 했다. 일
본은 용암포 지역에서 러시아 병사들
이 활동을 시작하자 의주 부근 삼림까
지 점령하는 것으로 보고 대한제국에
이에 대한 경계를 요청했다.[30]

러일전쟁 직전 만주 지역에서의
일본 권익 보호와 한국에서의 일본
우월권을 인정받고자 했던 가쓰라
타로 총리

    또 다른 한편으로 일본은 만주 지
역 문제와 관련해서 자국의 권익에 타
격을 입게 되자 러시아의 행동을 저지
하기 위한 정책을 논의하기 시작했다.
1903년 4월에 가쓰라 타로(桂太郎) 총
리를 수반으로 한 회의에서 러시아가
만주 철병을 이행하지 않은 것에 엄중
히 항의하고, 만주 문제를 기회로 어떻

러일전쟁의 위기가 고조되는 시기
에 외무상을 지낸 고무라 주타로

게든 한국 문제를 해결하려 했다. 한국에서의 일본 우월권을 인정하
는 대신, 만주에서의 러시아 우월권을 교차 승인하는 내용을 포함해
내부적으로는 유사시 전쟁도 불사한다는 노선까지 결정해두었다.[31]
고무라 주타로(小村壽太郎) 외상과 주한 일본 공사관에서도 대응 조치

를 강구했다. 일본이 독자적으로 경의철도부설권을 획득하여 건설하려 했고, 주한 외국 공사들의 외교적 지원을 받아 의주와 용암포를 개방하려 했으며, 한러 간의 용암포 조차 교섭을 지속적으로 무산시키려 했다.[32]

이러한 일본 정부의 대책이 강구되는 동인 한성신보에서는 리시아에 대한 경계심을 더한층 고조시키는 방향의 사설을 게재하고 있었다. 이른바 압록강 연안의 위기를 직접적으로 언급하기보다는 러시아가 만주 지역을 적극적으로 경영하는 데서 한 걸음 더 나아가 주변의 인민들도 러시아의 통치에 편입되고 있는 정황을 보도했다. 즉, "러시아와 한국이 두만강을 경계로 하고 있고 한국 인민 몇만이 러시아 영토에 유입되어 있는데 러시아가 한민을 다스림에 극히 관대하다"라는 점을 피력했다. 또한 "북청사변 이래 만주철도가 남북을 횡단해 교통이 발달하고 상업상의 관계가 신장해 두만강 연안은 러시아와 한국, 청국 간에 중요한 지점"[33]이라는 사실을 설파했다. 두만강 유역의 인민이 러시아의 통치를 받는 정황과 두만강 연안의 지역적 중요성을 환기시킨 것이다. 한국의 북부는 결코 소홀히 할 수 없는 비중 있는 지역임을 거듭 강조함으로써 만주에 대한 여론의 관심을 고조시키려는 의도도 있었던 것으로 보인다.

같은 일자 사설에서는 북방에 거주하는 인민들이 러시아를 숭배하며, 러시아 땅의 산물로 직조해 옷을 만들고, 러시아 황제의 초상을 걸어 무상경배를 표하며, 기쁘게 러시아인이 되고자 한다는 분위기도 전하고 있다. 한국뿐만 아니라 중국의 북방 인민들까지 러시아에 우호적이며 자연스럽게 러시아인으로 생활하고 있는 모습을 보도한 것이다. 이를 보면 일본은 러시아의 남방 진출에 더하여 만주 지역 일대의 인민까지 러시아인이라는 정체성으로 생활하고 있는 현실을 심각하게 받아들이고 있었던 것으로 보인다.

> 만주 지역 봉황성에 러시아 군사 500명이 주둔했으며
> 일전 북경 전보를 접한즉, 아병 약 1,200명이 주둔했고
> 또 장차 200명 병력을 주둔시킨다 하는데 만주철도가 횡단하매
> 상업이 점점 성하여 만한의 무역 전도가 유망한 형세에
> 강대국의 군사까지 인접하여 주둔하면 이를 저해하는 행동이니
> 천하가 어찌 침묵할 바리오.[34]

이와 같이 러시아군의 만주 주둔과 관련한 동향을 시시각각 보도했다. 러시아가 군대를 점차 증파함으로써 지역의 위기가 고조되어 활황을 맞고 있는 상업에 해악을 끼치므로 일본으로서는 마냥 좌시할 수 없겠다고 정부를 대신해 은근히 경고하고 나선 것이다.

일본의 입장에서는 러시아가 초래한 만주 사태에 대해 자국이 개입할 여지를 넓히고 이를 정당화할 필요가 있었다. 만주 일대는 물론, 인접한 변경인 압록강 연안 일대까지 위기가 상존하고 있는 실태를 확대해서 알릴 필요도 있었다. 신보는 러시아 병사가 마적과 더불어 이 일대를 혼란하게 하는 주범임을 강조했다.

> 이 일대에 주둔한 러시아 군사들은 안동현에 들어온 마적들과
> 서로 습격하고 소란을 부려 사상자가 수십 명 발생하고,

청민(淸民)의 피란하는 자가 점증하며, 비류(匪類)가 인민의

재산을 약탈하여 안동현과 의주 일대 민심이 전전긍긍하니….[35]


러시아가 만주 일대 지역민을 휘하에 두고, 지역민 역시 러시아
인의 정체성을 가지고 살아가고 있지만, 마적을 단속하는 여파가 오롯
이 지역민의 피해로 돌아가는 상황을 보도함으로써 생활이 파괴되고
위협받는 실상을 강조한 것이다. 다분히 언론을 앞세워 정부의 의도를
담아내기 위한 작업을 벌인 것이라 볼 수 있다.

압록강 연안의 실태를 집중적으로 조명하는 보도는 대내외에 위
기감을 더욱 증폭시키는 기제로 작동될 수 있었다.


안동현, 대동구와 의주 기타 등지에 러시아 병사와 청의

비도(匪徒)가 군집해 왕래하는 자들이 날로 증가하고 약탈이

무수히 일어나 불쌍한 한국 거주민들이 포학을 받지 않음이 없어

부모 형제가 이산하고 도로에 나앉아 울부짖는 형국…[36]


이렇듯 변경 일대 한국 인민의 생활상이 연일 보도되었다. 이를
통해 보면 압록강 연안은 가히 치안이 실종된 상황이었다. 거주민들이
약탈당하고 있지만 인명과 재산을 보호해주는 자가 없어 민란이 일어
나기 직전의 위급한 상황으로도 인식될 수 있었다.

당시 전 의관 강홍대(康洪大)가 올린 상소문에서도 불안을 호소하
는 내용을 엿볼 수 있다. 상소문에서 그는 "러시아 사람들이 산림을 보
호한다는 구실로 용포에 주둔했으니 두만강과 압록강 전 유역의 연변

수천 리 땅에 있는 삼림도 다 보호하겠다고 주둔하는 우환이 없으리라 장담 못 한다"³⁷라며 러시아의 행태를 우려했다. 나아가 러시아 군사들과 만주를 본거지로 삼고 있는 마적들 사이에 전란이 일어나 비적 무리가 계속 침입해 올 것을 걱정하며 두려워하기도 했다. 비적들이 침입해 넘어올 경우 인민들은 노략질을 당할 것이고, 러시아가 이를 핑계로 의화단 사건 때 그랬던 것처럼 군사를 주둔시킨다면 이를 어떻게 막아낼 것인가 하는 우려와 두려움이었다. 이에 대해 고종은 '관계 부처로 하여금 처리하도록 하겠다'는 원론적인 답변을 할 뿐이었다.

한성신보에서는 압록강 연안의 위기가 이처럼 심각함에도 불구하고 대한제국이 독립국의 위엄을 지키지 못하고 아예 손을 놓고 있는 것이 더 큰 문제라고 보았다.

> 아병(俄兵) 40여 명이 거리낌 없이 국경을 넘어 백주대낮에
> 무리 지어 와서 주둔하고 천막을 펼쳐 사다리를 설치하는데도
> 서경의 수병은 한 사람도 이를 제어하지 못하니 스스로 외란을
> 초래하는 시초 … 아병 40여 명이 삼림 보호라 칭하고 용천군
> 해구(海口)에서 영영 주둔할 계획을 삼는데도 한성 정부에서는
> 전훈을 내려 금하기를 천백 번 하나 마이동풍, 하등의 권위가
> 없고 공문(空文)과 헛된 논의만 서로 왕래한다³⁸

이 사설의 제목은 '한독립(寒毒立)'이다. 대한제국의 독립이 요원하며 힘든 상황이라는 것을 나타내기 위해 조롱을 담아 표현한 것으로 보인다. 그만큼 대한제국의 권위가 없음을 조소하고 있었던 것이다.

그러나 한국 정부가 압록강과 두만강 일대 러시아의 삼림 벌채에 대해 별다른 이의를 제기하지 않은 것은 1896년 체결한 삼림조약에 근거한 행동으로 간주했기 때문이다. 이후 러시아가 청인(淸人)들을 대동하여 삼림조약에 포함되지 않은 백마산성 일대까지 벌목하기 시작하지 러시아 공사관에 항의하고 의주 군수를 통헤 벌목을 금지히도록 조치했다.[39] 반면, 러시아는 용암포 지역의 토지와 가옥을 구입한 것에 대해 한국 정부가 이미 소상히 파악하고 있었으며 계약을 위반한 것이 아니라는 입장이었다.[40] 대한제국은 외부를 통해 러시아의 계약 위반을 항의하면서도[41] 더 적극적으로 대처하지는 못했다. 이 과정에서 한국은 러시아와 여러 차례 외교문서를 주고받았다. 그럼에도 러시아의 행동을 실제적으로 제지하지는 못한 것이다. 이에 신보에서는 휴지조각이나 다를 바 없다는 의미를 담아 '공문(空文)' 운운하며 조롱했던 것이다.

일본 정부는 대한제국이 러시아의 용암포 조차 요구를 거부할 힘과 역량이 부족하다고 보고 러시아와 직접적인 교섭을 시도하기로 했다.[42] 한성신보에서도 대한제국 정부의 무능을 한탄하는 보도를 이어갔다. 러시아의 만주 경영 실상을 두 차례에 걸쳐 게재하면서 변경 지역이 어지러운데도 이를 마땅히 금제하지 못하고 국방 정책을 세우지 못한다며 대한제국의 무력함을 꼬집었다.[43] 나아가 한국 인민 수만 구가 이주하고 압록강 상류와 백두산 서남쪽의 넓은 지역에는 청민이 피란해 유입하며 아병이 와서 주둔하여, 이주 후 수십 년 동안 개척한 땅을 장차 타인이 넘보게 되었는데 한국 조정에서 보호 통치의 권리를 세우지 않는[44] 점에 대해 심각한 우려를 나타내기도 했다.

대한제국기에는 황성신문과 제국신문 등의 근대적 신문들이 창간되었다. 사진은 신문을 조판하고 편집하는 광경

이처럼 한성신보에서는 러시아가 만주 철병을 이행하지 않는 것은 물론, 용암포 경영과 압록강 연안에서의 벌목 작업을 핑계로 군사를 더욱 증파하는 실상을 시시각각 보도했다. 압록강 연안 일대를 혼란하게 하는 주범으로 러시아를 지목하면서 일본의 만주 이권 배제에 따른 위기의식을 열강이 함께 우려하는 국제 문제로 치환하기도 했다. 또한 압록강 연안의 위기를 고조시키는 한편으로, 이러한 변화에 구체적인 대응을 하지 못하는 대한제국 정부의 무능을 드러냄으로써 일본의 만주 문제 개입을 정당화해가는 역할을 하고 있었다.

이와 달리 황성신문에서는 동양의 중추인 만주를 각국이 주목하고 있는 현실과 러시아가 철도 보호를 이유로 만주에 군대를 주둔시킨 이후 철수를 번복한 사실에 대해 자세히 보도했다. 황성신문은 기본적으로 러시아를 불신하는 자세를 취했다. 또한 일본 역시 영국과 함께 러시아를 견제하려 해서 만주에 전운이 감돌고 있으니 '우리는 두 호랑이 사이에 놓인 처지'[45]라며 양국 간 각축의 영향과 파급에 대해 우려했다.

제국신문에서도 일본과 러시아가 만주에서 서로 맞서고 있으니 어느 나라에 의뢰해 도움을 청해도 사달이 생기기 쉽다는 것,[46] 일본과 러시아가 한국과 만주를 자기 주머니 속의 물건으로 알고 서로 먹고자 시기하는 사이에 부대끼는 나라는 우리 한국이라는 것,[47] 남의 나라 사람들이 우리를 어떻게 대하는지 주의하며 남이 추앙하여 감히 업신여기지 않도록 해야 한다는 점을[48] 강조했다. 한성신보에서는 압록강 연안의 위기를 러시아의 도발에서 기인한 것으로 보고 국제 평화와 균형이 허물어지게 되었다는 논리를 펴고 있었다. 반면, 한국 측 언론에서는 러시아와 일본의 침략 야욕 모두를 경계하면서 정부의 각성과 자강을 촉구하고 있었다는 점이 대비된다.

### 한국의 독립과 동양 평화를 위한 전쟁 명분론 유포

일본은 러시아가 철군 약속을 지키지 않음은 물론 용암포 조차 문제까지 대한제국과 협의하는 이상 이와 맞닿은 의주 지역마저 러시아의 휘하에 들어갈지 모른다는 위기의식이 있었다. 이보다 먼저 일본은 경의철도부설권을 얻기 위한 계획을 세우고 있었고, 고무라 외상이 1901년 9월 취임한 직후부터 철도부설권을 획득하려 했다. 그는 대한제국에 차관을 공여하고 이를 통해 대한제국을 보호국화하려는 계획까지 세웠다. 그런데 러시아가 진출해 있는 용암포 지역이 경의철도의

종착지인 의주 일대와 근접해 있으므로 계획이 무산될 수도 있다고 우려하고 있었다.[49]

이에 일본은 러시아의 용암포 일대 지역의 경영을 차단하고, 자국의 경의철도 부설 계획이 러시아로 인해 방해받지 않게 할 필요가 있었다. 따라서 용암포에 독자적으로 진출해 세력을 구축하고 있는 러시아를 견제하기 위해 대한제국에게 청일전쟁 당시 폐쇄했던 의주 지역을 다시 개항해줄 것을 요청했다. 당시 일본 상인들의 상업 활동이 점차 늘고 있고, 외국 무역의 이익이 해당 지역민에게 돌아가 지역민이 환영하고 있으며, 상업상 전도유망하다는 것이 그 이유였다.[50]

이처럼 열강의 개입 속에서 압록강 연안 일대의 사태가 급박하게 흘러갈 당시 한성신보에서는 다음과 같이 경고했다.

러시아가 삼림회사를 경영하고 용암포를 조차할 계획을 세우고
있음에도 대한제국이 서쪽 변방을 지키지 못해 열강이 이를
돕기 위해 나섰으나 강대한 러시아가 약소한 한국을 무시하여
침범함을 철회하지 않으니 만한지간에 반드시 갈등이 생길 것[51]

이러한 경고에 이어 의주 지역 개시(開市)를 요구하는 일본 정부 정책에 대해서는 적극 호응하고 이를 선전하는 태도를 보이기도 했다. 러시아를 향해 압록강 유역의 부를 독점하며 이 지역에서 독점적 권력을 부식하므로 세계 문명에 역행한 것[52]이라 비판하기도 했다. 러시아를 상업과 무역 질서는 물론, 세계 질서의 혼란까지 초래한 나라로 규정하면서 '공공의 적'이라는 인식을 보다 확실하게 퍼뜨려나갔다.

또한 대한제국이 러시아의 눈치를 보며 의주 개시 문제에 신중히 접근하자 일본은 러시아에 대한 경계심을 한층 더 부각시키려 했다. 즉, 서북 경계에서 취하고 있는 러시아의 태도를 보면 삼림조약 외에 기선과 해저 전선의 육로 연결을 도모하는 등 한국의 주권을 몰각하고 있고, 이 형세로 나가면 대한제국의 서북 경계 통치권마저 종말을 고하리라[53]는 것이었다.

이 문제에 대해 한성신보는 다음과 같은 입장을 내고 있다.

> 의주 개시는 세계 대세의 정책에 적응하며 한서(韓西) 자위의
> 계책이라. 어찌 러시아 공사가 항의한다고 하여 개시 논의가
> 저지된다고 헤아리리오. 한국의 독립은 한국의 독립이오,
> 러시아를 위하여 독립함이 아니다. 만약 불행하여 개시함을
> 얻지 못하면 러시아 이외 열강이 자진하여 개시함을 결행하리니
> 이는 열국이 기뻐하는 바가 아니오 실로 만족치 못함이라.[54]

러시아가 한국의 주권을 침탈하고 있고 장차 서북 지역의 통치마저 위태로워질 수 있다는 일본 정부의 주장을 그대로 담아낸 것이다. 나아가 열강이 문제 해결을 위해 나설 수 있음을 예고하고 경고하는 등 정부 입장에 조응하는 활동을 하고 있었다.

이러한 가운데 대한제국은 삼림감리 조성협(趙性協)을 통해 러시아 삼림회사 대표 모지스코(Mogisko)와 용암포 조차 계약을 조인했다.[55] 총 8개조로 구성된 조약에서 두드러지는 내용은 공장과 가옥 등의 건설을 위한 토지는 용암포에 한정해 러시아가 점유한다는 것과 조

차 지역 내에서 한국인 범법자는 감리서에서, 외국인 범법자는 삼림회사에서 징판한다는 것 등이다. 고종은 일본의 용암포 개방 요구에 대한 답변은 피해가면서 러시아에게는 용암포 지역의 조차권을 허여하는 협정을 체결하도록 했다. 이는 러일이 개전할지 모른다는 위기의식 속에서 일본보다 군사적으로 우세하다고 판단한 러시아 세력을 확대시킴으로써 일본을 견제하기 위한 나름의 대책이었다.[56] 일본은 사실상 용암포 조차지에 러시아의 치외법권까지 허용한 조약 결과가 알려지자 조약의 파기를 종용하면서[57] 의주 개방을 더욱 적극적으로 요구하고 나섰다.

한성신보에서는 용암포에 러시아의 치외법권까지 허용한 사안에 대해 러시아가 '용암리를 점령한 것과 같다'고 보았다. 이에 대한제국 정부가 각성하지 않는다면 일본에게도 러시아와 같은 권리의 조차지를 제공해야 할 것이라고 경고했다.[58] 나아가 한국 정부가 일본의 요구를 듣지 않는다면 예측할 수 없는 위기와 재앙을 초래할 것이라며 위협적 언사를 늘어놓았다. 곧이어 협약에서 구체적인 면적과 조차지 세금도 규정하지 않았으므로 조약이 성립되지 않았음을 강조하면서 대한제국 정부가 다시 고려할 것을 요구했다. 언론 보도에 이어 일본 공사 하야시 곤스케(林權助)는 이도재 외부대신에게 용암포 조차 협정 파기를 권고하는 공문을 보내왔다.[59] 한성신보에서 분위기를 띄우고 정부가 이를 관철시키는 정언(政言) 밀착의 관계 속에서 언론 역할을 하고 있었던 것이다.

대한제국 정부는 문호 개방 요구를 앞세운 일본과 영국의 강력한 항의 속에 조약이 초안이며 아직 타결되지 않은 상태이고 개정해나갈 것이라며 상황을 피해 가려 했다.[60] 이러한 반응에 대해서도 한성신보에서는 "용암포 조차는 개약한다, 파기한다 설왕설래하더니 장차 계약을 체결한다 하니 한국의 파열이 시작할 것"[61]이라는 엄포를 놓았다. 곧이어 일본에게 평화와 독립을 보전하는 권한이 있음을 명시한 후, 평화와 독립을 파하려는 자가 있으면 방위의 권한이 있는 일본이 나설 것임을 예고했다. 또한 방위는 공문(公文)과 말로써 주장하는 것이 아니라 '권력'으로 실행하는 것임을 밝히면서 사실상 무력을 사용할 의도가 있음을 내비치기도 했다.

일본은 용암포 조차 협정을 '한국의 안전과 독립을 결손한 것으로, 동양의 분란을 일으키는 화근으로' 지목하고 이를 외교 공문에서 반복적으로 구사했다. 나아가 한국의 독립을 지키기 위해, 동양 평화를 수호하기 위해 일본이 나설 수밖에 없다는 사실을 강조하기도 했다.[62] 이러한 정부 기조를 바탕으로 한성신보는 계속 그들의 주장을 이어갔다.

러시아의 용암포 조차 협정은 용암포 경영과 같은 것이다.
여순구와 대련만을 점유함과 같으니 그 의도는 한반도를
경략하는 데 있는 것이다. 러시아 정부가 한국의 독립을
유지하려 한다면 마땅히 용암포 경영을 철회해야 한다.[63]

용암포 조차 협정으로 한반도가 러시아의 침략적 야욕 아래 놓이게 되었고, 대한제국의 독립과 주권이 위협받을지도 모른다는 위기의식을 지속적으로 조장해나간 것이다.

곧이어 한성신보에서는 압록강의 삼림은 러시아 삼림회사의 독점 권리가 아니라면서[64] 열국이 이권 획득의 평등한 기회를 가질 수 있음을 내포하는 사설을 게재했다. 일본 정부 차원에서도 러시아가 용암포에 포대와 망루를 쌓고 14문의 대포를 갖춘 상태에서 실질적인 경영을 하는 것으로 파악하고 한국 정부에 용암포를 개방할 것을 권유했다.[65] 러시아가 용암포에 대한 야욕을 버리지 않음에 따라 세력균형의 원칙에 입각해 이 지역의 개방을 유도한 것이다. 이에 개항을 재촉하고 독촉하는 공문과[66] 용암포 개항의 즉시 반포를 촉구하는 공문을[67] 대한제국 정부에 잇달아 보내왔다.

대한제국기 황제의 최측근에서 주요 요직을 두루 맡았던 이용익

대한제국에서는 의주와 용암포 개항을 요구하는 일본, 영국 등의 열강과 이에 반대하는 러시아 사이에서 확고

을사오적 가운데 한 사람으로 군부대신을 역임한 이근택

한 결정을 내리지 못했다. 개항은 국가의 자주적 권한이며 각 나라 상민들의 교역 발달을 고려해서 신중하게 결정할 것이라는 원론적인 대응만 할 뿐이었다.[68] 의정부 내에서도 논의만 거듭할 뿐 신속한 결정을 내리지 못했다. 이근택과 이용익은 개항을 반대하는 편에 있었고, 의

정부의 주요 대신들은 지지하는 입장에 있었다.[69] 특히 고종의 최측근으로 있던 이용익은 열강의 뜻에 맞춰 의주와 용암포를 개항하면 러시아가 무력으로 이를 저지할 것이고 나라의 안전이 위태로워질 수 있다면서 개항을 반대했다.[70]

결국 외부대신 서리 이하영이 상소를 올려 답답함을 호소하는 지경이 되었다. 그는 개항을 하든 하지 않든 외국인의 분노를 사는 것은 마찬가지라면서 "우리나라에 이롭고 편안한 계책을 따진다면 즉시 개항을 실시하는 것뿐"[71]이라며 독립국가로서의 결단을 촉구했다. 열강과의 이해관계를 셈하고 눈치 보는 속에서 확실하고 정확한 외교적 신호를 주지 못하는 데 대해 일선에서 외교를 책임지고 있는 당사자로서 사태의 절박함을 호소한 것이다.

대한제국의 반응을 기대할 수 없게 된 하야시 공사는 용암포와 의주 개항 문제를 해결하기 위해 미국도 끌어들일 계획으로 알렌 주한 미국 공사와 만났다. 그는 알렌에게 영국과 일본이 용암포 개항을 위해 공조하고 있는 상황을 설명하고, 미국도 동참해줄 것을 요청했다.[72] 미국 또한 만주 일대에서 세력을 키워가는 러시아의 영향력을 우려하고 있던 차에 일본의 제안을 적극 수용했다. 미국 정부는 알렌에게 훈령을 보내 대한제국으로 하여금 압록강 연안의 의주 지역을 개방하도록 권고했다.

미국의 주장은 압록강 대안의 안동(安東)이 개방되어 경제적 요지가 되었으니 의주도 통상구안(通商口岸)으로 정해서 교역이 활발하게 이루어지도록 하자는 것이었다. 용암포와 의주를 개방하면 한국 정부에도 큰 이익이 될 것이라는 의견도 담겨 있었다. 또한 의주를 개방하면 평양의 진남포와 같은 항구 역할을 할 수 있을 것이라고도 보았다.[73] 일본을 비롯한 열강의 용암포 및 의주 개항 요구가 거세지는 속에서도 러시아의 파블로프 공사는 반대 입장을 고수했다. 이 지역의 개방은 시기상조이며 대한제국의 이익에 부합하지 않는다는 것이었다. 나아가 대한제국이 열강의 요구를 거부하지 못하고 이 지역을 개방하면 러시아는 그에 상응하는 방책을 취하겠다고 경고했다.[74]

압록강 연안의 개방 문제를 두고 열강 사이에 위기감이 고조될 무렵 한성신보에서는 군부대신으로 있던 이근택이 러시아에 차병을 요청하며 밀약을 맺었다는 보도를 전했다.[75] 이근택의 러시아 차병설은 러일 간 전쟁 기운이 높아지자 일본 망명자들이 일본 병력을 이용해 귀국할 것이라면서 러시아에 의지해 방어책을 수립할 것을 상주하는 속에서 흘러나왔다.[76] 신보 논설에서는 이근택이 유사시 러시아에 차병을 밀약한 이유에 대해 러시아와 동맹해 일본을 치려는 계획 내지는 일본의 침략을 막기 위한 계획 등으로 추론하면서 맹렬하게 비난했다. 일본은 동양의 화평을 유지하고 한·러·일 삼국의 안녕과 질서를 지키기 위해 거비를 들여 군비를 확충하고 러시아와 균형을 다투고 있는데 한국이 러시아를 끌어들여 일본을 치고자 했다는 것이다. 동시에 일본은 러시아처럼 조약도 체결하지 않았고 한 명의 군사도 한국 영토에 진주하지 않았음에도 한국이 일본을 침략한 것으로 본 것이나 마찬가지라는 논리를 폈다. 일본과 러시아가 전쟁을 할 경우 러시아 군대를 요청한 한국을 적국으로 지목할 수밖에 없고, 설혹 러시아가 승리할지라도 한국을 병탄할 것이라는 주장을 펼치기도 했다.

논설에서는 러일 개전이 곧 임박했음을 알렸다. 동시에 동양 평화를 수호하기 위해 들인 일본의 물적 희생과 노력을 대한제국이 배신한 것으로 몰아갔다. 또한 용암포 조차 협약을 체결해 압록강 연안의 위기를 초래한 러시아에게로 전쟁의 원인을 돌렸다. 대한제국이 기대고 의지할 나라는 일본이지 러시아가 아니라는 사실도 분명히 하고 있었다. 전쟁의 필연성과 정당성을 보다 확고히 하면서 내외에 긴장감을 드높이고 있었던 것이다.

사태의 급박한 흐름 속에서 일본 외상 고무라와 주일 러시아 공사 로젠(R. R. Rosen) 간에 여러 차례 교섭이 진행되었다. 두 나라는 한국과 만주를 각자의 이익 범위로 인정하면서도 자국의 이익을 우선시했다. 고무라는 1904년 1월, 일본은 만주와 그 연안이 일본의 이익 범위 밖이며, 한국과 그 연안은 러시아의 이익 범위 밖이라는 점을 상호 승인하자는 최종 수정안을 제시했다. 동시에 한국 내 일본의 군사적 시설물 설치 금지, 39도 이북에 중립지대 설치, 만주 거류지 설치 금지 등 러시아의 요구 사항을 삭제했다.[77] 러시아가 일본이 제시한 수정안을 받아들이지 않으면서 러일 교섭은 교착상태에 빠졌다. 한성신보에서는 군대와 함대의 이동과 군기 및 군사전략에 관한 보도를 일체 금지하는 동경 전보를 전했다. 이어서 가쓰라 총리대신과 육해군 및 외무대신이 모여 천황을 알현하고 군사회의를 한 후 러시아에 최후통첩을 한 사실을 보도했다.[78]

일본이 러시아와 담판을 끝내고 자국의 권익 옹호를 위해 러시아에 선전포고를 하기[79] 전부터 이미 한성신보에서는 전쟁 분위기를 조성하고 알리는 역할을 하고 있었다. 그러는 한편으로 대한제국의 무능과 무기력과 무결단을 비웃었다.[80] 다른 한편으로는 약자인 한국의 독립을 지키고 동양 평화를 수호한다는 그럴듯한 명분을 내세우며 개전의 길을 옹호했다. '태평가(太平歌)'라는 제하의 '기서(寄書)'에서는 '태평일세 태평일세 대한제국 태평일세…'로 시작되는 가사 조의 노랫말을 싣고 있다. 러일 간 시국이 급박하게 돌아가는데도 대한제국이 성과 없는 중립 외교에만 기댄 채 별다른 움직임을 보이지 않자 이를 조롱하고 비웃는 태도를 취하고 있었던 것이다.

이처럼 신보는 러시아의 도발과 위협을 극대화하는 여론을 조성하고, 일본 정부의 논리를 정당화하며, 개전으로 갈 수밖에 없는 당위성과 전쟁의 명분을 만드는 데 앞장서는 작업을 충실히 했다. 결국 열강을 동원한 일본의 압력으로 의주는 1904년 2월에, 용암포는 3월에 각각 개항되었다.[81] 모두 러일전쟁의 막이 오른 후였다.

## 2. 정치 사회적 이슈의 전환과 차별적 보도

**조선 개항에 덧입혀진 문명계도론**

한성신보는 출발부터 일본 정부의 정책을 옹호하고 선전하는 관변 신문의 성격을 띠고 있었다. 따라서 공정성과 객관성을 담보했다고 보기는 어렵다. 일본 정부는 한성신보를 매개로 하여 여론을 일정한 방향으로 도모해나갔다. 특히 전체 4면의 신문 구성 가운데 국문으로 된 1, 2면의 '사설' 및 '잡보' 면과 조선에서 활동하는 일본인들을 위해 일문(日文) 기사로 구성한 3, 4면은 기사의 내용과 깊이가 달랐다. 즉, 조선의 정치적 상황이나 여건, 주요 사건과 관련한 이른바 '심층 보도'는 주로 3면의 일문에서 다루었다. 조선 내정을 파악하는 수단으로서 특정 사건을 연속 보도하여 여론을 일정한 방향으로 유도하는 모습도 살필 수 있다.

그에 따라 한성신보가 국문과 일문 기사를 다른 깊이와 수준, 때로는 특정한 방향으로 보도한 목적과 이유에 대한 의문이 생겨나게 된다. 더불어 그들이 조선 내 여론의 향배를 유도하며 무엇을 기도했는지, 조선 내 일인들을 위해 무엇을 도모하고 있었는지, 일본 내지인들에게는 어떠한 정보를 주고자 했는지 등 독자 대상에 따른 다양하고도 이중적인 기사 구성과 보도 태도의 이유를 밝혀볼 필요가 있다. 여기서 '이중적'이라 함은 한성신보가 조선 사회의 변화와 실상을 사실대로 보도하기보다는 조선인과 일본인 및 재조 일본인 상황(商況)에 미칠 여파 등을 다방면으로 의식하여 기사를 구성한 것을 의미한다. 이를테면 국문판과 일문판의 내용과 깊이를 달리 구성하거나, 사태를 왜곡하며 주제를 전환시키는 등 이중적인 잣대로 기사를 취사선택해 보도한 행위들이 포함된다.

특히 조선의 개항 문제와 관련한 보도에서 신보의 이중성을 매우 확연히 엿볼 수 있다. 조선이 개항할 당시 한성신보는 창간된 상태가 아니었다. 그런데 창간한 후 '잡보'란을 통해 '조선개국기사'를 연속 게재하면서 이미 20여 년 전에 단행된 조선의 개항 과정을 재구성해 보여준다. '조선개국기사'는 조선이 개항을 단행한 시기부터 일본과 청을 통해 신문물을 수용해 개화 정책을 추진하다가 임오군란을 겪게 되는 시기까지를 다루고 있다. 국문으로는 제117호인 1895년 10월 9일 19회까지(20회의 오기인 듯. 표 참조) 게재되었고, 일문으로는 '조선개국시말(朝鮮開國始末)'이라는 제목으로 제115호인 1895년 10월 5일 20회까지 실렸다.

한성신보는 이 연속 게재물을 통해 조선의 개항에 상당한 의미를 부여하면서 일본의 역할을 적극적으로 조명했다. 또한 개항 이후 일본의 영향을 받은 조선 사회가 어떠한 변화를 맞이하고 있는가에 대해서도 심층 보도하고 있다. 그런 가운데 일본의 입장과 시각을 은연중 드러내는 방식으로 기사를 썼다. 따라서 개항을 바라보는 일본의 시각은 물론, 이들이 조선 내 여론을 어떤 방식으로 유도하려 했는지, 나아가 조선 내 일본인들의 사고에 어떤 영향을 미치려 했는지를 엿볼 수 있다.

먼저 '조선개국기사'를 게재한 날짜를 표로 구성해보면 다음과 같다. 〈표 3〉을 보면 개항과 관련한 두 기사는 한성신보가 격일간으로

표 3  조선개국기사 게재표

| 기사 게재일<br>(1895년) | 조선개국기사 | 조선개국시말<br>(일문) |
|---|---|---|
| 9월 9일 | 10호 | 11호 |
| 9월 11일 | 11호 | 12호 |
| 9월 13일 | 12호 | 12호<br>(13호의 오기인 듯) |
| 9월 15일 | 13호 | 14호 |
| 9월 17일 | 14호 | 15호 |
| 9월 19일 | 15호 | |
| 9월 27일 | | 16호 |
| 9월 29일 | 16호 | 17호 |
| 10월 1일 | 16호<br>(17호의 오기인 듯) | 18호 |
| 10월 3일 | | 19호 |
| 10월 5일 | 18호 | 20호 |
| 10월 7일 | 19호 | |
| 10월 9일 | 19호<br>(20호의 오기인 듯) | |

간행된 것을 감안할 때 거의 매 호 연속 보도된 것으로 추정해볼 수 있
다. 이를 준거로 파악할 때 9월 21일, 23일, 25일 자처럼 세 호 연속
보도되지 않은 사례가 또 없었다면 8월 22일 자에 개항 관련 기사의
첫 호가 보도되었을 것으로 보인다. 즉, 개항 관련 기사는 1895년 8월
하순부터 10월 9일까지 집중적으로 보도되었다. 그런데 갑자기 개항
관련 기사를 더 이상 게재하지 않은 것은 10월 8일에 일어난 명성황후
시해 사건의 영향으로 보인다. 시해 사건이 일어난 직후 일본은 사건

이 본국과 관련 없다는 것을 드러내기 위해서라도 사건의 본질을 흐리는 기사를 양산하지 않을 수 없는 입장이었다. 사건과 관련하여 조선 내부에서는 일본에 대해 극한 감정을 품고 있었다. 따라서 조선 개항에 대해 일본의 영향력을 과장하는 논지의 기사는 조선을 더욱 자극하는 소재가 될 수 있었다. 이러한 정황으로 개항 관련 기사 연재를 중단한 것으로 풀이된다.

국문과 일문으로 각각 총 20회 연속 게재한 개항 관련 기사에는 주로 어떤 내용들이 담겨 있을까? 한성신보가 개항 관련 기사를 통해 의도한 것은 무엇인가? 기사에서 보이는 일본의 기본 입장은 한마디로 일본 정부가 조선의 개항을 이끌어내어 조선의 개화에 상당히 기여한 점을 강조하고 있다는 것이다. 일본 정부는 시종일관 조선을 평화주의의 원칙으로 대했으나, 흥선대원군은 그를 따르는 무리들과 함께 쇄국 척화를 주장한 것으로 보았다. 일본이 국서(國書)를 거절하고 운요호를 피격한 조선에게 바란 것은 오직 수교조약을 체결하고 상호 무역을 개시하는 점에 있었다는 사실도 적시했다. 양국의 교섭은 대원군의 쇄국 척화 정책으로 인해 파열로 이어질 뻔했으나, 고종과 왕비가 강화주의를 취하고 개국론자의 중심으로 있었기 때문에 위기에서 벗어나 안정될 수 있었다고 보았다.

> 문호 개방을 계기로 조선이 여러 나라와 통교한 후
> 날로 진보 개혁하여 오늘의 형세를 이루었으니 수호조규를
> 체결하던 1876년 2월 26일은 진실로 조선사상에 일대
> 기념일이다.[82]

이처럼 한성신보에서는 대원군의 통상수교거부정책을 '쇄국척화'로 규정하면서 조선은 통교를 원하는 일본의 국서를 거절했지만, 일본이 평화주의의 원칙으로 접근하여 강화를 이끌어낸 것으로 자평했다. 또한 운요호의 피격을 받으면서도 오직 이웃 조선과 수교조약을 맺고 상호 통상을 하고자 한 일본의 의도가 국왕 내외의 강화주의와 잘 어우러져서 위기가 평화로 전화되었다고 보았다. 이 점에서 고종과 왕비의 강화주의 내지는 주변 개국론자들의 용기 있는 결단력을 높이 평가했다.

나아가 수호조규 체결일을 조선 역사상 일대의 기념일이라고까지 표현한 것은 조선이 개항을 한 결과 문명화, 근대화의 길로 나아갈 수 있었다는 일본의 인식을 반영한 것으로 보인다. 아울러 문명화의 길을 이끈 일본의 역할을 현저하게 드러내고자 하는 의도가 배어 있다. 일본은 한국의 근대사를 서술하면서 조일수호조규의 역사적 의미를 부여하며 개항의 의미와 성과를 확대해왔다. 특히 기쿠치 겐조가 서술한『근대조선사(近代朝鮮史)』나 다보하시가 쓴『근대일선관계의 연구(近代日鮮關係の研究)』등은 조일수호조규를 분기점으로 개국을 맞이한 조선이 근대화, 문명화의 단계로 점차 나아간 것으로 보는 대표적인 책이다. 이러한 인식의 기조가 한성신보에까지 닿아 있음을 확인할 수 있다.

다음은 조일 간 수교 체결에 이어 제1, 2차 수신사를 파견한 데 대한 기사이다.

일본이 유신에 혁명을 지난 지 이미 10여 년이라. 정치상이나
온갖 사회의 일이 모두 구면목을 일신하여 흥국할 기상이

인민의 흉중으로 솟아나고 문명할 운이 발달하여 그 끝을 알지
못하리다. 만일 다른 나라 사람으로 하여금 그 참 광경을 보이면
진보하는 모습에 진실로 경악할 것이니 하물며 조선은 개국할
당시라 아직 해외 형세를 살펴보는 여가가 없을 때 전후
2차 수신사가 일본에서 시찰하던 것이니, 반드시 그 이목을
집중시켜 놀랄 만한지라.[83]

일본은 이미 문명국의 반열에 접어들었기 때문에 이제 막 개국하
여 해외 형세를 전혀 모르는 조선인들이 일본을 시찰한다면 깜짝 놀랄
것이라며 자신감 넘치는 태도를 보이고 있다. 나아가 수신사들이 돌아
가 복명한 후 개화론이 득세하게 되어 조사시찰단을 파견하게 되었다
는 사실도 언급하고 있다.

조사시찰단이 각기 맡은바 부서를 조사하고 귀국한 후에는
문명의 기운을 잔뜩 주입하여 국민의 사상도 변함은 물론,
쇄국완고론이 무익하고 개국문명론을 숭상하는 것이 유리한
길임을 깨닫게 되었다.[84]

신보에서는 이러한 보도를 통해 조선을 문명화의 길로 계도하고
이끌어준 안내자로서 일본의 위치를 내외에 각인시키고자 했다.
그런데 1, 2차 수신사가 돌아온 후 조선 내부에 미친 영향을 보
면 일본이 이룩한 문명화의 수준에 위축되기보다는 일본이 이룩한 것
을 우리 또한 못할 것이 없다는 자신감과 의욕을 다지는 기회로 삼고

임오군란 당시 군병들이 일본 공사
관을 습격하자 공사관을 탈출해
일본으로 귀국, 군란이 진정된 후
조선과 제물포 조약을 체결한
하나부사 요시모토 공사

있었다.[85] 조사시찰단이 돌아온 후 올린 보고에서도 일본의 문명 개화 성과를 긍정적으로 평가하는 내용만 있는 것은 아니었다. 일본이 차관을 들여와 서방국가를 흉내 내느라 나라가 빚더미에 올랐고, 백성 대부분은 개화를 좋게만 여기지는 않는다면서 부정적인 평가를 내리는 사람들이 많았다.[86] 이들이 돌아온 후 영남의 만인소를 비롯해 1881년 신사척사운동이 연이어 일어난 것 또한 우리 사회가 개화 정책에 대한 저항이 만만치 않았다는 것을 보여주는 것이

다. 따라서 개국문명론을 숭상하는 방향으로 국민의 사상도 변하게 되었다는 한성신보의 논조는 당대 박규수를 중심으로 한 개화파의 태동 움직임을 지나치게 확대한 해석이요, 일본의 영향을 과대평가한 수사(修辭)라 하겠다.

또한 조일수호조규의 제1관에 '조선국은 자주독립한 나라이다'를 삽입함으로써 조선을 독립국으로 세계에 소개했다며 "종래 지나(淸)에 속국으로 인정되던 것이 명백하게 세계상에 독립을 표창(表彰)하게 이르렀으니 이 어찌 이 조약의 특사(特賜)가 아닌가"[87]라고도 했다. 중국의 속국이던 조선을 독립국으로 보장받게 해준 나라가 일본이며, 조일수호조규야말로 조선에게 커다란 특혜와 선물이라는 것이다. 나아가 원산과 인천항을 개항장 위치로 정하게 함으로써 일본이 조선의 손을 잡고 각국과 교제하는 장으로 유도했다고 기술하고 있다. 일본이 문호 개방을 계도하고 항구를 개방하도록 이끌어준 결과, 세계 여러 나라와 교류하게 되었고 조선이 문명의 혜택을 입게 되었다는 논리를 설파한 것이다.

이런 논조는 하야시 다이스케(林泰輔)가 저술한 『조선근세사(朝鮮近世史)』에서도 보인다. 그 역시 조일수호조규의 영향으로 조선이 더 이상 중국의 속국이 아님을 세계에 명백히 알리게 된 것으로 보았다.[88] 하야시의 저술은 후일 조선사편수회에서 발간한 『조선사(朝鮮史)』 37권의 모본이 되었다. 가히 일본인의 역사관을 대변하는 것으로 볼 수 있다. 이러한 인식의 원류는 한성신보에 닿아 있고, 한성신보는 당시 일본 정부를 대변하면서 우익의 역사관을 확산시켜나갔던 것이다.

20호까지 연재된 개항 관련 기사는 임오군란이 발생한 뒤 대원군이 재집권하게 되는 과정, 하나부사 요시모토(花房義質) 공사가 대원군을 상대로 배상금 문제를 논의하기 위해 회담을 전개하는[89] 과정까지를 다루었다. 대체로 개항 이후 추진된 개화 정책, 특히 일본의 지도를 받아 별기군을 조직해서 운영한 사항 등을 소개하고 수구파와 개화파의 정치적 알력 등을 세세하게 보도했다. 그 과정에서 일본이 기도한 것은 한성신보를 수단으로 하여 일본이 조선의 문명화를 이끌어준 주체자요, 시혜를 베풀어준 은혜로운 국가로서의 표상을 대내외에 일관되게 천명하는 것이었다.

일본이 조선을 상대로 노골적 침략 야욕을 표출하기보다 개화의 필요성을 강조하는 논조를 보인 것은 창간 초기 한성신보의 구독률을 높이는 요소가 되기도 했다.[90] 개화의 필요성을 설파하는 이면에 문명

계도국으로서의 일본 역할론을 강조한 점도 재조 일본인의 자부심과 긍지로 이어지면서 신문 구독 열기를 높인 것으로 이해된다. 이는 그 후에 전개된 조일 간의 역사를 굳이 언급하지 않더라도 평등과 자주, 평화 추구의 논리로 침략성을 감추고 있던 이중적 언론 활동 양상으로 볼 수 있는 것이다.

## 정치 사회적 이슈의 전환과 축소

한성신보는 일본이 청일전쟁에서 승리한 이후 조선에서의 영향력을 확대하고 국권 확대를 도모하기 위해 창간된 신문이다. 한성신보의 창간 시기는 일본이 친일 개화파와 함께 갑오·을미개혁을 단행하던 시기와 중첩된다. 개혁 추진과 관련해서는 사회적으로 엄청난 대사건이라 할 수 있는 명성황후 시해 사건과 총리대신 김홍집을 비롯한 정부 주요 대신들의 살해 사건, 춘생문 사건, 아관파천 등의 주요 사건들이 잇달아 발생했다.

개혁 과정에서 일어난 사회적 대사건과 이슈에 대해 한성신보는 국문과 일문 보도의 내용과 깊이가 서로 다른 이중적 언론 활동을 전개했다. 명성황후 시해 사건과 김홍집 살해 사건에 대해서는 3장에서 이미 다루었다. 여기서는 국문판과 일문판의 서로 다른 논조와 시각을 비교하는 방식으로 접근해보고자 한다. 사건의 흐름과 배경, 국문판과 일문판을 비교 서술하는 과정에서 앞 장의 내용과 일부 중첩될 수도 있으나, 신보의 이중적 구성을 밝히는 점에 비중을 두었다.

먼저 1895년 10월 8일에 일어난 명성황후 시해 사건에 대한 한성신보의 보도를 보면, 사건을 '사변'이라 칭하면서 관련 기사는 10월

명성황후가 시해된 장소로 알려진 건청궁 안 옥호루

9일부터 10월 19일까지 싣고 있다. 사건의 과정과 경위를 직접적으로 보도하는 내용은 국문판, 일문판 모두 10월 9일 자, 10월 11일 자로 2회에 걸쳐 지면을 할애하고 있다. 또한 한성신보에서는 이 사건을 시종일관 해산을 미리 알게 된 훈련대의 불만이 폭발한 끝에 시위대와 훈련대의 다툼에서 일어난 사건으로 보도했다.[91] 일본이 강박해 함께 입궐한 대원군에 대해서도 "정권을 탐한 것이 아니라 부패한 궁중을 다스리고 위태한 종사를 교정하기 위한 공명정대한 발걸음"[92]이었음을 강조하고 있다.

반면, 같은 날인 10월 13일 자 일문판에서는 사건에 대해 거의 보도하지 않은 채 민영준을 비롯한 민영주, 민응식, 민영환, 민영달 등 민씨 일가의 동향에 대해 상세히 보도하고 있다. 민영준이 서대문 밖에서 숙박하고 있다가 사변을 듣고 바로 도주한 뒤 북국(중국을 의미)으로 달아난 것으로 추정하는 기사와 함께 민영주는 경기도 양근에, 민응식은 여주에, 민영환은 가평에, 민영소는 안산에, 민영달은 교하에, 민형식은 충청도 충주에 있다면서 민씨들의 소재를 보도하고 있다. 민씨들의 행방에 대한 보도는 국문판에도 게재했지만, 일문판에서는 지속적으로 게재했다.[93]

신보에서 민씨들의 동향에 촉각을 곤두세운 것은 명성황후의 죽음을 계기로 이들이 한데 뭉쳐서 돌발적인 행동을 하지 않을까 우려하는 마음에서였다. 일본은 왕후 죽음과의 관련성을 부인하면서 민씨들의 움직임을 전전긍긍하며 예의 주시했다. 정작 민씨들은 일본의 걱정을 뒤로하고 계파별로 동정을 살피면서 각지로 흩어져 숨죽이고 있었다. 이들은 사회적 혼란과 불안이 자칫 자신들의 책임으로 돌아올까 오히려 시세를 두려워하며 지냈던 것으로 보인다. 황후 시해에 대한 울분을 토로하기에는 계파별로 단일한 대오를 이루기도 어려웠다.

황후 시해 사건 이후 정부 관리들은 조용히 집에 칩거하거나 시골로 도망갔다 돌아온 사례들도 있었다. 신보에서는 관리들의 동태를 시시각각으로 전했다.

이윤용은 시골로 도망했다 돌아왔다는 풍설이 있고,
안경수도 어느 지방으로 도망했다더니 삼청동 자기 집에서
유유히 시간을 보내고 있다.[94]

이에 대해서는 국문판과 일문판 모두 별다른 차이 없이 게재하고 있다. 인민들 역시 시골로 도주하는 사례가 있었다. 궁궐과 관청에 그릇을 납품하던 공인 지규식이 남긴 『하재일기』에는 그의 지인들이 서울에서 난리가 나서 일시 피난하게 된 상황을 전해주고 있다.[95] 일기에는 일본 병사들이 궁궐에 침입한 일과 총을 쏘아 사람들을 다치게 했다는 것, 왕비가 살해되어 석유를 뿌려 태워서 재가 되었다는 구체적 내용도 적혀 있다. 당시 사건과 관련한 소문은 거의 사실대로 퍼져나가고 있었던 것이다.

이러한 상황에서 일본은 동요하는 조선 사회의 민심을 진정시켜야 했다. 한성신보에서는 이와 관련하여 매우 급급한 형세를 보였다. 사건 후 3일 만에 "사변이 진정되매 도주하였던 자가 점점 가재를 짊어지고 돌아온다 한다"[96]라며 사회 분위기가 안정되었음을 알리고 있다. 곧이어 "법관양성소와 사범학교 생도들이 사변 후에 한가로이 교수를 받을 때가 아니라며 학교에 나가지 아니한 자가 있으나 정부에서 정치를 하는 것이 평상시와 다름이 없으므로 학교에 나가지 않을 이유가 없다"[97] 하며 인민의 동요를 사전에 방어하려 했다. 이 점은 국문판과 일문판이 동일하게 보도하고 있다.

이와 함께 한성신보에서는 시해 사건이 훈련대와 시위대 사이의 단순한 다툼이라며 '사변'을 축소하면서 일본 정부 개입설을 원천 차단했다. 동시에 사회 저변으로 퍼져나가는 불안 심리를 진정시키기 위한 노력을 지속적으로 기울였다. 즉, 사건과 관련한 보도를 의도적으로 축소하며 사회적 이슈를 전환시키기 위한 언론 활동을 전개한 것이다. 그 면면을 살펴보면, 10월 9일 자와 10월 11일 자 2회를 제외하고

10월 13일 자 국문판에서는 '논근검(論勤儉)', '농업장려론', '인륜의 개량이라'[98] 등의 문명 창달과 관련한 주제를 지속적으로 게재했다.

반면, 같은 날 일문판은 시위대의 진정이나 민영준을 비롯한 민씨 일파의 동향, 청상(淸商)이 기민하게 움직이는 정세 등 일본 정부나 재한 거류민들에게 실제적인 정보가 될 수 있는 내용들로 구성했다. '사변'은 일어났지만 점차 진정되어가고 있고, 세를 규합하여 행동을 할 줄 알았던 민씨 일파도 모두 지방에서 숨죽이고 있으며, '사변'과 관련해 벽이나 종루 등지에 붙은 벽보를 보느라 사람들이 모인 틈을 이용해 청나라 상인들이 각자의 상점 광고를 하며 기민하게 움직이는 모습 등을 담았다. 일본 상인들에게는 없는 기민함이 청상들에게는 있다는 논조로 상권 경쟁자들인 청상의 동태를 보도한 것이다.

신보는 그동안 조선의 상업과 통상 무역의 현황, 정보들을 집중적으로 보도했다. 이를 통해 일본 상인의 상권 장악과 이권을 보호하는 일에 도움이 되는 활동을 계속한 것이다. 청일전쟁에서 승리한 후에는 군사적 승리를 상전(商戰)에서의 승리로 치환해야 한다는 논리를 내세우기도 했다. 일상이 청상을 압도하여 상전에서 승리하는 것은 물론, 일상이 집중된 진고개를 벗어나 전 지역으로 퍼져나가 상업적으로 새로운 신천지를 개척할 것을 강조하기도 했다.[99] 전쟁이라는 커다란 변화를 겪는 속에서도, 황후 시해라는 엄청난 격변을 일으키는 속에서도 본국 상인들의 상권 보호를 위한 활동을 적극적으로 전개해나갔던 것이다.

또한 10월 23일 자 국문판 주요 기사에서는 풍수지리설과 같은 전근대적인 미신 문화에서 벗어나서 보다 진보한 문명을 추구해야 한다는 내용의 사설이나, 북미합중국의 철도를 소개하고, 터키 내정을 소개하고 있다. 이는 모두 황후 시해 사건이 벌어진 엄청난 현실과는 직접적으로 관련도 없고, 긴급하지도 않은 내용들이다. 일본은 의도적으로 국문판에는 조선 사회 동정을 덜 게재함으로써 조선이 어떤 변화를 맞이하고 있는지, 어떤 사건이나 사고가 일어났는지에 대해 상대적으로 둔감하게 만들고자 했다. 기사 내용을 어느 정도 선별해 보도함으로써 끔찍한 사건과 관련한 기사의 유포로 파생될 수 있는 사회적 혼란이나 동요를 원천 차단하려는 의도가 있었다고 볼 수 있다.

같은 날 일문판에서는 한글판에 없는 민씨 일문의 소재지를 보도하고, 니현(진고개)의 이상한 현상들, 예를 들면 작부와 같이 시간 되는 대로 배회하는 귀조자(歸朝者)가 많다는 것, 하등 수준의 음식점이 속속 증가하고 있으며, 경제적 상황도 하등 사회로 들어가는 징조들이 보이고, 맥주 수요가 많다는 것 등이 충무로 일대의 새로운 현상들이라는 점을 알려주고 있다. 즉, 일문판에서는 사건을 직접적으로 다루지는 않지만 사건의 향방과 관련하여 일본 정부 및 내지인들이 궁금해할 수 있는 내용이나 관련 사항들, 일본인 거류자들의 생활과 일본 상인들의 상업 활동에 도움이 될 만한 정보를 게재했다. 여기에 더하여 지나인이 속속 서울로 들어오고 있다는 기사도 보인다. 이 또한 청상의 움직임에 민감한 일본 상인들을 의식한 보도라 할 수 있다.

결국 한성신보는 국문판과 일본판을 확연히 다른 내용의 기사로 구성함으로써 조선인 독자층에게는 새로운 문화를 가꾸고 문명 개화로 나아가기 위한 지식을 소개하는 데에 무게중심을 두었다. 또한 사회적으로 민감한 사안과 이슈에 대해서는 상대적으로 정보를 차단하는 입장을 보였다. 일본 정부와 일본 거류민들, 일본 상인을 중심으로 하는 일문판 독자층에게는 조선 사회에서 일어나는 변화를 알려주고, 그에 대한 대비책도 세울 수 있도록 충분한 정보를 주고 있었다. 정치 사회적으로 민감한 황후 시해 사건과 관련해서도 거류민을 대상으로 과장된 말을 하거나 상상으로 사실을 왜곡한 조선인의 풍문을 귀담아 듣지 말 것을 주의시키기도 했다.[100] 이처럼 국문판과 일문판의 기사를 다르게 구성한 것은 한성신보가 독자층에 따라 신문의 보도 내용을 달리한 이중적 언론 활동의 방증이라 할 수 있다.

한성신보의 이중적 언론 활동은 고종이 황후 시해 사건 후 아관 파천을 단행함과 동시에 일본과 함께 개혁을 주도하던 김홍집, 정병하, 어윤중 등을 주살하는 정치 사회적 대사건을 보도하는 데서도 살필 수 있다. 시해 사건 후 고종은 일본의 감시와 위협적인 분위기에서 벗어나기 위해 러시아 공사관으로의 파천을 시도해 성공했다. 당시 김홍집은 황후 시해 이후 일본의 영향 속에 재구성된 내각에서 외부대신 김윤식과 함께 총리대신에 그대로 유임된 상태였다. 김홍집, 김윤식은 내부대신 유길준, 농상공부대신 정병하, 군부대신 조희연과 함께 제4차 내각의 주요 인물들이었다.[101] 김홍집은 4차에 걸친 내각 구성에서 연거푸 총리대신을 맡고 있었다.

황후 시해 사건 이후 재구성된 김홍집 내각은 엄청난 국가적 비극과 재난 속에 놓인 시국을 원만하게 수습해나가는 것이 급선무였다. 위로는 국왕을 충정으로 받들고, 아래로는 인민의 불안하고 흩어진 민심을 추슬러야 했다. 일본이 사태를 호도해나가더라도 그들이 저지른 범죄의 진실을 당당히 밝히고 인민이 품고 있던 각종 의혹을 해소해나가야 했다. 그런데 내각에서는 오히려 친일 장교들이 거느린 훈련대로 경복궁을 에워싸고 국왕의 일거수일투족을 감시했다. 사건 이튿날인 10월 9일에는 훈련대 소속 병정과 순검들 간의 분쟁만을 보도하고 일본 정부가 개입한 황후 시해의 진실은 철저히 은폐했다.[102] 10월 10일에는 '왕후가 국왕 위에서 국정을 농단하고 죄악이 차고 넘친다'는 이유로 왕비 폐위 조칙까지 반포했다.[103]

왕후의 복위는 시해 사건의 주모자인 미우라 등이 히로시마 재판소에서 재판을 받으면서 왕비 시해의 진상이 드러나자 11월 26일에 폐비 복위 조칙을 반포함으로써 이루어졌다. 그때까지 김홍집 내각은 일본에 항의를 한다거나 외교적 행동을 단행하거나 하는 어떠한 행위도 하지 않았다. 왕후가 이미 불행한 죽음을 맞았음에도 불구하고 12월 1일에 가서야 지난 10월 8일 묘시에 왕후가 승하했다고 공식 발표했다.[104] 내각의 주요 인물들이 친일 개화파였기 때문에 일본의 눈치를 볼 수밖에 없는 상황이어서 사건 해결을 강하게 추진하지 못한 것이다. 시해 사건 후 두 달여 만에 내려진 단발령은[105] 가뜩이나 왕후 시해로 분울한 마음이 증폭되어가던 인민의 감정을 최고조로 격앙시켰다. 유생들의 상소가 쇄도하는 속에서 김홍집 내각과 일본 타도를 목표로 하는 을미의병이 거세게 일어나 내각의 붕괴로 이어지는 전조가 되었다.

전국 각지에서 의병이 봉기하고 소요가 일어나자 고종은 왕실의 안위를 도모하고 사회적 혼란을 잠재우는 방안을 외교적으로 모색하기 위해 러시아 공사관으로 파천을 단행했다.[106] 곧이어 김홍집, 유길준, 정병하 등의 친일 내각 종사자들을 모두 면직하고, 김병시, 박정양, 이완용 등을 중심으로 하는 친러 내각을 새롭게 구성했다. 고종은 러시아 공사관으로 파천한 그날 밤 경무관 안환을 불러 총리대신 이하 현 내각의 역당을 모두 잡아들이라는 밀명을 내렸고 곧 김홍집, 정병하는 살해당했다.[107] 두 사람은 공식적인 조칙이 나오기도 전에 고종의 밀명으로 죽임을 당한 것이다. 죽음의 과정도 너무 치절했다. 일국의 대신들을 경무청 밖에서 닥치는 대로 베어 죽이고 종로에 시체를 버려두어 인민들이 시체를 마구 대하도록 하면서 울분을 갚게 하였다.

이처럼 아관파천과 대신들의 죽음이 있던 날 한성신보의 지면 구성은 어떠했을까? 아관파천이 있던 날은 국문판, 일문판 모두 호외로 지면을 구성해 국왕의 아관파천을 보도했다. 2월 11일 새벽에 단행된 러시아 공사관 이어에 대해 '일대사변우기(一大事變又起)라 노국수병(露國水兵)의 입경(入京)이라', '노국공사관(露國公使館)으로 입어(入御)하심', '내각(內閣)의 전복(顚覆)이라'[108] 등 연달아 세 개의 기사를 게재하면서 조선 정계의 급작스러운 변화를 예의 주시하는 태도를 보였다.

신보에서는 러시아 수병들이 공사관 보호를 위해 조선에 들어온 것을 두고 큰 사변이 또 일어났다며 위기의식을 제일 먼저 고조시켰다. 러시아 공사관으로 고종이 거처를 옮긴 것에도 충격을 받은 듯 이 또한 빅 뉴스로 다루었다. 친일 개화파가 친러파에게 자리를 내어준 것은 일본의 입장에서 '내각의 전복'이라 할 만한 사건이었다. 이를 다루는 기사 제목에서부터 일본의 당혹감을 엿볼 수 있을 정도이다. 러시아 공사관으로의 이어라는 예기치 못한 사건의 연속 앞에서 김홍집, 정병하 대신의 죽음은 비교적 짧은 기사로 보도되었다.

다음 호인 2월 14일 자 국문판에서는 호외를 통해 초조하고 불안

정동 경운궁(덕수궁) 뒤쪽에 자리 잡은 러시아 공사관의 모습

한 기색을 감추지 못하던 신문의 논조가 의도적으로 가라앉은 분위기
를 드러낸다. 아관파천과 관련된 기사는 대군주 폐하가 2, 3일 안에 명
례궁으로 이어하실 것이라는 풍설, 러시아 공사관의 경계가 매우 삼엄
하다는 내용, 이범진이 러시아 공사관에서 군주를 모시고 있다는 것,
민영준과 민영환이 러시아 공사관으로 들어갔다는 정도의 기사만을
게재했다.[109]

　　반면, 일문판에서는 국왕의 러시아 공사관으로의 이어를 도운 자
가 누구인가를 분석해보려는 기사가 눈에 띈다. 세자비와 궁녀 2명도
아관(俄館)에 들어가 있고 누군가가 이들을 옹위해 왔다는 추측성 기
사를 내보내고 있다. 다른 기사는 국문판과 동일하나 다소 특이한 점
은 전 내각 관료들, 즉 김굉(홍)집과 정병하는 참화를 당했지만 어윤
중, 김윤식은 러시아 공사관에 들어갔다고도 하는데 소재는 확실하지

않다는 내용을 다루었다. 또한 유길준과 조희연, 장박 세 사람은 어느 곳으로나 도망가 숨는 것이 낫겠다는 식으로 친일 개화파의 안부를 걱정하는 기사도 싣고 있다. 이에 덧붙여 서재필은 미국 공사관에 있다는 기사를 실어 이른바 친일 관료 세력의 동태와 그들의 안위를 염려하는 태도를 보이고 있다. 또한 일본 내무대신이 경질되었다는 기사도 실어 일본 내의 정치 동향에도 촉각을 곤두세우고 있음을 볼 수 있다.

김홍집과 정병하 살해 사건에 대한 보도에서는 국문판과 일문판 모두 아주 상세하게 살해 과정을 보도했다. 국문판에서는 경무관 안환이 검을 뽑아 순검을 지휘하면서 김홍집과 정병하 두 대신을 난타하여 죽이고 종로까지 끌어오게 된 과정, 시체를 막대기로 때리며 난타하고, 오줌을 방뇨하는 등 구경꾼들이 난행을 저지르는 과정을 다소 과장되게 묘사했다. 이와 같은 묘사는 일문판에서도 동일하나 김홍집, 유길준, 김윤식 세 대신이 내각에 있다가 아관파천의 보고를 접하던 중에 경검 수십 명이 이들을 붙잡아 경무청에 인치시킨 과정이 추가로 실렸다. 국문판과 달리 김윤식도 현장에 있었던 것으로 기록하고 있고,[110] 경무사 이윤용이 칙령을 받들어 대역부도 죄인 김홍집과 정병하를 효수하여 경각심을 주기 위해 종로 거리에 매달아 고시한다는 내용의 고시문을 싣고 있다.[111]

사건을 평가하는 기사에서도 국문판에서는 "만일 죄 있다고 하면 정법살지(正法殺之)함이 옳은 일", "외국인의 눈으로 이 짓을 본즉 야만국임을 표명하는 것",[112] "짐승만도 못한 짓"[113] 운운하며 맹렬히 비난하는 태도를 보이고 있다. 국문판에서는 2월 20일 자까지 관련 기사를 상세히 보도했다. 반면, 일문판에서는 2월 14일 자의 "인간계에 살고 있는 사람들의 짓이라고는 생각할 수 없다"라는 표현 외에 더 이상 사건 관련 보도를 확대하지 않는 모습이다.

국문판은 조선인들이 주로 관심 있게 보는 것이기에 이 지면을 통해 조선인의 반문명적인 처사와 야만적인 수준을 적나라하게 드러내고 확대하려는 의도가 기저에 있었던 것으로 보인다. 반면, 일문판은 일본 상인을 비롯한 정재계 관련 인사들, 일본 내지인들이 주로 보는 것이었기에 사건의 진상만을 알리는 차원에서 축소 보도하거나 단순하게 마무리한 것으로 보인다. 자칫 한국 사회의 정치적 불만, 사회 불안 요소들이 일본인들에게 과도하게 읽힐 경우 일본인들까지 동요하는 것을 미연에 차단하기 위한 이중적 기사 구성이었던 것으로 생각해볼 수 있다.

### 의병과 상황(商況) 보도 속 일본 이익 챙기기

정치 사회적 사건이 연이어 일어나는 속에서 의병 봉기가 전국적으로 확산되자 한성신보는 보도 태도를 바꾸기 시작했다. 일본인들의 동요를 막는 소극적인 움직임에서 일변하여 조선 사회의 변화와 실태를 최대한 빨리 알리면서 그에 따른 대피와 적극적인 대응책을 모색할 것을 당부하는 태도를 보이고 있다. 의병은 1895년 10월 8일 황후 시해 사건이 계기가 되어 일어나기 시작한 이후 12월 30일에 내린 단발령이 도화선이 되면서 전국적으로 확산되었다.

한성신보에서는 의병을 '폭도'나 '적도'로 규정하며 이들의 동향을 꾸준히 보도했다. 본 글에서는 '폭도', '적도'로 표현한 한성신보의 보도를 경우에 따라 원문 그대로 서술했다. 신보에서는 전국 곳곳에서 한

의병의 모습. 한성신보에서 의병 관련 기사는 일본인 보호를 위한 정보전달 차원에서
주로 일문에 구성되었다.

인과 일본인 간의 크고 작은 다툼이나 폭행 사건이 일어나는 것도 상
세히 보도했다. 이러한 기사는 주로 일문 보도에 편중되어 있다. 경기
도 양근 근처에서 서너 명의 한인들이 여행객을 때린 일이나, 어은동
부근에 폭도가 봉기하여 일본인과 친근한 자를 폭행한 사건[114] 등과 유
사한 사건이 상시적으로 일어나고 있었다.

한성신보에서는 이들의 봉기 이유는 물론, 의병의 도주로와 친위
대를 파견해서 교전한 내용 등을 거의 매일 보도했다. 그에 따르면 의
병이 거의를 하게 된 본격적인 이유는 단발에 있고, 그것이 자유의사
가 아닌 일본의 강박에 의한 것이라는 데서 일본에 대한 감정을 폭발
시킨 결과라는 점이다.[115] 이는 황후 시해 사건 후 불온한 민심에 더욱
불을 당기는 결과로 이어지고 있었다.

특히 기사에서는 홍주의 적들이 청양, 연산, 정산의 각 관리와 부

하를 통솔하여 공주부를 습격했으며, 춘천 지방과 단양 지방 역시 의병 봉기의 기미가 보인다는 기사를 상세히 보도하고 있다.[116] 해주 지방과 죽산을[117] 비롯해 제주 지역까지[118] 거의 매일 전국적 단위에서 의병이 봉기한 사실을 파악할 수 있다. 의병 거의의 이면 보도로는 새로 부임한 관찰사가 단발을 강제하여 춘천의 지역민이 폭발한 경우도 있고,[119] 단발에 반항해 거의를 도모하고 원주로 가서 단발을 싫어하는 인민 1,000여 명을 선동해 친위병과 전투하다 경상도로 도망친 '폭민의 수괴' 지평의 초관 이추영에 대한 상세한 보도도 이어졌다.[120] 의병 봉기에 대한 기사는 일문 보도에 편중되는 가운데 몇몇 기사는 국문으로도 비교적 상세히 보도하기도 했다.

신문에서 보이는 의병의 주요 목표는 일본인 살상에 초점이 맞춰져 있다. 한성신보에서는 일본인 참사에 대한 상황을 상세히 보도했는데, 일본인이 살상당하고 피해를 보는 사례는 매우 다양했다. 일본인들에 대한 공격이 점차 심해지자 이들은 일본 순사와 조선 순검의 보호를 받으며 이동하기도 했다. 그럼에도 공격은 끊이지 않아 충주부 제천에서는 행상으로 약을 팔러 다니던 일본인들이 민가에 묵고 있는 것을 본 폭도 수백 명이 이들을 습격해서 죽이거나 부상을 입힌 사례도 있었다.[121]

일본인은 관리이거나 상인이거나 무차별적으로 공격 대상이 되었다. 여주 부근으로 전신선을 수리하러 나간 전신기수가 공격 대상이 되기도 하고,[122] 진고개 일본 잡화상이 종로를 지나다가 군중이 던진 돌을 맞고 즉사한 경우,[123] 강원도와 경상도 사이 영해의 폭도가 나가사키(長崎)의 어업자들을 습격해 15명이 비참하게 학살당한 일,[124] 전국 각지에서 적도(賊徒)에 맞아 비명횡사한 일[125] 등 일본인의 조난, 상해, 치사와 관련한 기사는 수없이 많이 등장한다.

일본은 의병인 이들 폭도의 습격에 희생당한 사람들을 위해 법회를 열어 추도식을 열거나, 폭도에 관한 정보를 세세히 알리는 방식으로 대응하고 있었다. 특히 조난을 당하거나 살상을 당한 일본인들을 위해 추도 법회를 열어 그들의 영혼을 위로하는 일은 거의 일상이 되었다. 앞서 전선 수비병과 내지 행상자 등이 습격을 당한 사건에 대해서는 본원사 별원에서 추도 법회를 열고 전몰 조난 사망자 위패를 안치하여 위문했다.[126] 또한 폭도가 습격할 정황에 대한 급보를 보도해 이들로부터의 위험을 사전에 고지하기도 했다.[127] 이에 대한 기사는 국문보다 일문 기사에 집중되어 있다. 피해자들이 일본인들이고 일인들이 이러한 정보를 사전에 알아야 위험을 방어할 수 있기 때문에 정보 전달 차원에서 일문 기사로 구성한 것이다.

이러한 가운데 일본이 촉각을 곤두세우고 있었던 부분은 조선에 진출한 일본 상인들의 동태였고, 상황(商況)이 조금이라도 위축될까 전전긍긍하는 모습을 한성신보를 통해 엿볼 수 있다. 한성신보 발간 목적의 하나는 조선에 진출해 있는, 나아가 향후 조선으로 진출할 상인들에게 조선의 물가 정보와 상업 활동에 도움이 될 만한 제반 정보를 제공하는 데 있었다. 이는 한성신보의 구성 중 제4면이 조선의 물가 정보 제공과 광고에 할애되었던 사실을 통해서도 알 수 있다.

조선 내 일본 상인의 진출을 위시한 경제적 침투는 결국 해외시장의 개척과 확대로 이어지면서 일본 내 자본주의의 발달에 기여할 터였다. 조선의 정치 사회적 변동은 조선에 진출해 있는 상인들과 일본의 상황에 즉각적으로 영향을 미치는 중요한 변수였다. 따라서 한성신보에서는 조선 내 일본 상인들을 위해 각종 정보를 제공해줄 필요와 의무가 있었다. 조선 내의 일본 상인들 모임이나 상황 기사가 주로 일문에 편중되어 다루어진 것도 이와 같은 사실을 뒷받침한다.

조선 내 일본 상인들에 대한 소식은 황후 시해 사건 이후 충청도 내 일본인 내지 행상인 수가 점차 증가하고 있음을 알리는 기사를 보도하면서[128] 본격화하기 시작했다. 이러한 흐름은 거류민을 대상으로 과장된 말을 삼가고 왜곡된 조선인의 풍문을 귀담아듣지 말 것을 주의시킨 10월 21일 잡보의 내용과 관련이 있다. 시해 사건이 일어난 지 열흘 남짓 지났을 무렵 일본 정부는 조선 내 일인들의 불안한 심리를 다독이기 시작했다. 아울러 각종 상업 활동을 해도 좋다는 신호도 보내기 시작했다. 유언비어는 끊임없이 나오고 있는 분위기였으나 거류민들이 불안해하지 않도록 풍문을 단속하는 일도 동시에 진행되었다.[129]

먼저 한성신보에서는 상화회(商話會) 창설 소식을 적극 알리며 상업 활동을 장려했다.[130] 회원은 15명의 상업회의소 의원과 주요 상업가 10명 정도로 구성되었다. 매월 1회 모임을 갖되 영사 또는 영사 대리도 개인 자격으로 참석한다고 되어 있다. 정부 차원에서 상화회 구성과 활동을 독려한 것이다. 더구나 영사와 상민의 관계를 돈독하게 함으로써 자신들의 세력을 키워나가겠다는 포부도 펼치고 있다. 시해 사건의 여파로 쇠락한 일본 상업세를 회복시키려는 의도가 엿보인다. 또한 해외에서의 상업 활동에서 동포끼리 충돌을 방지하고 서로 싸우는 일이 없도록 할 것을 주문하고 있다. 일본 정부의 의도는 중국 상인처럼 서로 결탁해서 나라의 상업 발달을 꾀하도록 하는 것에 있었다. 즉, 중국의 화교 집단처럼 일본 상인들이 지역사회에 뿌리내리기를 목표로 하고 있었던 것이다.

상화회 출범 이후 조선 내 일본 상인의 동향을 알리는 기사는 거의 상시적으로 게재되었다. 이는 정치 사회적 사건의 발발은 물론 그에 따라 도처에서 발생하는 의병의 움직임과 무관하지 않았다. 철수한 상인이 속속 돌아오고 있고, 대구에서는 점포를 확장하려는 자가 세호에 이른다는 소식,[131] 불경기가 지속되어 목면과 금건(金巾)을 취급하는 큰 점포에서조차 하루에 1, 2판 정도만 매매되고 있어 상세(商勢)가 회복될 시기를 기다릴 것을 희망한다는 내용,[132] 단발령을 행한 결과 지방 상인의 왕래가 단절되어 시황(市況)이 적막하다는 기사,[133] 조선 내지가 불온함에도 불구하고 경성과 인천항으로 들어오는 청상이 증가하고 있다는 기사,[134] 지방 소요에 따른 상업 침체로 작년 겨울 이래 계속 손실 본 것을 회복할 수 있을지는 예측하기 어렵다는 내용,[135] 폭도가 쌀, 대두 등을 일본인에게 판매하는 것을 금지하기 위해 이를 차압하거나 판매한 자는 참살한다고 위협해 곡류 거래가 끊어지게 되었다는 기사,[136] 조선 내지 행상자들이 폭민이 진정되면서 속속 내지로부터 돌아오고 있다는 기사,[137] 북부 대상인의 왕래는 전부 두절되고 겨우 근방 한인의 출입에 의지한다는 기사,[138] 개성 지방에서 온 일본인의 이야기를 들으니 2명의 일본인이 안전하게 상업을 경영하고 있다며 일본인이 다시 오기를 기다리고 있다는 기사[139] 등 내용이 매우 다양하며 모두 일문 기사로만 게재된 특징이 있다.

이처럼 상업 현황과 관련한 내용을 요약해보면 불경기가 지속되고 있다는 점, 각 지방의 상업이 침체되어 손실을 보고 있다는 점, 상인들의 왕래가 거의 두절되었다는 점, 조선의 사정이 불온함에도 불구하고 청상들은 속속 모여들고 있다는 점 등이다. 한성신보에서는 불경기의 최대 원인으로 조선의 과거 폐지와 국상, 단발의 강행과 지방이 불온하다는 것에 두었다. 특히 8도 각처에 의병이라 칭하는 폭도가 일어나 곡식이며 각종 물화의 유통을 막아서 사대문 안으로 들어오는 물화가 드물어진 까닭에 물가가 앙등했다는 기사도 있다.[140]

국문 기사의 경우에는 시골에 가서 살자니 의병에게 죽을 것 같고 사대문 안에 있으면 곡식과 시탄(柴炭)이 비싸서 벌어먹기 어려운 인민이 많다며 신정부의 치민치국의 역량에 의문을 품는 내용을 내포하고 있다. 이는 아관파천 후 친일 내각이 실각하고 친러적 성격의 신정부가 들어선 상황에서 조선 인민들의 사회적 불안감을 고조시키고 친러파 정부의 무능함을 과장하려는 의도로 기사화한 것으로 보인다.

앞선 사례 가운데 특히 1896년 3월 9일 자 신문기사를 비교해보면 국문판에서는 충청도 홍주 지역의 적세(賊勢), 광주 지역 폭도의 동향 등 단 두 건만을 보도하고 있다. 반면, 일문판에서는 영남의 적도 형세, 광주의 폭도, 일본인 살해, 청상의 내한, 지방 소요와 일본 상업, 각 지역 폭도에 관한 정보, 진주 지방 폭도의 방곡(防穀), 내지 행상자의 귀환, 상황이 좋지 않다는 기사, 폭도가 모여 있는 거처를 상세히 보도하는 등 일본인들의 실생활에 도움이 되는 정보로 가득 차 있다. 이처럼 일문 기사는 일본인들, 특히 일본 상인들을 대상으로 조선 내지의 정보를 다양하게 제공해주기 위해 구성한 것이다. 이에 비해 국문 기사는 조선인의 심리와 사회적 분위기를 특정 방향으로 유도하기 위해 선별적으로 구성해 게재했음을 알 수 있다.

청상(淸商)을 의식하는 기사도 자주 보여 조선 상권을 둘러싼 청일 상인 간의 경쟁 관계를 엿볼 수 있다. 근래 평양에 지나(청) 밀상 다수가 들어와 일본 상인들을 방해하고 있다는 기사를[141] 내보낸 지 두 달이 지나는 시점에 평양의 청 상인들이 세력이 없는 실대임을 알려주고 있다. 즉, 청상은 1년 전까지만 해도 대국인으로 존경을 받았지만 지금은 노예처럼 취급당하고 조선 인민에게 조소와 모멸을 당하기에 이르렀다는 것과, 지난 가을 이래 청상의 평양 지역에서의 행상은 감소했고 일본 재류 상민이 평양에서의 상권을 빼앗아 번영을 회복했다고는 하지만 여전히 폭도의 봉기로 손해가 발생하고 있다는 것이다.[142] 이 역시 일문 기사에서만 보이는 것으로 청상의 동태를 상세히 보도함으로써 일본 상인들이 상권 경쟁에서 유리한 위치를 점하게 하려는 의도가 있었던 것으로 보인다.

결국 의병의 봉기로 드러난 조선 내 반일 여론의 움직임과 관련한 보도는 국문 기사로 축소해 조선인들에게 제공하고 있었음을 알 수 있다. 반면, 의병의 봉기 지역이나 양상을 비롯해 일본인 피해 보도, 조선 내지의 상권 정황에 따른 보도는 조선인이 아닌 일본인을 대상으로 기사를 구성했음을 알 수 있다. 이는 곧 독자를 구분해 기사를 선별 게재함으로써 조선 내부에서 반일 여론이 확산되지 않도록 차단하는 동시에 사회적 불안감을 고조시키고 정부의 무능함을 극대화해 비난 여론을 조성하려는 데 목적이 있었던 것으로 보인다.

이에 비해 일본인들에게는 조선 내지의 상업 현황을 알림으로써 자본 투자와 상업 활동을 활성화하고 의병의 공격을 사전에 방어하게 하려는 현실적인 목적에서 이중적 보도를 한 것으로 해석된다. 이는 한성신보의 목적이 조선에 진출한 일본 상인들의 상업 활동을 돕고, 조선 내지로의 일본 자본 유입을 순조롭게 하여 경제적 침투를 돕는 데 있었던 사실과 무관하지 않았음을 보여준다.

특히 일본 정부는 한성신보에 대한 보조금을 지속적으로 확대하는 정책을 펼쳤다.[143] 또한 시기는 다르지만 인천에 소재한 조선신보사에서도 대한일보를 운영하면서 정부의 보조금 확대를 요청하기도 했다.[144] 신문사를 서울로 이전하여 한국의 질서 안녕을 유지하고 일본 세력을 발전시킨다는 것이 주요 명분이었다. 이처럼 한국에 진출한 일본 언론들이 다양한 방향으로 정치·사회·경제적 세력 확대와 침략을 도모하고 있었음을 알 수 있다.

## 3. 일본의 이익 극대화와 이중적 언론 활동

한성신보는 일본의 국권 확장과 조선 내 일본의 입지를 다지기 위한 목적으로 출발한 만큼 일본 정부의 정책을 반영하고, 정부와 상호 조응하면서 자국에 유리한 여론을 형성하는 역할을 했다. 특히 러시아가 만주를 점령하고, 용암포를 실질적으로 경영하면서 압록강 연안의 위기가 고조됨에 따라 한성신보는 정부와 긴밀한 공조 속에 언론 활동을 전개해나갔다. 러일 간의 위기가 전쟁으로 점화되는 길목에서 한성신보는 관변 언론으로서의 성격을 더욱 강하게 드러냈던 것이다. 이 시기 신보 활동의 특징은 일본 정부의 정책에 따라 조선 내 여론을 특정한 방향으로 몰아가는 데 있었다.

일본 정부가 러시아의 만주 점령을 적극적으로 견제하자 한성신보에서는 만주 일대의 역사성과 국경 문제를 상기시키면서 러시아가 만주 지역을 경영하고 있는 면면들을 보도했다. 이를 통해 러시아가 만주 일대를 영구적으로 점령할 수도 있다는 두려움과 위기감을 내외에 증폭시키고자 했다. 한국의 평화를 실제적으로 위협하고 있는 주체는 일본이 아니라 러시아임을 드러내면서 대한제국의 일본에 대한 신뢰감을 높이고자 했다.

러시아의 만주 철병 철회 후 일본 정부에서 세력균형론을 제기하며 대한제국의 중립화 논의에 반대하자 한성신보는 본국 정부의 입장을 적극 옹호했다. 대한제국이 외교술에만 의지하면 외세의 침략을 받게 될 뿐이라는 점을 강조하고 나선 것이다. 무엇보다 국가적 이해를 잘 따져서 외교상으로 가깝고 먼 정도를 달리해야 한다는 점을 피력했다. 러시아에 대한 이권 허여와 러시아의 만주 지역 장악을 막고자 한 일본 정부의 입장을 그대로 반영하고 있었다.

일본이 열강을 끌어들여 의주와 용암포를 개방시킴으로써 러시아의 선제적 독점을 막으려 하자 한성신보는 일본의 만주 이권 배제에 따른 위기의식을 열강이 함께 우려하는 국제 문제로 비중을 키워나갔다. 이에 기반하여 만주 일대 러시아군과 마적단의 충돌로 지역 일대 인민이 참상을 겪고 있고, 인접한 변경인 압록강 연안 일대까지 사태가 번지는 실태를 확대 보도했다. 이러한 위기감을 대한제국 내외에 알리면서 열강의 관심을 유도하고, 구체적인 대응을 하지 못하는 대한제국의 무능론을 유포했다. 일본 정부와 발맞추며 일본의 만주 지역 개입 여지를 확대하고 정당성을 확보하는 데 초점을 둔 언론 활동이었음을 알 수 있다.

한러 간 용암포 조차 협정에 대해 일본 정부가 조약 파기를 강요하자 한성신보는 협정으로 인해 대한제국의 독립과 주권이 위협받을지도 모른다는 위기의식을 더욱 조장해나갔다. 곧이어 러일 개전이 임박했음을 알리면서 전쟁의 원인은 압록강 연안의 위기를 초래한 러시아에게 있음을 분명히 했다. 일본은 한국의 독립을 지원하고, 동양 평화를 위해 희생적으로 솔선수범하는 국가임을 부각시키기도 했다. 러일 간의 위기가 전쟁으로 격화되어가는 상황에서 개전의 명분과 당위성을 고취해나갔던 것이다.

한성신보는 국문과 일문 기사를 서로 다른 깊이와 내용, 때로는 편중된 보도를 통해 여론을 특정한 방향으로 유도해나가기도 했다.

20여 년 전에 단행된 조선의 개항 과정을 재구성한 '조선개국기사'의 연속 게재물을 통해서는 조선 개항에 있어서 일본의 역할을 적극적으로 조명했다. 총 20회 연속 게재한 기사에서 한성신보는 일본이 조선을 문명화의 길로 계도하고 이끌어준 안내자였음을 내외에 각인시키고자 했다. 조선의 문명화를 이끌어준 주체자, 시혜를 베풀어준 은혜로운 국가라는 일본의 이미지를 만들어나가는 데 한성신보가 활용된 것이다.

명성황후 시해 사건과 총리대신 김홍집을 비롯한 정부 주요 대신들의 살해 사건, 아관파천 등의 정치 사회적 파장이 큰 사건에 대해서는 정확한 정보의 차단, 사회적 이슈의 전환, 축소 보도 등의 행태를 보였다. 황후 시해 사건에서는 일본 정부 개입설을 원천 차단하면서 사건과 관련한 보도를 의도적으로 축소했다. 또한 풍수지리설이나 미신 문화에서 벗어날 것을 촉구하는 기사를 싣기도 했다. 시해 사건이 벌어진 현실과는 직접적으로 관련도 없고 긴급하지도 않은 내용들을 기사화한 것이다. 이에 비해 일문판에서는 민씨 일파의 동향, 청상(淸商)의 움직임 등 일본 정부나 재한 거류민들에게 실제적인 정보가 될 수 있는 내용들로 구성했다.

아관파천, 김홍집과 정병하 등 주요 대신들의 살해 사건에서도 국문판과 일문판을 다르게 구성했다. 국문판에서는 파천으로 인한 국왕의 권위 실추나 조선인의 반문명적이고 야만적인 대신(大臣) 살해 사건으로 보도했다. 반면, 일문판은 사건의 진상을 축소 보도하거나 단순히 알리는 선에서 마무리했다. 자칫 한국 사회의 정치적 불만, 사회 불안 요소들이 일본인들에게 과도하게 파급될 경우 조선 내지의 일본인들에게서 일어날 수 있는 동요를 미연에 차단하기 위한 이중적 기사 구성이었다.

의병 봉기와 조선 내 반일 여론의 움직임과 관련한 기사는 국문판에서는 현저하게 축소해 보도했다. 의병의 봉기 지역이나 양상을 비롯해 일본인 피해 보도, 조선 내지의 상권 정황에 따른 보도는 조선인이 아닌 일본인을 대상으로 일문 기사를 실었다. 독자를 구분해 기사를 선별 게재함으로써 조선 내부에서 반일 여론이 확산되지 않도록 차단하려는 의도였다. 동시에 사회적 불안감을 고조시키고 친러 개화파로 구성된 정부의 무능함을 극대화하여 정부에 대한 비난 여론을 조성하려는 데 목적이 있었던 것으로 보인다. 반면, 일본인들에게는 조선 내지의 상업 현황을 알림으로써 자본 투자와 상업 활동을 적극 독려하고 의병의 공격을 사전에 방어하게 하려는 현실적인 목적하에 이중적 보도를 한 것으로 해석된다.

결국 한성신보에서는 일본 정부와 철저하게 조응하는 가운데 정부의 정책과 입장을 담아내고, 여론을 형성해 사회 분위기를 조장하며, 러일의 중간에 있는 대한제국과 주변 열강에 일정한 영향을 미치는 역할을 했다. 사안에 따라 일본 정부의 역할론을 과장하거나, 조선 내 민심이 소용돌이칠 대형 정치 사회적 사건은 보도를 축소하거나 이슈를 전환하는 등 관심을 다른 곳으로 돌리면서 일본 정부에 협조했다.

국문판과 일문판의 기사 종류와 내용, 기사의 깊이를 달리하는 등의 이중적 보도 태도를 취하는 일은 침략 국가의 선봉에 서 있는 언론의 중요한 역할 가운데 하나였던 것으로 보인다. 조선 내 여론의 동향을 파악하면서 의병의 움직임과 반일 여론 등 일본 정부에 부정적 영향을 끼칠 요인들을 사전에 차단하고 확산을 방지하는 것도 중요한 작업의 하나였다. 일문판을 중심으로 조선의 정세와 변화를 상세하게 보도한 것은 한성신보의 목적 가운데 하나가 조선에 진출한 일본 상인들의 상업 활동을 돕는 데에 있었음을 짐작케 한다. 이는 곧 조선으로의 일본 자본 유입을 순조롭게 하여 경제적 침투를 돕고자 한 목적과 상호 연결된 포석이었음을 알 수 있다.

# 글을 맺으며

한성신보의 창간은 삼국간섭이 일어나기 직전, 청일전쟁을 결산하는 시기에 이루어졌다. 일본이 다른 어떤 열강보다 조선에서의 영향력을 확대하고 조선을 보호국으로 삼고자 하는 주도면밀한 계획을 수립하는 때였다. 한성신보에서는 일본 구마모토현 출신의 아다치 겐조, 기쿠치 겐조, 구니토모 시게아키가 사장과 주필로 활동했다. 이들은 1895년 신문이 창간되기 전부터 조선에 들어와서 신문 발간을 위한 탐색과 정지 작업을 해나간 대륙 낭인으로 일본 우익 세력이 중심이 된 국권당의 대표적 인물들이다.

국권당에서는 청일전쟁을 계기로 아시아에서 일본의 국위 신장과 국권 확장 노력이 시작되었다고 보고, 조선에서 신문을 발간하는 사업에 심혈을 기울였다. 이들은 조선과 만주가 일본 천황을 정점으로 하나가 되어 대아시아 제국을 건설할 것을 표방한 현양사와 흑룡회에 몸담고 활동의 폭을 넓혀나가면서 명성황후 시해 사건에도 관여했다. 이들이 신문 발간에 시선을 돌린 이유는 일본 정부가 조선에서 유리한 고지를 확보하기 위해 러시아와 경쟁을 하는 상황에서 조선의 개혁을 선제적으로 지원하기 위한 것이었다.

일본 정부 차원에서는 청일전쟁 막바지에 조선 침략을 본격화하면서 조선 내 친일적 여론을 형성하고 침탈의 토대를 확보할 필요가 있었다. 이에 이노우에 공사와 스기무라 서기관 등이 신문 창간 계획을 일본 외무성에 건의했고, 창간 자금과 보조금을 정부로부터 매달 지원받게 되었다. 대륙으로 영토를 확장하고 국력을 신장시키는 데 힘을 보태고자 의지를 불태운 국권당과 일본 정부의 필요성이 상보적으로 어우러진 결과이다. 이로써 한성신보는 일본의 침략 정책에 협조하는 관변 신문으로 출발하게 되었다.

한성신보가 창간된 후 조선에서도 독립신문을 비롯한 다양한 언론이 출범하여 경쟁지로서 역할을 했다. 한성신보의 활동은 조선의 지식인들이 언론의 공정성과 객관성, 신뢰성에 대한 책임과 사회적 책무를 새롭게 인식하는 계기가 되었다. 그런 점에서 신보가 미친 영향은 컸다. 신보는 일본 정부의 관변 신문답게 아시아의 선발 주자이자 문명국의 자부심 속에서 조선의 개화 지식인들을 선도하려는 입장에 있었다. 문명국의 경험을 공유하면서 국가 운영의 방향, 제도적 측면을 비롯하여 정치, 경제, 사회, 교육 등 제반 분야에 대해 새로운 인식을 제공하고 의식을 환기했다.

국문과 일문으로 된 기사 외에 경제활동에 있어서 꼭 필요한 각종 물가 정보도 풍부하게 실어서 이목이 집중되었다. 4면의 광고란은 당대 꼭 필요한 생활 정보이면서 동시에 한국에 진출한 일본 상인의 활동 경로를 넓히는 데 도움이 되었다. 조선 인민들에게나 조선에 들어와서 활동하던 일상(日商)과 청상(淸商) 모두에게 유용한 정보였다. 한성신보의 이러한 구성은 이후 창간된 독립신문, 황성신문, 제국신문 등 민족 언론지의 구성과 체제에도 일정 부분 영향을 미쳤다.

한성신보는 한국 사회에 미친 긍정적 영향 외에 일본인의 시각으로 일본의 외교정책 방안과 방향을 고수하려는 정치적 편향성 문제를 안고 있었다. 일본의 침략성은 은폐하는 대신, 조선의 주요 지도자들의 이미지를 필요에 따라 만들어내어 조작된 표상을 확산시켰다. 근대 사회에서 일어난 정치적 사건들을 축소, 왜곡, 과장 보도하면서 한국을 하등 국가로 몰아갔으며 조선 침략 정책을 호도했다. 그 이면에는 조선에 대한 무시와 경멸의 시선이 항상적으로 내포되어 있었다. 러일전쟁기에는 일본 정부의 외교적 입장과 정책을 성실히 추종하고 홍보하면서 러시아에 대한 일본의 두려움과 위기를 국제 문제로 치환해나갔다. 한국의 독립을 지원하고 동양 평화를 위해 희생적으로 솔선수범하는 국가로 일본을 부각시키면서 전쟁의 명분과 당위성을 고취해나가기도 했다. 어느 면으로 보나 일본 정부의 전위적 역할을 성실히 수행한 언론이었다.

20여 년 전에 단행된 조선의 개항 과정을 재구성한 '조선개국기사'의 연속 게재물을 통해서는 조선 개항에서 일본의 역할을 적극적으로 조명했다. 총 20회 연속 게재한 이 기사에서 한성신보는 일본이 조선을 문명화의 길로 계도하고 이끌어준 안내자였음을 내외에 각인시키고자 했다. 신보는 조선의 문명화를 이끌어준 주체자, 시혜를 베풀어준 은혜로운 국가라는 일본의 이미지를 만드는 데 선도적이며 적극적인 활동을 전개했다.

일본 정부와 불가분의 관계에 있었던 한성신보는 일본의 조선 인식과 궤를 같이하며 일본의 입장을 앞장서서 대변했다. 신보는 고종과 명성황후, 대원군에 대한 이미지를 특정한 방향으로 유도했다. 그 결과 고종은 리더십이 약하고 존재감 없는 무능한 군주로, 명성황후는 무속에 빠진 타락하고 부도덕한 인물이면서 집안을 망친 암탉으로, 대원군은 완고한 쇄국주의자에서 공명정대한 개혁가로 표상되었다. 이는 곧 한성신보 사장을 지낸 기쿠치 겐조가 남긴 다른 역사서에서도 동일하게 보이는 한국 근대사에 대한 인식이었다. 이러한 역사관이 신보를 통해 파급되면서 일제 식민사학의 기조가 되었다.

근대 정치 무대의 주역이었던 고종과 명성황후, 대원군에 대한 악의적 이미지 표상화 작업은 일본인들에게는 자국의 우월한 정치 문화와 문화적 수준 차이에 대한 자긍심을 심어주었다. 반면, 조선인들에게는 상대적 열패감을 안겨주었다. 그런 점에서 한성신보는 일본 정부의 정책을 홍보하고 정부의 의도에 맞춰 여론을 형성해나가면서 이미지 정치에 앞장서는 도구적 역할을 충실히 한 신문이다. 일본은 이를 통해 조선 인민의 불만을 정부로 향하게 하고, 정부에 대한 신뢰보다는 실망의 깊이를 더하게 함으로써 내적 균열과 분열을 유도했다.

명성황후 시해 사건은 왕비가 중심이 되어 쌓아 올린 적폐로 인해 벌어질 수밖에 없었던 사건으로 묘사되었다. 황후를 없애야 하는 일본의 내적 필요에 더하여 조선에서도 증오의 대상, 원망의 대상으로 자리매김했다. 민씨 일족이 저지른 여러 가지 부정과 탐학의 근원으로서, 일족의 원죄를 동시에 짊어져야 할 부정적인 이미지로 덧칠했다. 무속인 진령군과 황후를 동일시하면서 황후에 대한 숭모감을 제거해나갔다. 황후는 당연히 없어져야 할, 사라져야 할 '원흉'이 되어 해방 이후까지 사람들에게 왜곡된 인식으로 자리잡게 되었다.

김홍집을 비롯한 친일 개화파의 죽음을 둘러싼 보도를 통해서는 조선의 비문명과 조선인의 야만성을 홍보하고자 했다. 조선은 시종일관 하등 국가로 묘사되었다. 한성신보 속에서 한국은 세계 보편적 수준에 못 미치는 미개한 나라였고, 우월한 문명 국가인 일본이 도와주고 이끌어줘야 하는 대상이 되었다. 김홍집 살해 사건은 일본과 한국을 문명국과 비문명국, 시혜국과 수혜국의 이분법적 구도로 만드는 데 최상의 소재로 활용되었다. 아관파천은 고종의 무능으로 일어난 일이 되었고, 신보는 이를 통해 나약한 조선 정부의 위상을 확대 선전하고자 했다.

한성신보는 국문판과 일문판의 기사 종류와 내용, 기사의 깊이를 달리하는 등의 이중적 보도 태도를 보이면서 조선 사회에 일정한 영향을 미치려 했다. 명성황후 시해 사건과 총리대신 김홍집을 비롯한 정부 주요 대신들의 살해 사건, 아관파천 등의 정치 사회적 파장이 큰 사건에 대해서는 정확한 정보의 차단, 사회적 이슈의 전환, 축소 보도 등의 행태를 보였다. 황후 시해 사건에서는 일본 정부 개입설을 원천 차단하면서 사건과 관련한 보도를 의도적으로 축소했다. 시해 사건이 벌어진 현실과는 직접적으로 관련도 없는 풍수지리설이나 미신 문화에서 벗어날 것을 촉구하는 기사를 싣기도 했다. 일문판에서는 민씨 일파의 동향, 청상(清商)의 움직임 등 일본 정부나 재한 거류민들에게 실제적인 정보가 될 수 있는 내용으로 구성했다.

아관파천, 김홍집과 정병하 등 주요 대신들의 살해 사건에서도 국문판과 일문판을 다르게 구성했다. 국문판에서는 파천으로 인한 국왕의 권위 실추나 조선인의 반문명적이고 야만적인 대신 살해 사건으로 보도했다. 일문판에서는 사건의 진상을 축소 보도하거나 단순히 알리는 선에서 마무리했다. 자칫 한국 사회의 정치적 불만, 사회 불안 요소들이 일본인들에게 과도하게 파급될 경우 조선 내의 일본인들에게

서 일어날 수 있는 동요를 미연에 차단하기 위한 이중적 기사 구성이
었다.

의병 봉기와 조선 내 반일 여론의 움직임과 관련한 기사는 국문
판에서는 현저하게 축소해 보도했다. 의병의 봉기 지역이나 양상을 비
롯해 일본인이 당한 피해 보도, 조선 내지의 싱권 정황에 따른 보도는
조선인이 아닌 일본인을 대상으로 일문 기사를 구성했다. 독자를 구
분해 기사를 선별, 게재함으로써 조선 내부에서 반일 여론이 확산되지
않도록 차단하려는 의도였다. 동시에 사회적 불안감을 고조시키고 친
러 개화파로 구성된 정부의 무능함을 극대화해 정부에 대한 비난 여론
을 조성하려는 데도 목적이 있었다. 반면, 일본인들에게는 조선 내의
상업 현황을 알림으로써 자본 투자와 상업 활동을 적극 독려하고 의병
의 공격을 사전에 방어하게 하려는 현실적인 목적으로 이중적 보도를
했다.

러일전쟁의 파고가 고조되는 상황에서는 러시아에 대한 일본의
위기의식을 열강이 함께 우려할 만한 국제적 위기이자 긴장 상태인 것
으로 확대해나갔다. 러시아는 동북아의 평화를 해치는 폭군으로, 일
본은 동양 평화를 위해 솔선수범하는 모범 국가로, 대한제국은 위기에
대처하지 못하는 무능한 국가로 규정하고 전쟁의 정당성과 당위성을
홍보해나갔다. 일본 정부와 조응하는 가운데 정부의 정책과 입장을 담
아내고, 여론을 형성해 사회 분위기를 조장하며, 러일의 중간에 있는
대한제국과 주변 열강에 일본이 곧 '정의의 사도'임을 인식시키는 작업
을 진행했다.

우월한 문명국의 시선으로 후진국인 조선을 가르치려 했고, 일본

정부가 저지른 불법 무도한 사건을 은폐하는 데 앞장섰으며, 한국 근대의 주요 인물들을 특정한 방향으로 왜곡해 표상함으로써 잘못된 인식을 확산해나갔고, 일본의 정책을 홍보하고 관철시키는 침략적 토대 마련을 위한 전위부대 역할을 했다. 이 모든 활동의 선두와 중심에 한성신보가 있었다.

# 미주

## 1장

1　佐々博雄,「熊本國權党と朝鮮における新聞事業」,『国士舘大學文學部人文學會紀要』9, 1977, 21쪽.

2　나가시마 히로키(永島広紀),「일본의 한국통치와 구마모토(熊本) 출신자 인맥-나카무라 겐타로(中村健太郎)를 중심으로」,『일제의 식민 지배와 재조 일본인 엘리트』, 어문학사, 2018, 19~20쪽.

3　陸奥宗光,『蹇蹇錄』, 岩波書店, 1938, 57~58쪽.

4　『고종실록』, 고종31년 6월 25일.

5　『구한국외교문서』〈日案〉, 문서번호 3011.

6　『구한국외교문서』〈日案〉, 문서번호 3012.

7　『고종실록』, 고종31년 7월 20일.

8　유영익,『갑오경장 연구』, 일조각, 1990, 28~29쪽.

9　陸奥宗光,『건건록』, 56쪽.

10　陸奥宗光,『건건록』, 128~129쪽.

11　陸奥宗光,『건건록』, 248~249쪽.

12　박용규,「구한말 일본의 침략적 언론활동-〈한성신보〉(1895~1906)를 중심으로-」,『한국언론학보』제43권 1호, 1998, 158~160쪽.

13　한성신보에 대한 다음과 같은 선구적 연구에서는 신보의 관변적 성격을 강조해왔다. 최준,「한성신보의 사명과 그 역할-일본외무성의 기관지의 선구」,『신문연구』2, 1961; 채백,「『한성신보』의 창간과 운영에 관한 연구」,『언론정보연구』27, 서울대 언론정보연구소, 1990; 박용규,「구한말 일본의 침략적 언론활동-〈한성신보〉(1895~1906)를 중심으로-」,『한국언론학보』제43권 1호, 1998.

14　문일웅,「구마모토국권당(熊本國權黨)의『한성신보(漢城新報)』창간과 그 의도」,『역사문제연구』44, 2020.

15　『주한일본공사관기록』9, 기밀 제38호〈漢城新報의 補助金 增額에 관한 건〉, 194~196쪽. 기쿠치는 매일 두 차례씩 일본 공사와 만나 한성신보 보도와 관련한 협의를 한 것으로 선행 연구에서도 밝혀진 바 있다(이해창,「구한국 시대의 일인경영신문」,『한국신문사연구』, 성문각, 1983; 박용규,「구한말 일본의 침략적 언론활동-〈한성신보〉(1895~1906)를 중심으로-」).

16　김종준,「『한성신보』의 한국 정치 및 사회에 대한 인식」,『역사와 현실』102, 2016; 김종준,「『한

성신보』의 한국 민권운동에 대한 인식」, 『사학연구』 126, 2017; 장영숙, 「〈한성신보〉의 명성황
후시해사건에 대한 보도태도와 사후조치」, 『한국근현대사연구』 82, 2017; 장영숙, 「『한성신보』
의 김홍집 살해사건 보도와 한국인식」, 『역사와현실』 114, 2019.

17  장영숙, 「〈한성신보〉의 고종과 명성황후에 대한 인식과 평가」, 『한국민족운동사연구』 93,
2017; 장영숙, 「명성황후와 진령군 – 문화콘텐츠 속 황후의 부정적 이미지 형성과의 상관관계」,
『한국근현대사연구』 86, 2018; 장영숙, 「『한성신보』의 흥선대원군에 대한 인식과 평가」, 『한국
사학보』 81, 2020.

18  큰 틀에서는 한국의 정치와 사회적 변화에 따른 인식을 담은 연구이긴 하나 세분해보면 구선
희, 「『한성신보』의 조선사회에 대한 인식: 斷髮令(1895)과 관련하여」, 『사학연구』 137, 2020;
김항기, 「『한성신보(漢城新報)』의 의병보도와 그 특징(1895~1896)」, 『역사와현실』 116, 2020
등이 있다.

19  장영숙, 「『한성신보』의 이중적 언론활동」, 『숭실사학』 44, 2020; 장영숙, 「러일개전의 길목에
서 『한성신보』의 역할」, 『한국근현대사연구』 98, 2021.

20  박은숙, 「〈한성신보〉의 상업 담론과 상권 장악 기획(1895~1896)」, 『한국근현대사연구』 95,
2020; 김기성, 「대한제국기 중앙은행 설립시도에 대한 거류지 일상(日商)의 대응 – 『한성신보』
를 중심으로」, 『역사문제연구』 44, 2020.

21  한국민족문화대백과사전 DB.

22  『朝鮮功勞者銘鑑』, 민중시론사, 1936, 626쪽; 吉川圭三, 『國史大辭典』 제1권, 1979, 228~229쪽.

23  吉川圭三, 『國史大辭典』 제1권, 837쪽.

24  강창일, 『근대 일본의 조선침략과 대아시아주의 – 우익 낭인의 활동과 사상을 중심으로』, 역사
비평사, 2002, 제2장 제3절: 「일진회의 '합방'운동과 흑룡회 – 일본 우익의 대아시아주의와 관
련하여 – 」, 『역사비평』 통권 52호, 2000, 225~227쪽.

25  강창일, 「三浦梧樓 公使와 閔妃弑害事件」, 『명성황후시해사건』, 민음사, 1992, 52~53쪽.

26  菊池謙讓, 『近代朝鮮史』下, 鷄鳴社, 1939, 407~408쪽.

27  명성황후 시해 사건과 관련한 대표적 연구로는 山邊健太郎, 「閔妃事件について」, 『日本の韓國合
併』, 태평출판사, 1966; 박종근, 「三浦梧樓公使의就任と明成皇后(閔妃)殺害事件」, 『日淸戰爭と朝
鮮』, 청목서점, 1982; 신국주, 「민비시해사변에 관한 연구」, 『동국사학』 17, 1982; 최문형 외,
『명성황후시해사건』, 민음사, 1992; 이민원, 『명성황후시해와 아관파천』, 국학자료원, 2002;
金文子, 『朝鮮王妃弑害と日本人』, 高文硏, 2009; 김영수, 『명성황후 최후의 날: 서양인 사바찐이
목격한 을미사변, 그 하루의 기억』, 말글빛냄, 2014; 이종각, 『미야모토 소위, 명성황후를 찌르
다; 120년 만에 밝혀지는 일본 군부 개입의 진상』, 메디치미디어, 2015 등이 있다.

28  하지연, 「한말·일제강점기 菊池謙讓의 문화적 식민활동과 한국관」, 『동북아역사논총』 21,
2008, 215쪽.

29  기쿠지 겐조가 한국의 역사를 왜곡함으로써 미친 폐해에 대해서는 하지연, 『기쿠치 겐조, 한국
사를 유린하다』, 서해문집, 2015 참고.

30  장영숙, 「李王職의 〈高宗·純宗實錄〉 편찬사업과 그 실상」, 『사학연구』 116, 2014, 131쪽.

31  나가시마 히로키, 「일본의 한국통치와 구마모토(熊本) 출신자 인맥-나카무라 겐타로(中村健太郎)를 중심으로」, 『일제의 식민 지배와 재조 일본인 엘리트』, 어문학사, 2018, 29쪽.

32  菊池謙讓, 『近代朝鮮史』 下, 408쪽. 이 점은 선학의 연구에서도 여러 차례 지적된 바 있다.

33  강창일, 『근대 일본의 조선침략과 대아시아주의-우익 낭인의 활동과 사상을 중심으로』, 137쪽; 박용규, 「구한말 일본의 침략적 언론활동-〈한성신보〉(1895~1906)를 중심으로-」, 162쪽.

34  『주한일본공사관기록』 9, 기밀 제38호 別紙〈漢城新報의 運營改善 및 維持에 대한 計劃〉, 198쪽.

35  菊池謙讓, 『朝鮮最近外交史 大院君傳』, 日韓書房, 1910, 295~298쪽; 『朝鮮諸國記』, 大陸通信社, 1925, 219~220쪽.

36  『주한일본공사관기록』 9, 기밀 제38호 別紙〈漢城新報의 運營改善 및 維持에 대한 計劃〉, 201쪽.

37  한성신보의 왜곡 보도에 맞서 독립신문 및 여러 신문들이 논전을 벌인 사례는 정진석, 「민족지와 일인경영신문의 대립」, 『한국언론사연구』, 일조각, 1983; 박용규, 「구한말 일본의 침략적 언론활동-〈한성신보〉(1895~1906)를 중심으로-」 참고.

## 2장

1  『승정원일기』 고종12년 2월 9일.

2  『박규수 전집』 상, 아세아문화사, 1978, 749~750쪽.

3  『박규수 전집』 상, 758쪽; 『승정원일기』 고종13년 1월 20일.

4  『고종실록』 고종13년 1월 21일. 일본 서계의 접수 문제와 관련하여 조선 조정에서 찬반 논의 끝에 구래의 교린관계 회복으로 결론을 내리게 되는 과정은 선행 연구(연갑수, 「개항기 권력집단의 정세인식과 정책」, 『1894년 농민전쟁연구 3』, 역사비평사, 1993)를 통해서도 밝혀진 바 있다.

5  『승정원일기』 고종9년 12월 26일.

6  『박규수 전집』 상, 16쪽.

7  『승정원일기』 고종13년 2월 6일.

8  〈한성신보〉 1895년 9월 15일 조선개국기사(13).

9  『修信使記錄』, 국사편찬위원회, 1958, 수신사 김기수 입시 연설, 131~132쪽.

10  『修信使記錄』, 수신사 김홍집 입시 연설, 158쪽.

11  『고종실록』 고종18년 2월 26일.

12  조사시찰단의 견문과 일본에 대한 시각에 대해서는 허동현, 『근대한일관계사연구-조사시찰단의 일본관과 국가구상-』, 국학자료원, 2000 참고.

13  〈한성신보〉 1895년 9월 15일 조선개국기사(13).

14  〈한성신보〉 1895년 9월 29일 조선개국기사(16).

15  〈한성신보〉 1895년 10월 3일 사설. 신문 2면은 10월 1일로 기재되어 있으나 3일 자가 맞다.

16  『일본외교문서』 제27권 2책, 문서번호 482 〈謁見ノ模樣報告ノ件〉.

17  『주한일본공사관기록』 9, 〈朝鮮의 現況 및 장래의 傾向에 관한 上申〉, 214~216쪽.

18  『고종실록』 고종31년 6월 22일; 고종32년 7월 3일.

19  김택영 저, 조남권 외 역, 『김택영의 조선시대사 韓史繁』, 태학사, 2001, 513쪽.

20  『일성록』, 『고종실록』 1885~1891년.

21  『주한일본공사관기록』 7, 〈王妃의 閔氏勢力 回復企圖에 관한 보고〉, 173쪽.

22  김택영, 『김택영의 조선시대사 韓史繁』 515~516쪽, 546쪽.

23  〈관보〉 1895년 9월 13일.

24  『주한일본공사관기록』 7, 기밀 제64호, 38~39쪽.

25  〈한성신보〉 1895년 10월 9일 잡보.

26  황현 저, 김준 역, 『매천야록』, 교문사, 1994, 63쪽.

27  황현, 『매천야록』, 72~73쪽.

28  윤치호 저, 송병기 역, 『윤치호 일기』, 연세대학교 출판부, 1889년 5월 3일, 562~563쪽.

29  윤효정, 『풍운의 한말비사』, 교문사, 128~129쪽; 『주한일본공사관기록』 9, 別紙 〈민영준의 務
靜〉, 244쪽.

30  如囚居士, 『朝鮮雜記』, 春祥堂, 1894.

31  www.yahoo.co.jp; 혼마 규스케 저, 최혜주 역, 『朝鮮雜記』, 김영사, 2008.

32  〈한성신보〉 1895년 10월 11일 사설.

33  『고종실록』 고종32년 8월 22일; 고종33년 2월 11일.

34  〈한성신보〉 1896년 2월 14일 잡보.

35  〈한성신보〉 1896년 2월 20일 잡보.

36  〈한성신보〉 1896년 2월 18일 잡보.

37  정교, 『대한계년사』 상, 국사편찬위원회, 1957, 137쪽.

38  〈한성신보〉 1896년 4월 19일 잡보.

39  『윤치호일기』 1896년 2월 11일.

40  『윤치호일기』 1896년 2월 14일.

41  〈독립신문〉 1896년 4월 23일 논설.

42  『윤치호일기』 1896년 2월 11일.

43  김영수, 「춘생문사건 주도세력 연구: 궁내부에 기반을 둔 정치세력의 형성을 중심으로」, 『史林』
25호, 2006, 21~22쪽.

44  『승정원일기』 고종33년 1월 15일; 『고종실록』 고종33년 2월 20일.

45  『고종실록』 고종33년 9월 24일.

46  『신기선 전집』 상, 〈辭宣諭使學部大臣疏〉, 아세아문화사, 1981.

47 『한말근대법령자료집』 II, 칙령 제1호 〈의정부관제〉, 1896년 9월 24일, 179~184쪽.

48 『윤치호 일기』 1884년 1월 18일, 66~73쪽.

49 명성황후가 이지적이며 현명하고 똑똑했다는 데 대해서는 유교적 지식인인 황현이 남긴 『매천
야록』과 서양인이 남긴 기록물에서 찾아볼 수 있다. 대표적 서양인의 저작물로는 H. N. 알렌
저, 신복룡 역, 『조선견문기』, 박영사, 1979; 이사벨라 버드 비숍 지음, 이인화 옮김, 『한국과 그
이웃 나라들』, 도서출판 살림, 1994; 까를로 로제티(Carlo Rossetti) 저, 서울학연구소 역, 『꼬
레아 꼬레아니』, 숲과 나무, 1996; L. H. 언더우드 지음, 신복룡·최수근 역주, 『상투의 나라』,
집문당, 1999; 끌라르 보티에·이폴리트 프랑뎅 지음, 김상희·김성언 옮김, 『프랑스 외교관이
본 개화기 조선』, 태학사, 2002 등이 있다. 서양인들은 명성황후에 대해 대체로 명민하고 냉정
하며 권력 지향적인 여성으로 평가했다.

50 이러한 평가는 주로 황현, 『매천야록』; 『梧下紀聞』; 『윤치호일기』 등의 개인적 기록물을 비롯하
여 『주한일본공사관기록』; 田保橋潔, 『近代日鮮關係の硏究』, 1940 등을 필두로 한 일본 측 기록
물에서 보인다.

51 명성황후에 대한 적극적인 평가는 이배용, 「개화기 명성황후의 정치적 역할」, 『국사관논총』 제
66집, 1995; 서영희, 「명성황후 연구」, 『역사비평』 57, 2001; 이민원, 「근대의 궁중여성-명성
황후의 권력과 희생」, 『사학연구』 77집, 2005; 장영숙, 「서양인의 견문기를 통해 본 명성황후
의 정치적 위상과 역할」, 『한국근현대사연구』 35집, 2005 등에서 볼 수 있다. 이 외에 최문형
외, 『명성황후시해사건』, 민음사, 1992를 비롯하여 명성황후 시해 사건을 다룬 대부분의 연구
에서도 황후가 적극적으로 정치에 개입하면서 외교력을 발휘한 결과 일본에 희생당한 것으로
보고 있다.

52 『여흥민씨족보』, 한국학중앙연구원.

53 『고종실록』 광무 2년 6월 29일.

54 장영숙, 『고종의 정치사상과 정치개혁론』, 도서출판 선인, 2010, 309~318쪽.

55 〈한성신보〉 1895년 10월 11일 잡보.

56 〈한성신보〉 1895년 9월 29일 잡보.

57 H. N 알렌 저, 김원모 역, 『알렌의 일기』, 단국대 출판부, 1885년 10월 7일, 105~106쪽.

58 『주한일본공사관기록』 5, 機密 제217호 本132 〈내정개혁을 위한 對韓政略에 관한 보고〉,
72~74쪽.

59 菊池謙讓, 『朝鮮王國』, 동경 民友社, 1896, 171쪽.

60 『승정원일기』 고종31년 6월 22일.

61 『고종실록』 고종32년 8월 22일.

62 〈한성신보〉 1895년 9월 9일 잡보.

63 황현, 『매천야록』, 140쪽; 정교, 『대한계년사』 상, 20쪽.

64 〈한성신보〉 1895년 9월 19일 잡보.

65 〈한성신보〉 1895년 10월 13일 잡보.

66 〈한성신보〉 1896년 1월 8일 잡보.

67 〈한성신보〉 1896년 2월 9일 잡보.

68 〈독립신문〉 1896년 11월 5일 잡보.

69 〈독립신문〉 1896년 5월 7일 논설.

70 〈한성신보〉 1895년 10월 9일 잡보.

71 이사벨라 버드 비숍 지음, 이인화 옮김, 『한국과 그 이웃 나라들』, 도서출판 살림, 1994; L. H. 언더우드 지음, 신복룡·최수근 역주, 『상투의 나라』, 집문당, 1999; H. N. 알렌 저, 신복룡 역, 『조선견문기』, 박영사, 1979; 끌라르 보티에·이폴리트 프랑뎅 지음, 김상희·김성언 옮김, 『프랑스 외교관이 본 개화기 조선』, 태학사, 2002; W. E. 그리피스 지음, 신복룡 옮김, 『은자의 나라 한국』, 평민사, 1985; 까를로 로제티(Carlo Rossetti) 저, 서울학연구소 역, 『꼬레아 꼬레아니』, 숲과 나무, 1996.

72 이사벨라 버드 비숍, 『한국과 그 이웃 나라들』, 295쪽.

73 황현 저, 김준 역, 『매천야록』, 교문사, 1994, 97쪽.

74 L. H. 언더우드, 『상투의 나라』, 49~51쪽.

75 L. H. 언더우드, 『상투의 나라』, 61쪽과 120쪽.

76 L. H. 언더우드, 『상투의 나라』, 148쪽.

77 황현, 『매천야록』, 429쪽.

78 이사벨라 버드 비숍, 『한국과 그 이웃 나라들』, 296쪽.

79 이사벨라 버드 비숍, 『한국과 그 이웃 나라들』, 325쪽.

80 끌라르 보티에·이폴리트 프랑뎅 지음, 김상희·김성언 옮김, 『프랑스 외교관이 본 개화기 조선』, 태학사, 2002, 98쪽. 책을 옮긴 이에 따르면 이 책은 외교관이었던 프랑뎅이 조선에서 경험한 바에 대해 기록한 것을 문필가인 보티에가 다듬어서 세상에 빛을 보게 되었다고 한다. 이하 프랑뎅의 저서로 기록.

81 황현, 『매천야록』, 97쪽.

82 고미숙, 『한국의 근대성, 그 기원을 찾아서』, 책세상, 2001, 153쪽.

83 이사벨라 버드 비숍, 『한국과 그 이웃나라들』, 296쪽.

84 김택현, 「인도의 식민지 근대사를 보는 시각과 서발턴 연구」, 『역사비평』 48호, 1998, 230~233쪽.

85 F. A. 맥켄지 지음, 신복룡 옮김, 『대한제국의 비극』, 평민사, 1985, 86쪽.

86 L. H. 언더우드, 『상투의 나라』, 180~188쪽; F. A. 맥켄지, 『대한제국의 비극』, 76쪽 등 이 외에도 대다수 서양인은 고종의 지도자로서의 자질과 리더십 부족에 대해 언급했다.

87 H. B. 헐버트 지음, 신복룡 옮김, 『대한제국멸망사』, 평민사, 1984, 141쪽.

88 장영숙, 『고종의 정치사상과 정치개혁론』 참고.

89 『고종실록』 고종19년 8월 5일.

90 『고종실록』 고종19년 8월 1일.

91 H. B. 헐버트, 『대한제국멸망사』, 333쪽.

92  F. A. 맥켄지 지음, 신복룡 옮김, 『한국의 독립운동』, 평민사, 1986, 37쪽.

93  H. B. 헐버트, 『대한제국멸망사』, 333~335쪽.

94  W. E. 그리피스, 『은자의 나라 한국』, 567쪽.

95  까를로 로제티 저, 서울학연구소 역, 『꼬레아 꼬레아니』, 숲과 나무, 1996, 86~88쪽.

96  윤효정, 『韓末祕史』, 교문사, 1995, 31~32쪽.

97  황현, 『매천야록』, 98쪽.

98  황현, 『매천야록』, 229~230쪽.

99  황현, 『매천야록』, 119~120쪽.

100  F. A. 맥켄지, 『한국의 독립운동』, 47~48쪽.

101  H. B. 헐버트, 『대한제국멸망사』, 140~141쪽.

102  박일근, 「조선의 대외관계」, 『한국사』 39, 국사편찬위원회, 1999, 68~70쪽.

103  신승권, 「러·일의 한반도 분할획책」, 『한국사』 41, 국사편찬위원회, 1999, 94~97쪽.

104  대원군의 업적에 대해 세도 정권기보다 다소 향상된 요소를 전반적으로 분석하면서도 그 정치적 역할과 성과를 부정적으로 평가하는 입장으로 성대경, 「대원군정권 성격 연구」, 성균관대 박사학위 논문, 1984; 「대원군 이하응 그는 보수정치가였다」, 『쟁점 한국근·현대사』 1, 1992가 있다. 반면, 대원군 집권기의 군비 증강을 비롯한 정책의 효과를 강조한 연구 성과로는 김세은, 「대원군집권기 군사제도의 정비」, 『한국사론』 23, 1990; 배항섭, 「대원군집권기 군제의 정비와 군비의 강화」, 『한국군사사연구』 1, 1998; 연갑수, 『대원군정권의 부국강병정책 연구』, 서울대학교 출판부, 2001 능이 있다.

105  황현, 『매천야록』, 갑오 이전 47~48쪽.

106  국역 『윤치호일기』, 국사편찬위원회, 2015, 1896년 1월 6일, 117쪽.

107  菊池謙讓, 『근대조선사』 上, 鷄鳴社, 1938, 2~64쪽.

108  林泰輔, 『朝鮮近世史』, 吉川半七, 1902; 田保橋潔, 『近代日鮮關係の硏究』, 조선총독부, 1940.

109  〈한성신보〉 1895년 9월 19일 조선개국기사(15).

110  〈한성신보〉 1895년 11월 10일 잡보.

111  『일본외교문서』 제28권 제1책, 문서번호 261 「朝鮮政況報告ノ件」.

112  『승정원일기』 고종1년 5월 23일; 고종8년 4월 25일.

113  노대환, 『동도서기론 형성 과정 연구』, 일지사, 2005, 155~160쪽.

114  대원군이 강화도를 중심으로 포군을 양성하고 포대를 증설해나간 내용에 대해서는 연갑수, 『대원군정권의 부국강병정책 연구』, 서울대학교 출판부, 2000 참고.

115  『승정원일기』 고종3년 10월 15일.

116  『일성록』 고종10년 8월 13일.

117  『승정원일기』 고종13년 2월 6일.

118  『승정원일기』 고종13년 2월 6일.

119  『박규수 전집』 상, 아세아문화사, 1978, 758쪽; 『매천야록』 상, 13쪽.

120 『고종실록』고종18년 윤7월 22일.

121 田保橋潔, 『近代日鮮關係の硏究』, 509~510쪽.

122 〈한성신보〉 1895년 9월 19일 조선개국기사(15).

123 〈한성신보〉 1895년 9월 11일 조선개국기사(11).

124 〈한성신보〉 1895년 9월 15일 조선개국기사(13).

125 〈한성신보〉 1895년 9월 19일 조선개국기사(15).

126 〈한성신보〉 1895년 9월 15일 조선개국기사(13).

127 〈한성신보〉 1895년 9월 13일 조선개국기사(12).

128 〈한성신보〉 1895년 9월 17일 조선개국기사(14).

129 관련 내용은 『고종실록』 해당 일자 참조.

130 安達謙藏, 『安達謙藏自敍傳』, 동경 新樹社, 1960, 52쪽.

131 연갑수, 「대원군과 서양-대원군은 쇄국론자였는가」, 147~149쪽.

132 『승정원일기』 고종4년 9월 11일.

133 『고종실록』고종19년 8월 5일.

134 서민교, 「19세기 朝鮮 정부의 通商修交 거부논리와 그 의의」, 『조선시대사학보』 86, 2018.

135 이와 관련한 내용은 장영숙, 「고종과 대원군의 정치적 갈등과 명성황후」, 『숭실사학』 49, 2022 참조.

136 杉村濬 저, 한상일 역, 『在韓苦心錄』, 건국대학교 출판부, 1993, 89~92쪽.

137 『일본외교문서』 제27권 2책, 문서번호 482 「謁見ノ模樣報告ノ件」; 杉村濬, 『在韓苦心錄』, 91~107쪽.

138 『주한일본공사관기록』 2, 제84호, 550쪽.

139 『고종실록』고종31년 6월 11일.

140 杉村濬, 『在韓苦心錄』, 114~115쪽.

141 『고종실록』고종31년 6월 21일.

142 杉村濬, 『在韓苦心錄』, 121~129쪽.

143 F. A. 맥켄지, 『대한제국의 비극』, 54~59쪽.

144 대원군이 국정에 관여한다면 민심은 곧 다스려질 것이라고 본 것은 동학도들이 전라감사 김학진에게 보낸 13조의 요구 사항(정교, 『대한계년사』, 1894년 5월, 49~50쪽)에서도 드러난다.

145 杉村濬, 『東學黨變亂ノ際韓國保護ニ關スル日淸交涉關係雜件』 1, 1894(국회도서관 마이크로폼 자료), 515쪽.

146 杉村濬, 『東學黨變亂ノ際韓國保護ニ關スル日淸交涉關係雜件』 1, 515~516쪽.

147 『승정원일기』 고종31년 6월 22일.

148 杉村濬, 『在韓苦心錄』, 129쪽.

149 『주한일본공사관기록』 4, 「조선사건」 3, 93~95쪽.

150 『주한일본공사관기록』4, 전송 제566호 「불명확한 조선의 태도에 관한 훈달의 건」, 102~103쪽.

151 『고종실록』고종31년 7월 11일 「군국기무처 안건」.

152 『일본외교문서』제27권 2책, 문서번호 473 「大院君ㅏノ談話報告ノ件」.

153 『주한일본공사관기록』5, 內政釐革의 件 ―(12544), 「淸將에게 보낸 대원군의 친서 건」·「대원군의 동학당 선동에 관한 건」, 335~337쪽.

154 정교, 『대한계년사』, 1894년 겨울 10월, 73~75쪽; 『고종실록』고종32년 4월 19일.

155 『일본외교문서』제28권 1책, 문서번호 261 「朝鮮政況報告ノ件」.

156 〈한성신보〉 1895년 9월 19일 조선개국기사(15).

157 〈한성신보〉 1895년 10월 15일 사설.

158 〈한성신보〉 1895년 10월 11일 일문 잡보.

159 〈한성신보〉 1895년 10월 13일 사설.

160 『주한일본공사관기록』9, 「조선의 현황 및 장래의 경향에 관한 상신」, 214~216쪽.

161 『고종실록』고종32년 7월 3일. 이들 민씨 일족은 백성들을 착취하고 지나치게 탐오하다는 이유로 원악도로 귀양을 갔다가 사면되었다.

162 『고종실록』고종32년 7월 5일.

163 『고종실록』고종32년 7월 16일 개국기원 503년 행사, 고종32년 11월 15일 의복 제도를 공포한 후 다시 고종33년 8월 28일 복제를 구례로 할 것을 제정했다.

164 〈한성신보〉 1895년 10월 9일 일문 잡보.

165 『주한일본공사관기록』7, 문서번호 183 「궁중 월권에 관한 보고」, 203쪽.

166 『주한일본공사관기록』7, 기밀 제64호 「궁중과 내각 사이에 관한 궁내대신의 담화 보고」, 38~39쪽.

167 『주한일본공사관기록』7, 문서번호 188 「왕비시해사건과 수습 경위」, 204~205쪽.

168 『주한일본공사관기록』7, 문서번호 188 「왕비시해사건과 수습 경위」, 206~207쪽.

169 윤효정, 『한말비사』, 133쪽.

170 정교, 『대한계년사』, 1895년 4월, 90쪽.

171 『주한일본공사관기록』5, 기밀 제227호 「조선 정황 보고」제2, 78~79쪽.

172 〈한성신보〉 1895년 9월 29일 잡보.

173 〈한성신보〉 1895년 10월 11일 일문 잡보.

174 幣原坦, 『韓國政爭志』, 동경 삼성당 서점, 1907.

175 〈한성신보〉 1895년 10월 11일 일문 잡보.

176 정교, 『대한계년사』, 1895년 8월 16일, 103쪽.

177 이민원, 「민비시해의 배경과 구도」, 『명성황후시해사건』, 민음사, 1992, 119쪽.

178 『주한일본공사관기록』7, 문서번호 188 「왕비시해사건과 수습 경위」, 206~207쪽.

179 〈한성신보〉 1895년 10월 11일 사설.

180 〈한성신보〉 1895년 10월 17일 사설.

181 〈독립신문〉 1897년 7월 31일 잡보.

182 〈독립신문〉 1897년 11월 2일 논설.

183 〈독립신문〉 1898년 2월 24일 잡보.

184 『구한국외교문서』 日案 3, 문서번호 4587 「흥선대원군 서거의 건」, 1898년 2월 23일.

185 『국역 윤치호 일기』 1898년 2월 23일, 131쪽.

## 3장

1 이러한 내용은 신국주, 「민비시해사변에 관한 연구」, 《동국사학》 17, 1982; 최문형 외, 『명성황후시해사건』, 민음사, 1992; 최문형, 『명성황후 시해의 진실을 밝힌다: 선전포고 없는 일본의 대러 개전』, 지식산업사, 2002; 이민원, 『명성황후시해와 아관파천』, 국학자료원, 2002; 이종각, 『자객 고영근의 명성황후 복수기』, 동아일보사, 2009; 김영수, 『명성황후 최후의 날: 서양인 사바찐이 목격한 을미사변, 그 하루의 기억』, 말글빛냄, 2014; 이종각, 『미야모토 소위, 명성황후를 찌르다: 120년 만에 밝혀지는 일본 군부 개입의 진상』, 메디치미디어, 2015 등을 통해 사건 구도와 전모가 상당 부분 드러났다.

2 山邊健太郎, 「閔妃事件について」, 『日本の韓國合倂』, 태평출판사, 1966; 박종근, 「三浦梧樓公使の就任と明成皇后(閔妃)殺害事件」, 『日淸戰爭と朝鮮』, 청목서점, 1982.

3 면밀한 취재를 바탕으로 소설의 형태를 띠고 출간된 角田房子, 『閔妃暗殺』, 조선일보사, 1988을 비롯하여 대부분의 일본 측 연구 결과물들은 히로시마 재판 결정문(杉村濬, 『在韓苦心錄』, 1993, 241~251쪽)의 범주를 크게 벗어나지 않는다.

4 金文子, 『朝鮮王妃弑害と日本人』, 高文硏, 2009.

5 강창일, 「三浦梧樓 公使와 閔妃弑害事件」, 『명성황후시해사건』, 민음사, 1992, 52~53쪽.

6 〈한성신보〉에서는 황후 시해 사건을 시종일관 '사변'으로 표기하고 있다.

7 〈한성신보〉 1895년 10월 9일 잡보 '大院君께서 王闕에 入하심이라'.

8 『일본외교문서』 28권, 11월 5일 〈十月八日朝鮮王城事變ノ詳細報告ノ件〉, 240~250쪽.

9 杉村濬, 『在韓苦心錄』, 234~236쪽. 당시 훈련대와 순검의 충돌에 대해 미우라 공사는 궁중에서 훈련대를 해산하기 위해 고의로 구실을 만든 것으로 몰아갔다(『주한일본공사관기록』 7, 문서번호 188 '王妃弑害事件과 수습 경위', 204~205쪽).

10 〈한성신보〉 1895년 10월 3일 잡보 '兵丁과 巡撿이라'.

11 〈한성신보〉 1895년 10월 7일 잡보 '巡撿兵丁의 再爭鬪'.

12 강창일, 「三浦梧樓 公使와 閔妃弑害事件」, 1992, 59~60쪽; 『일본외교문서』 28권, 11월 5일 〈十月八日朝鮮王城事變ノ詳細報告ノ件〉; 杉村濬, 앞의 책, 237~238쪽.

13  강창일, 「三浦梧樓 公使와 閔妃弑害事件」, 1992, 60쪽.

14  이민원, 「閔妃弑害의 背景과 構圖」, 『명성황후시해사건』, 민음사, 1992, 97~98쪽.

15  杉村濬, 『在韓苦心錄』, 238쪽.

16  〈한성신보〉 1895년 10월 9일 잡보 '왕후폐하가 不知所之'.

17  〈한성신보〉 1895년 10월 9일 잡보 '大院君王宮에 入る'.

18  『주한일본공사관기록』, 1907년 雜, 揚口邑 暴徒討伐誌에 習得한 軍案; 독립운동사편찬위원회
    편, 『獨立運動史資料集』 3, 572쪽.

19  『주한일본공사관기록』 7, 문서번호 188 '王妃弑害事件과 수습 경위', 205쪽.

20  〈한성신보〉 1895년 10월 9일 잡보 '王后陛下の御行衛之'

21  『주한일본공사관기록』 7, 문서번호 188 '王妃弑害事件과 수습 경위', 206~211쪽.

22  『승정원일기』 고종32년 10월 15일.

23  『고종실록』 고종32년 11월 15일 '이재순 등에 대한 판결 선고서'; 정교, 『대한계년사』 上, 123쪽
    '林最洙의 의거' 부분에 언급되어 있다.

24  『고종실록』 고종32년 8월 20일.

25  〈한성신보〉 1895년 10월 9일 잡보 '大院君께서 王闕에 入하심이라'.

26  〈한성신보〉 1895년 9월 9일 조선개국기사(10).

27  〈한성신보〉 1895년 9월 11일 조선개국기사(11).

28  〈한성신보〉 1895년 9월 13일 조선개국기사(12).

29  〈한성신보〉 1895년 10월 11일 사설 '一新之機'.

30  『주한일본공사관기록』 7, 문서번호 188 '王妃弑害事件과 수습 경위', 212~213쪽.

31  『고종실록』 고종31년 11월 21일.

32  『주한일본공사관기록』 5, 機密 제227호 〈朝鮮政況 報告〉 제2, 77~78쪽.

33  『주한일본공사관기록』 9, 〈朝鮮의 現況 및 장래의 傾向에 관한 上申〉, 214~216쪽.

34  『주한일본공사관기록』 7, 기밀 제64호, 38~39쪽.

35  『고종실록』 고종32년 윤5월 25일에 고종은 시위대 신설 관제를 반포하고, 홍계훈을 훈련대 연
    대장에, 현흥택을 시위대 연대장에 임명했다.

36  〈한성신보〉 1895년 10월 11일 잡보 '事變한 後에 動靜이라'.

37  『고종실록』 고종32년 7월 5일.

38  한철호, 『친미개화파연구』, 국학자료원, 1998.

39  『고종실록』 고종32년 7월 3일.

40  대원군의 끊임없는 권력에 대한 열망에 대해서는 장영숙, 『고종 44년의 비원』, 너머북스,
    2010, 192~198쪽 참고.

41  『주한일본공사관기록』 7, 문서번호 188 '王妃弑害事件과 수습 경위', 206~208쪽; 杉村濬, 『在
    韓苦心錄』, 232~238쪽.

42 『고종실록』고종31년 6월 22일.

43 윤효정, 『한말비사』, 128~129쪽.

44 『주한일본공사관기록』9, 別紙 〈민영준의 務靜〉, 244쪽.

45 〈한성신보〉1895년 10월 11일 잡보 '風說에 惑치 勿함이라'.

46 〈한성신보〉1895년 10월 13일 사설 '政府의 威信이라'; 1895년 10월 15일 사설 '施政之方針'.

47 〈한성신보〉1895년 9월 29일 잡보 '朝鮮開國記事(16)'. 16번째 조선개국기사는 17번째의 오기이다.

48 『고종실록』광무9년 1월 4일 '순명비의 묘지문'.

49 황현, 『매천야록』, 97쪽; 정교, 『대한계년사』, 고종32년, 105~106쪽; 『주한일본공사관기록』9, 기밀 제73호 '국왕탄신일 운현궁 參內에 관한 건', 223쪽 등을 보면 두 집안의 갈등과 대립 문제, 민씨 일족에 대한 당대의 부정적 평가가 공공연한 사실이 되어 있었음을 알 수 있다. 한성신보에서는 '사변'의 원인을 조성하기 위해 이를 악의적으로 유포, 확산시켰다.

50 『고종실록』고종32년 8월 22일.

51 王后 選定에 대한 보도는 〈한성신보〉1895년 10월 19일 잡보 참고.

52 『일본외교문서』28권, 문서번호 309 〈王妃露國公使ヲ利用シ閔氏勢力ヲ回復セントスル模樣報告ノ件〉, 136쪽.

53 〈한성신보〉1895년 10월 19일 잡보 '閔泳駿氏에 警戒'.

54 〈한성신보〉1895년 10월 23일 잡보 '諸閔所在地'.

55 〈한성신보〉1895년 10월 23일 잡보 '諸閔所在地'.

56 서울특별시 시사편찬위원회, 『국역 하재일기』1권, 박은숙 해제, 2005 참조.

57 『荷齋日記』4, 1895년 8월 20일(한국고전종합 DB).

58 『荷齋日記』4, 1895년 8월 22일(한국고전종합 DB).

59 『荷齋日記』4, 1895년 8월 24일(한국고전종합 DB).

60 〈한성신보〉1895년 10월 11일 잡보 '負擔家財하고 歸京하는 者가 相踵'.

61 〈한성신보〉1895년 10월 13일 잡보 '各 學校生徒의 欠席이라'.

62 〈한성신보〉1895년 10월 17일 사설 '勿惑流言'.

63 정교, 『대한계년사』하, 광무3년 己亥(1899), 27~29쪽.

64 정교, 『대한계년사』하, 27~29쪽.

65 『주한일본공사관기록』13, 문서번호 發第67號 〈負褓商建白書提出ノ件〉.

66 『승정원일기』고종43년 6월 3일.

67 〈한성신보〉1895년 10월 17일 훈령; 『고종실록』에는 고종32년 8월 26일 날짜로 내각 훈령이 실려 있다.

68 〈한성신보〉1895년 10월 17일 '歸京하는 자 多함'; '도망하던 자들이 서울로 돌아올 일이라'. 앞의 기사는 똑같은 제목과 내용으로 19일 자 잡보에도 실려 있다.

69 〈한성신보〉 1895년 10월 17일 잡보 '일본 가서 유학하던 생도들이 歸朝함이라'.

70 〈한성신보〉 1895년 10월 17일 잡보 '생도의 昇校함이라'.

71 〈한성신보〉 1895년 10월 19일 잡보 '日語學校의 休暇'.

72 일본 정부 측의 대표적 기록물로 남아 있는 『주한일본공사관기록』이나 『일본외교문서』에서는 이웃나라들의 동태와 조선 정부 관료들의 움직임, 훈련대의 움직임을 예의 주시하고 있던 측면이 엿보인다. 민간에서의 사회적 동요나 파장에는 상대적으로 관심을 덜 기울인 편이다.

73 『고종실록』 고종4년 2월 25일.

74 『승정원일기』 고종1년 12월 15일.

75 이에 대한 내용은 장영숙, 『고종의 정치사상과 정치개혁론』, 선인, 2010, 101~107쪽 참조.

76 『고종실록』 고종10년 12월 25일. 이후 김홍집의 관력은 『고종실록』 참조.

77 윤효정, 『한말비사』, 178쪽.

78 윤효정, 『한말비사』, 174쪽.

79 佐々博雄, 「熊本國權党と朝鮮における新聞事業」, 21쪽.

80 유영익, 「김홍집-개혁을 서둘다가 임금과 백성에게 배척당한 친일 정치가-」, 『한국사 시민강좌』 31, 일조각, 2002.

81 이헌주, 「제2차 수신사의 활동과 『朝鮮策略』의 도입」, 『한국사학보』 25, 2006; 박한민, 「『公私問答錄』을 통해 본 2차 수신사의 활동」, 『진단학보』 131, 2018.

82 김현철, 「갑오개혁의 정치사적 의의와 현재적 시사점-제2차 김홍집·박영효 내각의 성과와 한계 및 과제를 중심으로」, 『아시아리뷰』 4, 서울대학교 아시아연구소, 2015.

83 이선근, 「김홍집-광화문의 비극-」, 이선근 등 공저, 『한말격동기의 주역 8인』, 신구문화사, 1975.

84 내각 일자는 김홍집 내각총리대신, 박영효 내무대신, 유길준 내무대신 관직 임명 날짜 기준 (『고종실록』 해당 일자, 양력으로 표기); 유영익, 「김홍집-개혁을 서둘다가 임금과 백성에게 배척당한 친일 정치가-」 참고.

85 유영익, 『갑오경장연구』, 일조각, 1990, 153쪽.

86 『일본외교문서』 제27권 2책, 문서번호 482 〈謁見ノ模樣報告ノ件〉; 『일성록』 고종31년 11월 21일.

87 『일본외교문서』 제27권 2책, 문서번호 481 〈朝鮮國內政改革ニ關シ報告ノ件〉.

88 『고종실록』 고종31년 12월 16일.

89 『한말근대법령자료집』 I, 칙령 제38호 〈內閣官制〉, 1895년 3월 25일, 198~200쪽.

90 『주한일본공사관기록』 7, 기밀 제57호, 29~30쪽.

91 『주한일본공사관기록』 5, 機密 제227호 〈朝鮮政況 報告〉 제2, 77~78쪽.

92 『승정원일기』 고종31년 11월 21일.

93 『고종실록』 고종32년 7월 5일(양력 8월 24일).

94 『주한일본공사관기록』 6, 기밀 제71호, 198~201쪽.

95 『주한일본공사관기록』 7, 기밀 제64호, 38~39쪽.

96 『고종실록』 고종32년 7월 3일.

97 『일성록』 고종32년 윤5월 20일.

98 『주한일본공사관기록』 5, 〈조선에 관한 井上 公使의 의견서 사본 회부〉, 208~215쪽.

99 『주한일본공사관기록』 5, 機密送 제45호 〈조선에 관한 井上 公使의 의견에 대한 內訓〉, 216쪽;
유영익, 「김홍집-개혁을 서둘다가 임금과 백성에게 배척당한 친일 정치가-」, 120쪽.

100 『주한일본공사관기록』 7, 기밀 제64호, 38~39쪽.

101 『고종실록』 고종32년 윤5월 25일(양7월 17일)에 고종은 시위대 신설 관제를 반포하고 홍계훈
을 훈련대 연대장에, 현흥택을 시위대 연대장에 임명했다.

102 『주한일본공사관기록』 7, 문서번호 188 〈王妃弑害事件과 수습 경위〉, 212~213쪽.

103 『고종실록』 고종32년 11월 15일(양력 12월 30일)·1896년 1월 29일(양력).

104 김홍집 내각은 왕후 시해 사건의 주모자인 미우라 등이 히로시마 재판소에서 재판을 받게 되
면서 왕후 시해의 진상이 드러나게 되자 11월 26일에 가서 폐비 복위 조칙을 반포하고 12월
1일에서야 지난 10월 8일 묘시에 왕후가 승하하였노라고 공표했다. 이날 '坤寧閣 事變實記'를
통해서는 김홍집을 포함한 의정부의 여러 흉적이 일본과 내통해 사변을 일으킨 사실을 적시하
고 국왕의 분통한 마음을 표현했다. ―『승정원일기』 고종32년 10월 15일(양력 12월 1일).

105 『고종실록』 고종32년 8월 22일(양력 10월 10일).

106 『승정원일기』 고종32년 11월 15일(양력 12월 30일) 고종은 신민에 앞서 단발을 하니 뜻을 본
받으라는 조칙을 내렸다.

107 〈한성신보〉 1896년 3월 19일 일문 잡보.

108 〈한성신보〉 1896년 4월 2일 일문 잡보.

109 『고종실록』 고종32년 11월 16일(양력 12월 31일).

110 『의암집』, 한국고전종합 DB 참고.

111 『고종실록』 고종33년 2월 11일.

112 『승정원일기』 고종32년 12월 28일(양력 1896년 2월 11일).

113 『승정원일기』 고종32년 12월 28일(양력 1896년 2월 11일).

114 김홍집 살해사건의 경과는 윤효정, 『한말비사』, 178~180쪽을 바탕으로 정리.

115 윤효정, 『한말비사』, 179쪽.

116 윤효정, 『한말비사』, 180쪽.

117 정교, 『대한계년사』 上, 137쪽.

118 황현, 『매천야록』, 건양 원년 丙申, 400~402쪽.

119 『주한일본공사관기록』 9, 기밀 제11호, 〈朝鮮國 大君主 및 世子宮 露國公使館에 入御한 顚末報
告〉, 138쪽.

120 윤효정, 『한말비사』, 179~180쪽.

121 〈한성신보〉 1896년 2월 11일 호외.

122 "…其僵屍を往來繁き四ッ辻に暴らし頭部は打碎かれ身体は踏み潰され…"―〈한성신보〉 1896년 2월 11일 일문 호외.

123 〈한성신보〉 1896년 2월 14일 잡보.

124 "…頭を破り腹を屠り股を割ひて之を啖ふものさへありて其殘忍酷虐人間界に住せるものの仕業とは思はれす…"―〈한성신보〉 1896년 2월 14일 일문 잡보.

125 윤효정, 『한말비사』, 179쪽.

126 〈한성신보〉 1896년 2월 20일 잡보.

127 "…The King and Crown Prince have taken shelter at the Russian Legation.…It is stated that the King ordered the death of the Ministers.…"―『개화기 한국 관련 구미 신문자료집』, 단국대 동양학연구소, 2001, 1896년 2월 14일, 64쪽.

128 "…The King secretly left the Palace for the Russian Legation, where he proclaimed the Ministers guilty of treason. Two of them were arrested and executed; the others fled.…"―『개화기 한국 관련 구미 신문자료집』, 1896년 2월 17일, 64~65쪽.

129 〈한성신보〉 1895년 9월 15일 조선개국기사(13).

130 〈한성신보〉 1895년 11월 2일 사설.

131 〈한성신보〉 1896년 3월 15일 잡보.

132 〈한성신보〉 1895년 11월 15일 사설.

133 〈한성신보〉 1895년 10월 3일 사설.

134 〈한성신보〉 1895년 12월 1일 일문 잡보.

135 〈한성신보〉 1895년 12월 23일 '朝鮮敎育이라'.

136 〈한성신보〉 1896년 1월 18일 잡보.

137 〈한성신보〉 1896년 4월 2일 잡보.

138 〈한성신보〉 1896년 4월 17일 잡보.

139 〈한성신보〉 1896년 2월 9일 잡보.

140 〈한성신보〉 1897년 1월 18일 잡보.

141 〈한성신보〉 1897년 2월 10일 잡보.

142 박용규, 「구한말 일본의 침략적 언론활동-〈한성신보〉(1895~1906)를 중심으로」, 『한국언론학보』 43, 1998, 161~162쪽.

143 이러한 평가는 주로 황현의 『매천야록』, 『윤치호 일기』 등을 비롯하여 『주한일본공사관기록』; 菊池謙讓이 쓴 『朝鮮王國』, 『朝鮮最近 外交史 大院君傳 附 王妃の一生』, 『近代朝鮮史』 등을 대표로 하는 일본 측 기록물에서 보인다.

144 황현, 『매천야록』, 97쪽.

145  황현, 『매천야록』, 140쪽.

146  정교, 『대한계년사』 상, 14쪽.

147  『고종실록』 고종16년 12월 21일, 고종22년 1월 26일.

148  황현, 『매천야록』, 63쪽, 96쪽.

149  『고종실록』 고종31년 6월 22일.

150  윤효정, 『풍운의 한말비사』, 128~129쪽.

151  『주한일본공사관기록』 9, 別紙 〈민영준의 務靜〉, 244쪽.

152  황현, 『매천야록』, 123~124쪽.

153  황현, 『매천야록』, 190쪽.

154  이폴리트 프랑뎅, 『프랑스 외교관이 본 개화기 조선』, 85쪽.

155  W. E. Griffis, 『COREA, The Hermit Nation』, 1907(申福龍 역, 『隱者의 나라 韓國』, 평민사, 1985), 524쪽.

156  박정신·이민원 역, 『국역 윤치호 영문일기 3』, 1895년 2월 16일, 국사편찬위원회, 2015, 24~25쪽.

157  『국역 윤치호 영문일기 3』, 1895년 7월 8일, 46쪽.

158  『국역 윤치호 영문일기 3』, 1895년 12월 11일, 100쪽.

159  『주한일본공사관기록』 5, 기밀 제227호 〈朝鮮政況 報告〉 제2, 78~79쪽.

160  『일본외교문서』 제27권 2책, 문서번호 482 〈謁見ノ模樣報告ノ件〉.

161  『주한일본공사관기록』 6, 기밀 제71호, 198~201쪽.

162  한국학문헌연구소 편, 『김옥균 전집』, 「갑신일록」, 아세아문화사, 1979, 83~84쪽.

163  『고종실록』 고종34년 11월 22일 〈명성황후 행록〉.

164  『국역 윤치호 영문일기 3』, 1895년 12월 11일, 100쪽.

165  황후를 비롯한 민씨 일족과 대원군 간의 대립은 황현의 『매천야록』 62쪽, 229~230쪽을 비롯해 자주 나오는 내용이다.

166  『국역 윤치호 영문일기 3』, 1896년 1월 6일, 117쪽.

167  정교, 『대한계년사』, 118쪽.

168  〈한성신보〉 1895년 9월 29일 잡보 '朝鮮開國記事(16)'.

169  〈한성신보〉 1895년 10월 9일 잡보 '大院君께서 王闕에 入하심이라'.

170  1965년 작품으로 임원식, 나봉한이 감독하고 최은희, 김승호가 주연을 맡았다.

171  소설 『민비전』은 2001년에 소설 『명성황후』 상·하권으로 범우사에서 복간되었다.

172  이영호, 「총론: 1894년 농민전쟁의 사회경제적 배경과 변혁주체의 성장」, 『1894년 농민전쟁 연구 1』, 역사비평사, 1991, 24~25쪽.

173  황현, 『매천야록』, 97쪽.

174  황현, 『매천야록』, 188~189쪽.

175 Isabella.B.Bishop, 『한국과 그 이웃 나라들』, 296~325쪽.

176 정교, 『대한계년사』, 1882년 6월 10일, 13~14쪽.

177 황현, 『매천야록』, 120~121쪽.

178 김택영, 『소호당집』, 「安孝濟傳」(한국고전번역원 DB).

179 정교, 『대한계년사』, 20쪽.

180 〈경성일보〉 1933년 10월 14일 '近代朝鮮の橫顔-巫女眞靈君'.

181 황현, 『매천야록』, 140쪽.

182 菊池謙讓, 『朝鮮王國』, 172쪽.

183 홍문숙·홍정숙 저, 『중국사를 움직인 100인』, 청아출판사, 2011.

184 『선조실록』 선조34년 6월 19일.

185 정교, 『대한계년사』, 20쪽.

186 황현, 『매천야록』, 140쪽.

187 "…一日王感夢于予 又感于王妃夢 諄諄若眷佑者 乃相地營廟 于崇敎坊東北隅 宋洞之曾朱壁立下 出內府金以庀其工…先是壬午夏有兵變 剗鋒犯闕禍幾不測仍 卽解散次第捕獲置辟 越三年甲申冬有 逆亂 予曁殿宮上下出避于廟…"─〈北廟廟庭碑〉(비석의 원문은 홍윤기, 「조선 고종 〈북묘묘정비〉 주석과 번역」(2), 『중국어문논총』 106, 2021에 실린 탁본을 참고함).

188 황현, 『매천야록』, 140쪽.

189 『고종실록』 광무11년 1월 21일.

190 황현, 『매천야록』, 141~142쪽.

191 『승정원일기』 고종31년 7월 5일.

192 『고종실록』 고종30년 8월 21일.

193 『승정원일기』 고종30년 8월 22일.

194 김택영, 『韶濩堂集』〈安孝濟傳〉(한국고전번역원 DB).

195 『주한일본공사관기록』 7, 문서번호 188 〈王妃弒害事件과 수습 경위〉, 206~211쪽.

196 〈한성신보〉 1895년 9월 9일 잡보.

197 〈한성신보〉 1895년 9월 19일 잡보.

198 〈한성신보〉 1895년 9월 9일 잡보.

199 〈한성신보〉 1895년 10월 13일 잡보.

200 〈한성신보〉 1896년 1월 8일 잡보.

201 〈한성신보〉 1896년 1월 14일 잡보.

202 〈한성신보〉 1896년 2월 9일 잡보.

203 〈경성일보〉 1933년 10월 14일 '近代朝鮮の橫顔-巫女眞靈君'.

**4장**

1 김원수, 「압록강 위기(Yalu Crisis)와 러일전쟁-전지구적 국제관계와 연계하여-」, 『서양사학연구』 23, 2010, 126~127쪽.

2 『고종실록』 고종33년 9월 9일.

3 『구한국외교문서』 〈俄案〉 2, 문서번호 2008, 1903년 2월 27일.

4 『구한국외교문서』 〈日案〉 6, 문서번호 7585, 1903년 10월 5일.

5 김원수, 「일본의 경의철도 부설권 획득기도와 용암포사건-러일개전과 관련하여」, 『한일관계사연구』 6, 1998, 46쪽.

6 러일전쟁에 관한 연구는 2004년 러일전쟁 100주년, 2014년 러일전쟁 110주년을 거치면서 다양한 시각으로 축적된 연구 성과와 동향이 정리되었다. 이와 관련하여 김원수, 「한국의 러일전쟁 연구와 역사교육의 과제-개전원인을 보는 시각」, 『역사교육』 90, 역사교육연구회, 2004; 이주천, 「러일전쟁 110주년을 기념하여: 과거 10년 동안 연구동향을 중심으로」, 『서양사학연구』 33, 2014 등 참고. 특히 러일전쟁에 대한 연구동향과 시각을 일본, 러시아, 한국으로 구분하여 정리해놓은 조재곤, 『전쟁과 인간, 그리고 '평화'-러일전쟁과 한국사회』, 일조각, 2017, 18~29쪽 참고.

7 김원수, 「용암포사건과 일본의 대응」, 『러일전쟁 전후 일본의 한국침략』, 일조각, 1986; 김원수, 「러일전쟁의 원인에 대한 재검토; 용암포사건과 의주개시를 중심으로」, 한양대 박사학위논문, 1997; 김원수, 「일본의 경의철도 부설권 획득기도와 용암포사건-러일개전과 관련하여」, 『한일관계사연구』 6, 1998; 김소영, 「용암포사건에 대한 대한제국의 위기의식과 대응」, 『한국근현대사연구』 31, 2004; 현광호, 「대한제국기 용암포사건에 대한 주한일본공사의 대응」, 『인문학연구』 34, 2007; 현광호, 「1903~1904년 대한제국의 대러시아 대응론과 정책의 추이」, 『동양학』 41, 2007; 김원수, 「압록강 위기(Yalu Crisis)와 러일전쟁-전지구적 국제관계와 연계하여-」, 『서양사학연구』 23, 2010.

8 이성환, 「러일전쟁과 대한제국의 중립화 정책에 대한 비판적 검토」, 『국제정치연구』 8, 2005, 178~179쪽.

9 〈황성신문〉 1901년 3월 25일 외보.

10 〈제국신문〉 1901년 4월 6일 외보.

11 〈한성신보〉 1902년 7월 27일 기사.

12 〈한성신보〉 1902년 7월 23일 기사.

13 〈한성신보〉 1902년 9월 5일 기사; 1902년 9월 24일 기사.

14 조명철, 「러일전쟁에 대한 재조명-개전론을 중심으로」, 『한일군사문화연구』 4, 2006, 11쪽.

15 〈한성신보〉 1902년 8월 24일 사설 '俄撤兵與韓之關係'.

16 〈한성신보〉 1902년 9월 28일 사설 '所謂 太平之世'.

17 일본이 한국을 대상으로 러시아 위협론을 강조함으로써 한국 조정과 인민을 친일본적으로 기

울게 하고자 했다는 지적이 있는데(이성환, 「러일전쟁과 대한제국의 중립화 정책에 대한 비판적 검토」), 한성신보의 당시 논조에서도 이와 같은 분위기를 엿볼 수 있다.

18  〈한성신보〉1903년 1월 4일 기고문 '露國及滿洲(一)'; 1903년 1월 8일 '露國及滿洲(二)'; 1903년 1월 10일 '俄國及滿洲(三)'.

19  일본 역사상 최초의 단체 해외여행은 1906년 6월 아사히(朝日) 신문에서 기획한 '滿韓巡遊團'으로, 만주와 조선을 유람하는 관광여행단이었다(조성운,『식민지 근대관광과 일본시찰』, 경인문화사, 2011, 106~107쪽).

20  니콜라이 2세와 국무 고문으로 있던 베조브라조프(A.M. Bezobrazov)의 전진 정책으로 진행된 러시아의 만주 철병 계획 철회와 남하정책 및 이에 대한 일본의 대응과 관련한 연구는 김원수, 「노일전쟁의(露日戰爭) 원인에 대한 재검토」,『서양사론』56, 1998; 전상숙, 「러일전쟁 전후 일본의 대륙정책과 테라우치(寺內正毅)」,『사회와 역사』71, 2006 등을 참고.

21  일본이 경의철도부설권 획득을 기도하자 이를 한반도 북부에 대한 기득권 상실로 받아들인 러시아가 방어적 차원에서 만주 철병을 불이행했으며, 이는 곧 압록강 변경 지역의 러일 간 대립으로 촉발되었다는 시각도 있다. 이에 대해서는 김원수, 「압록강 위기(Yalu Crisis)와 러일전쟁-전지구적 국제관계와 연계하여-」,『서양사학연구』23, 2010 참고.

22  고종이 유럽의 주요 열강에 외교관을 파견하여 직접적으로 교섭을 시도하면서 한국의 독립을 보장받기 위한 외교 활동을 추진한 측면, 만국평화회의 등 국제회의에 적극 참여함으로써 만국공법과 국제사회의 일원으로서 한국의 주권을 지키고자 노력한 점, 영세중립국인 벨기에와 수교를 추진하여 벨기에의 중립정책을 파악한 측면 등 당시 대한제국의 중립화 정책과 활동에 대해서는 현광호, 「대한제국의 중립정책과 중립파의 활동」,『한국독립운동사연구』14, 2000 참고.

23  〈한성신보〉1903년 1월 20일 사설 '評韓人士外交論'.

24  『주한일본공사관기록』18, 기밀 제130호, 〈韓國中立問題二關スル露國外交官ノ提案二關スル件〉1902년 11월 4일, 59~60쪽.

25  『알렌문서』사진번호 R4-L7-06-016, 1902년 10월 29일 알렌이 모건(Edwin V. Morgan)에게 보낸 편지.

26  『알렌문서』사진번호 R4-L7-06-018, 1902년 10월 30일 알렌이 모건에게 보낸 편지.

27  〈한성신보〉1903년 2월 5일 사설 '日韓國交漸非'; 1903년 2월 13일 사설 '國交變局'.

28  이 시기 러일 간의 외교관계에 대해서는 최문형,『국제관계로 본 러일전쟁과 일본의 한국병합』, 지식산업사, 2004 참고.

29  〈한성신보〉1903년 2월 20일 사설 '韓國權力平衡'.

30  『구한국외교문서』〈日案〉6, 문서번호 7315, 1903년 4월 1일.

31  山辺健太郎,『한일합병사』(범우사, 1982), 184~185쪽.

32  김원수, 「압록강 위기(Yalu Crisis)와 러일전쟁-전지구적 국제관계와 연계하여-」, 118~119쪽.

33  〈한성신보〉1903년 3월 8일 사설 '韓北統制'.

34  〈한성신보〉 1903년 4월 18일 사설 '鳳凰城俄兵駐屯'.

35  〈한성신보〉 1903년 4월 28일 사설 '俄兵駐屯'; 4월 28일 기사 '義州電報'.

36  〈한성신보〉 1903년 5월 7일 기사 '義州警報'.

37  『고종실록』 광무 7년 7월 22일. 용암포의 위치가 평안북도 용천군에 위치한 포구여서 '용포'로
    도 불린 것으로 보인다.

38  〈한성신보〉 1903년 5월 9일 사설 '寒毒立之危機'.

39  『구한국외교문서』 〈俄案〉 2, 문서번호 2039, 1903년 4월 24일.

40  『구한국외교문서』 〈俄案〉 2, 문서번호 2052, 1903년 5월 18일.

41  『구한국외교문서』 〈俄案〉 2, 문서번호 2043, 1903년 5월 5일; 문서번호 2048, 1903년 5월
    15일 자 러시아에 보낸 외교문서를 통해 외부대신 이도재는 조계 외 일체의 토지를 매득하
    는 행위는 불법이라는 것을 분명히 했다. 러시아의 용암포 경영과 관련하여 고종과 의정부, 외
    부의 반응 및 대응에 대한 연구는 김소영, 「용암포사건에 대한 대한제국의 위기의식과 대응」,
    140~144쪽 참고.

42  『주한일본공사관기록』 19, 往電 제264호, 〈露國과의 용암포조차계약 수정내용 및 이에 대한
    對韓交涉 전말 건(一)〉 1903년 8월 25일, 289~290쪽. 러시아와 만한 문제를 두고 협상하는
    과정에 대해서는 현광호, 「대한제국기 용암포사건에 대한 주한일본공사의 대응」, 252~253쪽.

43  〈한성신보〉 1903년 5월 12일 사설 '俄國滿韓經營' 上; 1903년 5월 14일 사설 '俄國滿韓經營' 下.

44  〈한성신보〉 1903년 5월 19일 사설 '西北拓殖'.

45  〈황성신문〉 1903년 5월 8일 논설 '叙我韓疆域攷後說(續)'; 1903년 5월 9일 논설 '滿洲關係如何'.

46  〈제국신문〉 1903년 4월 4일 논설; 1903년 4월 22일 논설.

47  〈제국신문〉 1903년 5월 4일 논설.

48  〈제국신문〉 1903년 4월 23일 논설.

49  경의철도부설권 획득을 위한 일본 정부의 정책과 대한제국과의 협상 과정에 대해서는 김원수,
    「일본의 경의철도 부설권 획득기도와 용암포사건-러일개전과 관련하여」 참고.

50  『구한국외교문서』 〈日案〉 6, 문서번호 7420, 1903년 6월 24일.

51  〈한성신보〉 1903년 6월 11일 사설 '西邊 防衛'.

52  〈한성신보〉 1903년 6월 27일 사설 '論義州開市'.

53  『구한국외교문서』 〈日案〉 6, 문서번호 7439, 1903년 7월 8일.

54  〈한성신보〉 1903년 7월 7일 사설 '再勸告(開市)'.

55  『주한일본공사관기록』 19, 기밀 제130호 〈龍岩浦二於ケル租借契約書寫差出ノ件〉 1903년 8월
    11일, 263~264쪽.

56  『구한국외교문서』 〈日案〉 6, 문서번호 7504, 1903년 8월 21일; 김소영, 「용암포사건에 대한
    대한제국의 위기의식과 대응」, 152~161쪽.

57  『구한국외교문서』 〈日案〉 6, 문서번호 7496, 1903년 8월 14일; 문서번호 7500, 1903년 8월
    19일.

58  〈한성신보〉 1903년 8월 18일 사설 '龍岩里租借則俄國之占領也'.

59  『구한국외교문서』〈日案〉 6, 문서번호 7505, 1903년 8월 21일.

60  『구한국외교문서』〈日案〉 6, 문서번호 7512, 1903년 8월 23일.

61  〈한성신보〉 1903년 8월 25일 사설 '日本防衛韓土'.

62  『구한국외교문서』〈日案〉 6, 문서번호 7518, 1903년 8월 25일.

63  〈한성신보〉 1903년 9월 1일 사설 '森林事業'.

64  〈한성신보〉 1903년 9월 3일 사설 '鴨綠江 森林保護'.

65  『구한국외교문서』〈日案〉 6, 문서번호 7585, 1903년 10월 5일.

66  『구한국외교문서』〈日案〉 6, 문서번호 7662, 1903년 11월 13일.

67  『구한국외교문서』〈日案〉 6, 문서번호 7666, 1903년 11월 15일.

68  『구한국외교문서』〈俄案〉 2, 문서번호 2133, 1903년 11월 21일.

69  미국 공사 알렌은 당시 의주와 용암포 개항을 적극 조언했으나 고종이 자신의 충고는 듣지 않
    고 이용익에게만 기울어 있었다고 보았다. 이에 대해서는 장영숙, 「러일개전의 길과 알렌의 외
    교적 변신」, 『한일관계사연구』 74, 2021 참고.

70  용암포 개항을 둘러싼 국내 정치세력의 반응과 동향에 대해서는 현광호, 「대한제국의 중립정
    책과 중립파의 활동」, 43~45쪽 참고.

71  『승정원일기』 광무7년 11월 27일.

72  『주한일본공사관기록』 19, 來電 제187호 〈미국정부의 용암포개방 희망에 관한 정보 건〉 1903
    년 11월 19일, 398쪽.

73  『구한국외교문서』〈美案〉 3, 문서번호 2860, 1903년 11월 10일; 문서번호 2877, 1903년 12월
    6일.

74  『구한국외교문서』〈俄案〉 2, 문서번호 2132, 1903년 11월 18일.

75  〈한성신보〉 1903년 12월 19일 '李根澤氏借兵問題'.

76  현광호, 「대한제국의 중립정책과 중립파의 활동」, 47~49쪽.

77  김경창, 『동양 외교사』, 박문당, 1982, 530~534쪽.

78  〈한성신보〉 1904년 1월 7일 잡보; 1904년 1월 9일 잡보.

79  『주한일본공사관기록』 23, 來電 제48호 〈일러교섭단절통보 건〉 1904년 2월 6일, 4~5쪽.

80  〈한성신보〉 1904년 1월 14일 기서.

81  『구한국외교문서』〈美案〉 3, 문서번호 2923, 1904년 2월 25일; 문서번호 2951, 1904년 3월
    23일.

82  〈한성신보〉 1895년 9월 11일 '조선개국기사'; 9월 9일 '조선개국시말'.

83  〈한성신보〉 1895년 9월 15일 '조선개국기사'; 9월 13일 '조선개국시말'.

84  〈한성신보〉 1895년 9월 15일 '조선개국기사'; 9월 13일 '조선개국시말'.

85  『修信使記錄』, 수신사 김기수 입시 연설, 131~132쪽; 수신사 김홍집 입시 연설, 158쪽.

86 조사시찰단의 견문 내용과 일본에 대한 시각에 대해서는 허동현, 『근대한일관계사연구-조사시찰단의 일본관과 국가구상-』참고.

87 〈한성신보〉 1895년 9월 13일 '조선개국기사'; 9월 11일 '조선개국시말'.

88 林泰輔, 『朝鮮近世史』, 吉川半七, 1902, 78~79쪽.

89 〈한성신보〉 1895년 10월 9일 '조선개국기사'; 10월 5일 '조선개국시말'.

90 박용규, 「구한말 일본의 침략적 언론활동-〈한성신보〉(1895~1906)를 중심으로-」, 165~166쪽.

91 〈한성신보〉 1895년 10월 9일 잡보 '大院君께서 王闕에 入하심이라'.

92 〈한성신보〉 1895년 10월 13일 사설 '정부의 威信이라'.

93 〈한성신보〉 1895년 10월 11일 일문 잡보 '諸閔悉く去る'; 10월 23일 일문 잡보 '諸閔所在地'.

94 〈한성신보〉 1895년 10월 15일 잡보.

95 『荷齋日記』4, 1895년 8월 20일; 8월 22일(한국고전종합 DB).

96 〈한성신보〉 1895년 10월 11일 잡보 '負擔家財하고 歸京하는 者가 相踵'; '京城人의 歸來'.

97 〈한성신보〉 1895년 10월 13일 잡보 '各 學校生徒의 欠席이라'; '學生の欠席'.

98 〈한성신보〉 1895년 10월 13일 잡보 및 기서.

99 박은숙, 「《한성신보》의 상업 담론과 상권 장악 기획(1895~1896)」, 192~198.

100 〈한성신보〉 1895년 10월 21일 일문 잡보 '居留民諸氏の注意を促ぜす'.

101 유영익, 「김홍집-개혁을 서둘다가 임금과 백성에게 배척당한 친일 정치가-」, 『한국사 시민강좌』31, 일조각, 2002 참고.

102 『고종실록』고종32년 8월 21일(양력 10월 9일).

103 『고종실록』고종32년 8월 22일(양력 10월 10일).

104 『승정원일기』고종32년 10월 15일(양력 12월 1일).

105 『승정원일기』고종32년 11월 15일(양력 12월 30일).

106 『고종실록』고종33년 2월 11일.

107 윤효정, 『한말비사』, 178쪽.

108 〈한성신보〉 1896년 2월 11일 호외.

109 〈한성신보〉 1896년 2월 14일 잡보.

110 2월 11일자로 외부대신에서 면관되고 이완용이 그 자리를 이었으나 한성신보에서는 여전히 '김 외무'로 게재하고 있다.

111 〈한성신보〉 1896년 2월 14일 일문 잡보 '金鄭前兩大臣慘死の詳報'.

112 〈한성신보〉 1896년 2월 14일 잡보 '慘忍之殺戮'.

113 〈한성신보〉 1896년 2월 18일 잡보 '何故移殺戮之罪于暴民乎'.

114 〈한성신보〉 1895년 12월 15일 일문 잡보 '毆打致死等二件'.

115 〈한성신보〉 1896년 2월 7일 일문 잡보 '斷髮に對する內地人民意向'.

116 〈한성신보〉 1896년 1월 24일 일문 잡보 '洪州の賊'.

117 〈한성신보〉 1896년 2월 3일 일문 잡보 '海州暴徒の鎭定', '竹山の暴徒'.

118 〈한성신보〉 1896년 4월 19일 일문 잡보 '濟州歸客の談'.

119 〈한성신보〉 1896년 1월 26일 잡보 '春川에暴徒一라'.

120 〈한성신보〉 1896년 1월 28일 잡보 '暴民에 魁首一라'.

121 〈한성신보〉 1896년 2월 7일 일문 잡보 '日本人慘死の實況'.

122 〈한성신보〉 1896년 2월 11일 잡보 '日本人 七人이 被抆傷이라'.

123 〈한성신보〉 1896년 2월 11일 일문 호외 '日本人打殺さる'.

124 〈한성신보〉 1896년 3월 21일 잡보 '日本人十五名이 被虐殺홈'.

125 〈한성신보〉 1896년 3월 23일 잡보 '日本人이 振威셔 橫死라'.

126 〈한성신보〉 1896년 3월 21일 일문 잡보 '戰歿遭難者の追悼法會'.

127 〈한성신보〉 1896년 3월 9일 일문 잡보 '暴徒に關する情報'.

128 〈한성신보〉 1895년 11월 7일 일문 잡보 '日韓行商□'.

129 〈한성신보〉 1895년 11월 19일 일문 잡보 '風聲鶴唳'.

130 〈한성신보〉 1896년 1월 18일 일문 잡보 '商話會の創設'.

131 〈한성신보〉 1896년 1월 24일 일문 잡보 '大邱市と日本商'.

132 〈한성신보〉 1896년 1월 28일 일문 잡보 '昨今の不景氣'.

133 〈한성신보〉 1896년 3월 5일 일문 잡보 '市況寂寞'.

134 〈한싱신보〉 1896년 3월 9일 일문 잡보 '淸商の來韓'.

135 〈한성신보〉 1896년 3월 9일 일문 잡보 '地方騷擾と我商業'.

136 〈한성신보〉 1896년 3월 9일 일문 잡보 '暴徒の防穀'.

137 〈한성신보〉 1896년 3월 9일 일문 잡보 '內地行商者の引揚'.

138 〈한성신보〉 1896년 4월 2일 일문 잡보 '市況甚た寂寞'.

139 〈한성신보〉 1896년 4월 25일 일문 잡보 '開城府の近況'.

140 〈한성신보〉 1896년 3월 3일 잡보 '物價愈貴'.

141 〈한성신보〉 1896년 1월 24일 일문 잡보 '平壤地方に於ける淸商'.

142 〈한성신보〉 1896년 4월 9일 일문 잡보 '平壤に於ける支那人'.

143 보조금 확대에 대한 내용은 최준, 「한성신보의 사명과 그 역할-일본외무성의 기관지의 선구」; 박용규, 「구한말 일본의 침략적 언론활동-〈한성신보〉(1895~1906)를 중심으로-」에서 상세히 다룬 바 있다.

144 『주한일본공사관기록』22, 별지 〈신문확장발행 보조금청원〉, 1904년 2월, 387~388쪽.

# 참고 문헌

『고종실록』, 『선조실록』, 『승정원일기』, 『일성록』

『구한국외교문서』〈日案〉, 〈俄案〉, 〈美案〉

『일본외교문서』

『주한일본공사관기록』

〈경성일보〉, 〈관보〉, 〈독립신문〉, 〈제국신문〉, 〈한성순보〉, 〈한성신보〉, 〈황성신문〉

『한말근대법령자료집』


『김옥균 전집』, 「갑신일록」, 한국학문헌연구소 편, 아세아문화사, 1979

김택영, 『소호당집』, 「安孝濟傳」, 한국고전종합 DB

김택영, 『조선시대사 韓史綮』, 조남권 외 역, 태학사, 2001

독립운동사편찬위원회 편, 『獨立運動史資料集』 3

『박규수 전집』 상, 아세아문화사, 1978

『修信使記錄』, 국사편찬위원회, 1958

『신기선 전집』 상, 아세아문화사, 1981

『알렌의 일기』, 김원모 역, 단국대 출판부

『알렌문서』, 한국학중앙연구원 DB

『여흥민씨족보』, 한국학중앙연구원

『윤치호일기』 I, 송병기 역, 연세대학교 출판부

『윤치호일기』, 박정신·이민원 역, 국사편찬위원회, 2015

윤효정, 『풍운의 한말비사』, 교문사, 1995

『의암집』, 한국고전종합 DB

정교, 『대한계년사』, 국사편찬위원회, 1957

『荷齋日記』, 한국고전종합 DB

한국민족문화대백과사전 DB

황현,『매천야록』, 김준 역, 교문사, 1994

〈北廟廟庭碑〉, 국립중앙박물관

까를로 로제티 저, 서울학연구소 역,『꼬레아 꼬레아니』, 숲과 나무, 1996.

W. E. 그리피스 지음, 신복룡 옮김,『은자의 나라 한국』, 평민사, 1985.

끌라르 보티에·이폴리트 프랑뎅 지음, 김상희·김성언 옮김,『프랑스 외교관이 본
　　개화기 조선』, 태학사, 2002.

F. A. 맥켄지 지음, 신복룡 옮김,『대한제국의 비극』, 평민사, 1985.

H. N. 알렌 저, 신복룡 역,『조선견문기』, 박영사, 1979.

L. H. 언더우드 지음, 신복룡·최수근 역주,『상투의 나라』, 집문당, 1999.

이사벨라 버드 비숍 지음, 이인화 옮김,『한국과 그 이웃 나라들』, 도서출판 살림,
　　1994.

H. B. 헐버트 지음, 신복룡 옮김,『대한제국멸망사』, 평민사, 1984.

『개화기 한국 관련 구미 신문자료집』, 단국대 동양학연구소, 2001

角田房子,『閔妃暗殺』, 조선일보사, 1988.

菊池謙讓,『朝鮮王國』, 동경 民友社, 1896.

菊池謙讓,『朝鮮最近 外交史 大院君傳 附 王妃の一生』, 日韓書房, 1910.

菊池謙讓,『朝鮮諸國記』, 大陸通信社, 1925.

菊池謙讓,『近代朝鮮史』, 鷄鳴社, 1939.

吉川圭三,『國史大辭典』제1권, 1979.

金文子,『朝鮮王妃弑害と日本人』, 高文硏, 2009.

山辺健太郎,『韓日合倂史』(범우사, 1982)

杉村濬,『東學黨變亂ノ際韓國保護ニ關スル日淸交涉關係雜件』1, 1894 (국회도서관
　　마이크로폼 자료)

杉村濬,『在韓苦心錄』(한상일 역, 건국대학교 출판부, 1993)

安達謙藏,『安達謙藏 自敍傳』, 동경 新樹社, 1960.

如囚居士,『朝鮮雜記』, 春祥堂, 1894.

陸奧宗光,『蹇蹇錄』, 岩波書店, 1938.

林泰輔,『朝鮮近世史』, 吉川半七, 1902.

田保橋潔,『近代日鮮關係の硏究』, 1940.

『朝鮮功勞者銘鑑』, 민중시론사, 1936.

幣原坦,『韓國政爭志』, 동경 삼성당 서점, 1907.

本間九介,『朝鮮雜記』(최혜주 역, 김영사, 2008)

박종근,「三浦梧樓公使の就任と明成皇后(閔妃)殺害事件」,『日淸戰爭と朝鮮』, 청목 서점, 1982.

山邊健太郎,「閔妃事件について」,『日本の韓國合倂』, 태평출판사, 1966.

佐々博雄,「熊本國權党と朝鮮における新聞事業」,『国士舘大學文學部人文學會紀要』9, 1977.

www.yahoo.co.jp.


강창일,『근대 일본의 조선침략과 대아시아주의-우익 낭인의 활동과 사상을 중심으로』, 역사비평사, 2002.

고미숙,『한국의 근대성, 그 기원을 찾아서』, 책세상, 2001.

김경창,『동양 외교사』, 박문당, 1982.

노대환,『동도서기론 형성 과정 연구』, 일지사, 2005.

연갑수,『대원군정권의 부국강병정책 연구』, 서울대학교 출판부, 2000.

유영익,『갑오경장 연구』, 일조각, 1990.

이민원,『명성황후시해와 아관파천』, 국학자료원, 2002.

이종각,『자객 고영근의 명성황후 복수기』, 동아일보사, 2009.

이종각,『미야모토 소위, 명성황후를 찌르다-120년 만에 밝혀지는 일본 군부 개입의 진상』, 메디치미디어, 2015.

장영숙,『고종의 정치사상과 정치개혁론』, 도서출판 선인, 2010.

장영숙,『고종 44년의 비원』, 너머북스, 2010.

장영숙,『고종의 인사정책과 리더십-망국의 군주, 개혁군주의 이중성』, 역사공간, 2020.

조성운,『식민지 근대관광과 일본시찰』, 경인문화사, 2011.

조재곤,『전쟁과 인간, 그리고 '평화'-러일전쟁과 한국사회』, 일조각, 2017.

최문형 외,『명성황후시해사건』, 민음사, 1992.

최문형,『명성황후 시해의 진실을 밝힌다-선전포고 없는 일본의 대러 개전』, 지식산업사, 2002.

최문형,『국제관계로 본 러일전쟁과 일본의 한국병합』, 지식산업사, 2004.

한철호, 『친미개화파연구』, 국학자료원, 1998.

허동현, 『근대한일관계사연구-조사시찰단의 일본관과 국가구상-』, 국학자료원, 2000.

홍문숙·홍정숙 저, 『중국사를 움직인 100인』, 청아출판사, 2011.


강창일, 「三浦梧樓 公使와 閔妃弑害事件」, 『명성황후시해사건』, 민음사, 1992.

강창일, 「일진회의 '합방'운동과 흑룡회-일본 우익의 대아시아주의와 관련하여-」, 『역사비평』 통권 52호, 2000.

구선희, 「『한성신보』의 조선사회에 대한 인식-斷髮令(1895)과 관련하여」, 『사학연구』 137, 2020.

김기성, 「대한제국기 중앙은행 설립시도에 대한 거류지 일상(日商)의 대응-『한성신보』를 중심으로」, 『역사문제연구』 44, 2020.

김소영, 「용암포사건에 대한 대한제국의 위기의식과 대응」, 『한국근현대사연구』 31, 2004.

김영수, 「춘생문사건 주도세력 연구-궁내부에 기반을 둔 정치세력의 형성을 중심으로」, 『史林』 25호, 2006.

김원수, 「용암포사건과 일본의 대응」, 『러일전쟁 전후 일본의 한국침략』, 일조각, 1986.

김원수, 「일본의 경의철도 부설권 획득기도와 용암포사건-러일개전과 관련하여」, 『한일관계사연구』 6, 1998.

김원수, 「노일전쟁의(露日戰爭) 원인에 대한 재검토」, 『서양사론』 56, 1998.

김원수, 「압록강 위기(Yalu Crisis)와 러일전쟁-전지구적 국제관계와 연계하여-」, 『서양사학연구』 23, 2010.

김종준, 「『한성신보』의 한국 정치 및 사회에 대한 인식」, 『역사와 현실』 102, 2016.

김종준, 「『한성신보』의 한국 민권운동에 대한 인식」, 『사학연구』 126, 2017.

김택현, 「인도의 식민지 근대사를 보는 시각과 서발턴 연구」, 『역사비평』 48호, 1998.

김항기, 「『한성신보(漢城新報)』의 의병보도와 그 특징(1895~1896)」, 『역사와현실』 116, 2020.

김현철, 「갑오개혁의 정치사적 의의와 현재적 시사점-제2차 김홍집·박영효 내각의 성과와 한계 및 과제를 중심으로」, 『아시아리뷰』 4, 서울대학교 아시아연구소, 2015.

문일웅, 「구마모토국권당(熊本國權黨)의 『한성신보(漢城新報)』 창간과 그 의도」, 『역사문제연구』 44, 2020.

박용규, 「구한말 일본의 침략적 언론활동-〈한성신보〉(1895~1906)를 중심으로」, 『한국언론학보』 43, 1998.

박은숙, 「《한성신보》의 상업 담론과 상권 장악 기획(1895~1896)」, 『한국근현대사연구』 95, 2020.

박일근, 「조선의 대외관계」, 『한국사』 39, 국사편찬위원회, 1999.

박한민, 「『公私間答錄』을 통해 본 2차 수신사의 활동」, 『진단학보』 131, 2018.

서민교, 「19세기 朝鮮 정부의 通商修交 거부논리와 그 의의」, 『조선시대사학보』 86, 2018.

신국주, 「민비시해사변에 관한 연구」, 『동국사학』 17, 1982.

신승권, 「러·일의 한반도 분할획책」, 『한국사』 41, 국사편찬위원회, 1999.

연갑수, 「개항기 권력집단의 정세인식과 정책」, 『1894년 농민전쟁연구 3』, 역사비평사, 1993.

연갑수, 「대원군과 서양-대원군은 쇄국론자였는가」, 『역사비평』 50, 2000.

유영익, 「김홍집-개혁을 서둘다가 임금과 백성에게 배척당한 친일 정치가-」, 『한국사 시민강좌』 31, 일조각, 2002.

이민원, 「민비시해의 배경과 구도」, 『명성황후시해사건』, 민음사, 1992.

이선근, 「김홍집-광화문의 비극-」, 『한말격동기의 주역 8인』(이선근 등 공저), 신구문화사, 1975.

이성환, 「러일전쟁과 대한제국의 중립화 정책에 대한 비판적 검토」, 『국제정치연구』 8, 2005.

이영호, 「총론: 1894년 농민전쟁의 사회경제적 배경과 변혁주체의 성장」, 『1894년 농민전쟁연구 1』, 역사비평사, 1991.

이헌주, 「제2차 수신사의 활동과 『朝鮮策略』의 도입」, 『한국사학보』 25, 2006.

장영숙, 「李王職의 〈高宗·純宗實錄〉 편찬사업과 그 실상」, 『사학연구』 116, 2014.

장영숙, 「〈한성신보〉의 명성황후시해사건에 대한 보도태도와 사후조치」, 『한국근현대사연구』 82, 2017.

장영숙, 「『한성신보』의 김홍집 살해사건 보도와 한국인식」, 『역사와현실』 114, 2019.

장영숙, 「〈한성신보〉의 고종과 명성황후에 대한 인식과 평가」, 『한국민족운동사연구』 93, 2017.

장영숙, 「명성황후와 진령군-문화콘텐츠 속 황후의 부정적 이미지 형성과의 상관관계」, 『한국근현대사연구』 86, 2018.

장영숙, 「『한성신보』의 홍선대원군에 대한 인식과 평가」, 『한국사학보』 81, 2020.

장영숙, 「『한성신보』의 이중적 언론활동」, 『숭실사학』 44, 2020.

장영숙, 「러일개전의 길목에서『한성신보』의 역할」, 『한국근현대사연구』 98, 2021.

장영숙, 「러일개전의 길과 알렌의 외교적 변신」, 『한일관계사 연구』 74, 2021.

장영숙, 「고종과 대원군의 정치적 갈등과 명성황후」, 『숭실사학』 49, 2022.

전상숙, 「러일전쟁 전후 일본의 대륙정책과 테라우치(寺內正毅)」, 『사회와 역사』 71, 2006.

정진석, 「민족지와 일인경영신문의 대립」, 『한국언론사연구』, 일조각, 1983.

조명철, 「러일전쟁에 대한 재조명-개전론을 중심으로」, 『한일군사문화연구』 4, 2006.

채백, 「『한성신보』의 창간과 운영에 관한 연구」, 『언론정보연구』 27, 서울대 언론정보연구소, 1990.

최준, 「한성신보의 사명과 그 역할-일본외무성의 기관지의 선구」, 『신문연구』 2, 1961.

하지연, 「한말·일제강점기 菊池謙讓의 문화적 식민활동과 한국관」, 『동북아역사논총』 21, 2008.

현광호, 「대한제국의 중립정책과 중립파의 활동」, 『한국독립운동사연구』 14, 2000.

현광호, 「대한제국기 용암포사건에 대한 주한일본공사의 대응」, 『인문학연구』 34, 2007.

현광호, 「1903~1904년 대한제국의 대러시아 대응론과 정책의 추이」, 『동양학』 41, 2007.